रचना और राजनीति

(आलोचना)

वाणी प्रकाशन
नयी दिल्ली-110002
फोन : 3273167, 3275710 • फैक्स : 3275710
e-mail : vani_prakashan@yahoo.com
vani_prakashan@mantraonline.com

रचना और राजनीति

प्रेमशंकर

ISBN : 978-81-9064-366-5

वाणी प्रकाशन
21-ए, दरियागंज, नयी दिल्ली-110002
द्वारा प्रकाशित

प्रथम संस्करण : 1999
द्वितीय संस्करण : 2001

मूल्य : 150.00

शुभम ऑफसेट, दिल्ली-110032
में मुद्रित

RACHANA AUR RAJNITI
(Criticism)
by Prem Shankar

'बड़े भाई' हरिशंकर परसाई
की स्मृति को सादर

वक्तव्य

रचना-राजनीति का पुराना प्रश्न आधुनिक समय में बहुत चुनौतीपूर्ण रूप में सामने आया। ऐसा नहीं कि प्राचीन रचनाकर्मियों को समय-समाज की स्थितियों ने उद्वेलित नहीं किया था, पर प्रश्न इतने उत्तेजक रूप में उपस्थित नहीं था और सब कुछ के बीच रचना की अपनी स्वायत्तता भी सर्वस्वीकृत थी। रचना की सामाजिकता में वृद्धि हुई और रचनाकार की नागरिकता भी पुनर्परिभाषित हुई। उससे तरह-तरह की अपेक्षाएँ की जाने लगीं और इस प्रकार रचना-राजनीति की समीपता बढ़ी। पर प्रश्न कि कौन-सी राजनीति और किस रूप में ? रचना में वैचारिक धरातल किसी न किसी रूप में उपस्थित रहा है—प्राचीन दार्शनिकता से लेकर आधुनिक वैचारिकता तक। पर माना गया कि सब कुछ रचना के मूल व्यक्तित्व में विलयित होकर आना चाहिए, एक अविभाज्य अंश के रूप में समाया हुआ। आधुनिक समय में राजनीतिक दबाव इतने बढ़े कि कहा गया कि सामाजिक रूपांतरण में रचना की भूमिका हो, उसकी एक स्पष्ट प्रतिबद्धता होनी चाहिए। शीतयुद्ध के समय में तो विश्व स्तर पर शिविरबद्ध रचनाकारों के दृश्य देखने को मिले। एक वर्ग ऐसा जिसने रचनाकार को 'एक्टिविस्ट' अथवा क्रियावादी रूप में देखने का आग्रह किया। इस प्रकार रचनाकार की दुहरी-तिहरी कई दिशाओं वाली भूमिका बनी और इसी में रचना की अस्मिता भी बचानी थी।

राजनीति का एक पक्ष वह, जहाँ उसका वैचारिक आधार होता है और इसे रचना अपने ढंग से स्वीकारती है। इस दृष्टि से रचना एक प्रतिपक्ष भी कि संवेदन स्तर पर वह अपने समय-समाज से पूरी तरह संतुष्ट नहीं होती और निरंतर बेहतर की कामना करती है। यह उच्चतर मूल्य संसार जब रचना में निष्पादित होता है, तब इसे हम रचनाकार में 'जीवन-दृष्टि' अथवा 'विज़न' के रूप में देखते हैं। रचना एक विंदु पर अपने समय में उपस्थित है— यथार्थ को गहरे धरातल पर स्वीकारती, पर वह उसका अतिक्रमण भी है, रचनात्मक स्तर पर उच्चतर मानवमूल्यों की कल्पना करती। यह रचना का प्रतिसंसार है, कल्पित वैकल्पिक जगत और स्टीफ़ेन स्पेंडर के शब्दों में कहें तो 'संसार के भीतर संसार'। इस प्रकार रचना एक आकुल द्वंद्व से गुज़रने के लिए विवश है और उसकी प्रक्रिया संश्लिष्ट है, इसलिए उसकी सही समझ के लिए गहरे धँसना होता है। कला-संसार सर्जित करने का कार्य तो और भी अधिक चुनौती-भरा है।

बदले हुए परिवेश में रचना-राजनीति के संबंध पुनर्व्याख्या की माँग करते हैं। ऐसे भी अतिवादी स्वर जो राजनीतिक व्यवस्था के बदलने पर किसी दर्शन-विचार की ही इतिश्री समझ लेते हैं। पर विचारधाराएँ अपने समय के विक्षोभ से उपजती हैं और समय के साथ, उनमें कुछ नया जोड़ने की अनिवार्यता होती है। यदि ऐसा नहीं हो पाता तो फिर विचार-दर्शन रूढ़ हो जाते हैं, प्रतिक्रांति तक होती है। और समय फिर किसी नए दर्शन की प्रतीक्षा करता है। ईश्वर-आत्मा में संदेह करने वाले बौद्ध-जैन जैसे क्रांतिकारी दर्शनों की तार्किक-बौद्धिक क्षमताओं की कर्मकांडी परिणति बताती है कि विचारधाराएँ बदले परिवेश में नए वैचारिक विन्यास की माँग करती हैं। ऐसे में रचना यदि असमंजस, अनिर्णय की स्थिति में होती है तो उसके संवेदन-संसार के क्षरण की संभावनाएँ बढ़ती हैं, जिसे निगति-काल भी कहा गया। पर समर्थ रचनाकार रचना के स्तर पर संक्रमण काल को भी पार कर लेते हैं। निराला के शब्दों में : करना होगा यह तिमिर पार/देखना सत्य का मिहिर द्वार/बहना जीवन के प्रखर ज्वार में निश्चय/लड़ना विरोध से द्वंद्व समर/रह सत्य-मार्ग पर स्थिर निर्भर/जाना, भिन्न भी देह, निज घर निःसंशय। इसे निराला ने तुलसीदास के कवि-स्वप्न के रूप में व्यक्त किया, पर इसे हर सार्थक समर्थ रचना अपना सर्जन-संकल्प स्वीकारती है। कवि मुक्तिबोध के शब्द हैं : ओ नागात्मन्/संक्रमण काल में धीर धरो/ईमान न जाने दो/तुम भटक चलो/इन अंधकार मैदानों में सरसर करते (ओ काव्यात्मन् फणिधर)। कवि केदारनाथ सिंह की जिजीविषा है : पर मौसम चाहे जितना खराब हो/उम्मीद नहीं छोड़तीं कविताएँ।

रचना-राजनीति के रिश्तों को लेकर कुछ प्रश्न हर आधुनिक पाठक में उठने चाहिए, विशेषतया जब पूँजी के साथ सत्ता की राजनीति भी सर्वग्रासी हो जाना चाहती है। राजनीति की अपनी विचित्र रणनीति है, उसकी सीमाएँ हैं, पर रचना यथार्थ से टकराकर, उसके पार जाना चाहती है, आगे निकलती है। हर प्रकार के अमानुषीकरण के विरोध में वह मनुष्य का सबसे सक्षम, ईमानदार स्वर है, और यही उसकी अस्मिता भी। आज तो रचना पर तरह-तरह के प्रचार तथा मीडिया के आक्रमण हैं। प्रश्न मुझे भी मथता रहा है और इसके कुछ पक्षों पर मैंने विचार किया है, यदि इनसे पाठक में कोई उद्वेलन आ सका तो लेखक स्वयं को कृतकृत्य समझेगा।

—प्रेमशंकर

क्रम

परिवेश और रचना की स्वायत्तता

लेखन की प्रक्रिया संश्लिष्ट होती है और 'समाज के दर्पण' की अवधारणा केवल उसका एक पक्ष है। एक जाग्रत संवेदन के सहारे समझदार लेखक समय-समाज से समीपी साक्षात्कार करता है और उसे एक बड़ा अनुभव-संसार निर्मित करने की प्रक्रिया में सम्मिलित करता चलता है। इसमें कई बार लेखक के बिल्कुल निजी अनुभव भी हो सकते हैं, पर यदि इन्हें रचना के संवेदन-संसार में कोई महत्त्वपूर्ण सर्जनात्मक भूमिका का निर्वाह करना है तो उन्हें वृहत्तर संसार का हिस्सा बनना होगा। इसे हम अनुभव का सामाजीकरण भी कह सकते हैं। यहीं यह तथ्य भी विचारणीय कि हर अनुभव इतना उर्वर नहीं होता कि उसमें सर्जन अथवा रचना की संभावनाएँ सन्निहित की जा सकें। कुछ अत्यंत साधारण-सामान्य अनुभव लगभग बंध्य अथवा बांझ होते हैं और रचना में उनका सार्थक उपयोग संभव नहीं होता। सही लेखक जानता है कि क्या ग्रहण करना है और क्या छोड़ देना है, जिसे हम चयन-प्रक्रिया करते हैं। वास्तव में लेखन एक संपूर्ण संश्लिष्ट प्रक्रिया से गुज़रता है जिसमें प्रथम स्तर पर समय-समाज का निरीक्षण होता है। फिर सही लेखक रचनात्मक तत्त्वों को अपनी चेतना का एक अंश बनाता है और कुछ समय तक ये अनुभव अन्तर्निहित हो जाते हैं, लगभग अदृश्य। इस बीच कई अन्य तत्त्व प्राथमिक अनुभव को नया रूपाकार देते रहते हैं और सही समय में, रचना के रूप में उसका पुनर्जन्म होता है, जिसे 'अनुभव की पुनर्रचना' भी कहा जाता है। इस प्रक्रिया में लेखक का सर्जनात्मक व्यक्तित्व सबसे महत्त्वपूर्ण भूमिका का निर्वाह करता है। इसीलिए एक ही दृश्य विभिन्न लेखकों द्वारा पृथक् रूपों में आता है।

परिवेश एक निरंतर गतिशील प्रक्रिया से गुज़रता है और वह जब ठहरे हुए जल की तरह दिखाई देता है तब भी कई बार भीतर-भीतर सक्रिय रहता है। पर इस परिवेश का निर्माण अनेक प्रभावी तत्त्वों से होता है— इतिहास, भूगोल, प्रकृति से लेकर वैयक्तिक प्रयत्नों तक। ये विभिन्न तत्त्व विलयित होकर जिस परिवेश का निर्माण करते हैं, उसे समाज की वह स्थिति विशेष कहा जा सकता है जिसमें कोई लेखक सर्जनरत है। इसीलिए लेखन के निर्माण में समाज अथवा परिवेश को एक मूलभूत तत्त्व के रूप में स्वीकार किया गया है। परिवेश में व्यक्ति के अपने निजी संसार से लेकर वृहत्तर जीवनानुभव तक आ जाते हैं। परंपरा और परिवेश से प्राप्त अनुभव लेखन के प्रथम

चरण में अधिक सक्रिय दिखाई देते हैं पर समर्थ लेखक वृहत्तर संसार बनाते हुए, क्रमशः इन आरंभिक परिवेशगत दबावों से मुक्ति का प्रयत्न भी करते हैं। स्वीकारना होगा कि सामाजिक परिवेश के कई स्तर अथवा धरातल हो सकते हैं। जैसे बीसवीं शताब्दी की उपभोक्ता सभ्यता है, तथाकथित सुविधाएँ हैं और संचार माध्यमों की सहायता से यह भी प्रतीत होता है कि जैसे भौगोलिक दूरियाँ घट रही हैं। पर यह जो गोचर तथ्य है, इसके भीतर और भी कुछ है कि दो-दो विनाशकारी महायुद्ध हुए और शताब्दी के जाते-जाते भी पूर्ण शांति नहीं, यद्यपि शीतयुद्ध ठंडा पड़ चुका है। उत्तरार्द्ध का विश्व निरंतर संघर्ष, अशांति से ग्रस्त रहा और मनुष्यता के समक्ष कई प्रकार के संकट आए। परिवेश की इस भयावहता को पहचानते हुए, सार्थक लेखन में अमानुषीकरण की गहरी चिंता देखी जा सकती है। निराला की पीड़ा है : कैसा तन-मन का जोड़ा है/ मानव जहाँ बैल-घोड़ा है।

परिवेश से लेखक का निर्माण होता है, यह एक प्रकार से अधूरा सत्य है और इस ओट में यदि लेखन चतुराई करना चाहे तो वह अपनी सामाजिक-सांस्कृतिक भूमिका से भी मुक्ति पा सकता है। पर सार्थक लेखन परिवेश को नया विन्यास देने का सक्रिय प्रयत्न भी करता है और 'शब्द ब्रह्म है' को चरितार्थ करना चाहता है। स्वीकृति और निषेध, ग्रहण और अस्वीकार की द्वंद्वात्मकता से सही रचना का निर्माण होता है। माना कि परिवेश से लेखक प्रभावित होता है, प्रेरणा भी ग्रहण करता है, पर वह इसी बिन्दु पर रुक-ठहर नहीं जाता। सार्थक लेखक अपने समय-समाज को चुनौती भी देता है, उसे ललकारता है और रचना का इतिहास साक्षी है कि जब शब्द की सही ललकार दुर्बल होती है तो समाज को कोई नई दिशा नहीं मिलती। यदि कहा गया है कि क्रांतियों के मूल में कुछ शब्द होते हैं तो इसी अर्थ में कि रचना चुनौती देना जानती है, कभी चरित्रों के माध्यम से और कभी बिंब का सहारा लेती हुई। राजनीतिक दृष्टि से शरीर-संस्कृति में निमग्न भारतीय मध्यकाल में संतकाव्य-भक्तिकाव्य का स्वर जुझारू है— अपने समय-समाज को चुनौती देता। 'संतन सों कहाँ सीकरी सों काम' पंक्तियाँ हमारे समय में कितनी सार्थक हैं, जब जगह-जगह सीकरी हैं और रचना में संत की तलाश कठिन।

लेखक और परिवेश की बात करते हुए स्वीकारना होगा कि सही रचना इस दृष्टि से एक प्रतिपक्ष है कि वह अपने समय को उसकी संश्लिष्टता में इसलिए स्वीकार करती है ताकि यथार्थ का अंकन कर, उसे चुनौती भी दे सके। इसे लेखकों का 'विज़न', दिवास्वप्न अथवा कल्पित संसार कहते हैं। महान लेखक अपनी रचना में एक ऐसे स्वप्न का संकेत करता है जिसे हम उसकी मानवीय अभीप्सा कह सकते हैं। जो कुछ जैसा है, उसे स्वीकारना, समझौता कर लेना साधारण जीवन की सफलता हो सकती है, पर लेखन की सार्थकता एक ऐसा महान बिंब कल्पित करने में है जिसे हम स्वप्नलोक कहते हैं और लेखक जिसे पृथ्वी पर ही प्राप्त करना चाहता है। मुक्तिबोध का ब्रह्मराक्षस कीर्ति-व्यवसायी युग में भीतरी-बाहरी दो कठिन पाटों के बीच पिस जाता है, यह एक वास्तविकता है, पर उसका कवि-स्वप्न है कि : मैं ब्रह्मराक्षस का

सजल-उर शिष्य/होना चाहता/जिससे कि उसका वह अधूरा कार्य/उसकी वेदना का स्रोत/संगत, पूर्ण निष्कर्षों तलक/पहुँचा सकूँ हूँ। मुक्तिबोध सार्थक लेखन की परिकल्पना 'काव्यात्मन् फणिधर' के रूप में करते हैं जहाँ एक अवमूल्यित समय के बीच लेखन की सार्थकता है कि : ओ नागात्मन्/संक्रमण-काल में धीर धरो/ईमान न जाने दो/तुम भटक चलो/इन अंधकार-मैदानों में सरसर करते।

परिवेश के संदर्भ में रचना जिस दिवास्वप्न का संकेत करती है, वह यथार्थ-विरहित नहीं हो सकता, पर वहाँ अपने समय के अतिक्रमण की क्षमता होती है, जो वृहत्तर मानवमूल्यों की चिंता से परिचालित होता है। लेखन की एक दुर्बलता यह कि वह अपने समय को बाह्य स्तर पर संस्पर्श करके रह जाता है, ऊपर-ऊपर तैरता है, जबकि उसे गहरे प्रवेश पर यथार्थ के कई स्तरों का संधान करना चाहिए। इसी के साथ उसमें प्रस्तुत परिवेश का अतिक्रमण कर सकने की रचनात्मक क्षमता का होना भी आवश्यक है, ताकि उसमें एक 'कल्पित लोक' का संकेत भी प्रतिष्ठित किया जा सके। ज़ाहिर है कि यह प्रक्रिया विवरण-वृत्तान्त से आगे निकलती है और बड़ी मूल्य चिंताओं के संसार में प्रवेश करती है। इस दृष्टि से सार्थक लेखन एक मूल्यचिंता है, जिससे उसे कालजयता मिलती है। प्रेमचंद ने गद्य में इसे संभव बनाकर महान लेखन का परिचय दिया। गोदान का चरितनायक दृश्य से विदा ले रहा है : "होरी प्रसन्न था। जीवन के सारे संकट, सारी निराशाएँ मानों उसके चरणों पर लोट रही थीं। कौन कहता है, जीवन संग्राम में वह हारा है। यह उल्लास, यह गर्व, यह पुलक क्या हार के लक्षण हैं ? इन्हीं हारों में उसकी विजय है। उसके टूटे-फूटे अस्त्र उसकी विजय पताकाएँ हैं। उसकी छाती फूल उठी है, मुख पर तेज आ गया है।" संभवतः नए लेखन की एक सीमारेखा यह कि उस पर परिवेश के दबाव इतने गहरे हैं, कि वह उसका अतिक्रमण पूरी शक्ति के साथ कर सकने में सक्षम नहीं हो पा रहा है। यथार्थ और वास्तविकता का चित्रण तो हुआ है, पर वहाँ भी अधिक गहरे स्तर पर संधान की आवश्यकता है जैसा कुछ रचनाकारों ने किया भी है। दृश्यों-वस्तुओं के बीच से यथार्थ का संकेत कर सकना एक कौशल है और गहरे संवेदन से ही यह संभव है, अन्यथा रचना विवरणबद्ध हो जाती है। रचना एक प्रतिपक्षी परिवेश रच सकती है।

परिवेश का अतिक्रमण अर्थात् उसके भीतर रचना के एक नए लोक का निर्माण सरल कार्य नहीं है। इसे हम लेखन में समय-समाज की पुनर्सृष्टि कहते हैं। यहाँ रचनाकार के सर्जनात्मक व्यक्तित्व, उसकी रचनात्मक क्षमता और ऊर्जा की परीक्षा होती है। स्वयं को वर्गच्युत करना कठिन कार्य है, विशेषतया रचना के उस दौर में जबकि उस पर मध्यवर्गीय मानसिकता के दबाव पर्याप्त गहरे हों। यदि आधुनिक हिंदी साहित्य के संदर्भ में विचार करें तो देखेंगे कि प्रकारांतर से उसमें मध्यवर्ग के विभिन्न रूप परिलक्षित होते हैं— निम्नतम मध्यवर्ग से लेकर उच्चतम वर्ग तक। सामान्यजन, निम्नवर्गीय सर्वहारा की उपस्थिति एक सीमा तक है, पर उसे लेखन की सामग्री के रूप में प्रयुक्त करने वाला मध्यवर्गीय लेखक स्वयं को कितना वर्गच्युत कर सका है, यह विचारणीय प्रश्न

है और यही विवाद का विषय भी। इस दृष्टि से रचना एक आचरण भी है और शब्द को स्वयं को प्रमाणित करना पड़ता है। ऐसा न हो तो लेखन में ऐसा द्वैत होगा कि उसकी साख की स्थापना में कठिनाई होगी और रचना की विश्वसनीयता के समक्ष कई प्रकार के प्रश्नचिह्न लगेंगे। जीवन में द्वैत-द्विविधा सफलता के सोपान बन सकते हैं, पर रचना में शब्द को आचरण से प्रमाणित करना उसकी विश्वसनीयता में वृद्धि करना है। यहाँ छद्मवेश अक्षम्य अपराध है, इस दृष्टि से कि जिन मूल्यों की चर्चा की गई है, उनकी पीठिका में निष्पादन की ऊर्जा नहीं है। हम नहीं कहते कि किसी प्रकार के राज्याश्रम में सुंदर रचनाएँ नहीं प्रस्तुत की गईं, पर यह भी सच है कि किसी भी 'आश्रय' को ठुकराए बिना उन महान रचनाओं की सृष्टि संभव नहीं जिन्हें व्यापक सामाजिक स्वीकृति प्राप्त होती है, कालजयता भी। आश्चर्यजनक लग सकता है पर कालिदास के 'मालविकाग्निमित्रम्' नाटक के प्रथम अंक में नाट्याचार्य गणदास कहता है : ''जो अध्यापक पद प्राप्त कर लेने पर शास्त्रार्थ से विमुख होता है और दूसरों के उँगली उठाने पर भी मौन बना रहता है, वह केवल उदर-पालन के लिए विद्या पढ़ाता है। ऐसे लोग विद्वान अध्यापक नहीं, ज्ञान का व्यापार करने वाले व्यवसायी हैं।''

परिवेश के प्रति आलोचनात्मक दृष्टिकोण के साथ जिस महान मानवीय संवेदन की अपेक्षा रचना में की जाती है, वह कठिन कार्य है क्योंकि यहाँ लेखक को एक प्रतिसंसार निर्मित करने की क्षमता से सम्पन्न होना चाहिए जिसे स्पेण्डर ने 'संसार के भीतर संसार' कहा है। आचार्य हजारीप्रसाद द्विवेदी इस संदर्भ में सफलता और चरितार्थता अथवा सार्थकता जैसे प्रश्न उठाते हैं। मुक्तिबोध ने यहाँ तक कहा कि 'नाम कमाने के लिए कोई फूल नहीं खिलता है।' लेखन एक वैयक्तिक प्रयत्न हो सकता है, पर उसका प्रस्थान और समापन दोनों में सामाजिक-सांस्कृतिक आशय सन्निहित होते हैं। रचना समाज से अपना कथ्य प्राप्त करती है और उसे ही संबोधित करना चाहती है— एक बेहतर परिवेश बना सकने की कामना से परिचालित। इस दृष्टि से सामाजिक-सांस्कृतिक रूपांतरण में लेखन की भूमिका निर्णायक हो सकती है। राजनीति अपनी दृष्टि सामयिक प्रश्नों पर रखती है जबकि रचना दूरगामी दृष्टि से परिचालित होती है। कई बार लेखक भविष्यद्रष्टा जैसा प्रतीत होता है। स्वतंत्रता-पूर्व प्रेमचंद ने तथाकथित स्वराज पर कुछ टिप्पणियाँ की थीं, जो विचारणीय हैं— जैसे गोरे शासकों के स्थान पर कालों का आ जाना, पर व्यवस्था में परिवर्तन न होना। जिसे हम सजग-सचेत लेखक कहते हैं, वह राजनीति को समाज की अन्य इकाइयों की तरह स्वीकार करता है, पर वह लेखन की ऐसी राजनीति में नहीं उलझता जहाँ कई बार सर्जन की दुर्बलताओं की क्षतिपूर्ति के लिए राजनीति का गलत सहारा लिया जाता है। जो संगठन नया सामाजिक-सांस्कृतिक परिवेश बनाने के लिए होने चाहिए, उन्हें किसी वैयक्तिक सिद्धि अथवा गिरोहबाजी में परिवर्तित कर दिया जाता है। इस छद्म में लेखन को हानि पहुँची है।

परिवेश के संदर्भ में प्रतिबद्धता का प्रश्न उठाया जाता है और यह विचारणीय भी। कोई भी दर्शन अथवा विचार अपने समय की टकराहट से जन्म लेता है और उसे

चिरंतनता का दंभ नहीं पालना चाहिए। विचारों का इतिहास इसी प्रकार अग्रसर होता है कि पूर्ववर्ती विचारधारा को चुनौती देते हुए, नए-नए विचार सामने आते हैं। और जो समय-समाज विचार करना बंद कर देता है, वह कोई सार्थक इतिहास नहीं निर्मित कर पाता। अपने समय के लिए ऐसी विचारधारा की सार्थक तलाश रचना का एक महत्त्वपूर्ण दायित्व है जिसके कुछ अंश कालान्तर में भी उपयोगी हो सकें, जैसे बौद्ध दर्शन की करुणा अथवा जैनदर्शन का अहिंसा भाव। प्रतिबद्धता एक जीवनदृष्टि भी है जहाँ हम लेखन को सामाजिक प्रयोजन से संबद्ध करके देखते हैं और आग्रहपूर्वक कहते हैं कि सामाजिक-सांस्कृतिक रूपांतरण में रचना की कारगर भूमिका होनी ही चाहिए। हम भी जानें कि लेखक कहाँ, किस ओर है ? रचना का वास्तविक गंतव्य क्या है ? हरिशंकर परसाई जैसे प्रतिबद्ध लेखक ने 'आत्मकथ्य' में स्वीकार किया है कि "साहित्य के मूल्य जीवनमूल्यों से बनते हैं और प्रतिबद्धता एक गहरी चीज़ है जो इस बात से तय होती है कि समाज में जो द्वंद्व है उसमें लेखक किस तरफ खड़ा है ?" रचना में प्रतिबद्धता का रूपान्तरण गहन मानवीय संवेदन, रचनात्मक ऊर्जा, व्यापक दृष्टि और कलाक्षमता की माँग करता है। यदि ऐसा न होता तो फिर प्रतिबद्धता को ही रचना का पर्याय मान लिया गया होता। हम स्वीकार करते हैं कि प्रतिबद्धता और जीवनदृष्टि को, किसी रचना को, सही दिशा में ले जाने के उपकरण के रूप में प्रयुकत किया जा सकता है, पर सार्थक लेखन इससे अधिक की माँग करता है। नागार्जुन, हरिशंकर परसाई स्वयं इसके उदाहरण हैं कि प्रतिबद्धता के साथ उनमें रचना की अनेक क्षमताएँ हैं। नागार्जुन वहाँ सर्वोत्तम हैं जहाँ प्रतिबद्धता मानवीय चिंता से परिचालित है, गहरे स्तर पर। 'प्रतिबद्ध हूँ' शीर्षक से उनकी एक कविता ही है जहाँ उन्होंने अपने जीवन-वैविध्य का संकेत किया है। पर नागार्जुन ने श्रेष्ठ कविताओं की रचना की है जहाँ प्रतिबद्धता अन्तःसलिला की तरह है— स्वस्थ जीवनदृष्टि के रूप में— सामयिकता का अतिक्रमण करती, प्रकृति को स्वीकारती : यह तुम थीं, बादल को घिरते देखा है, अकाल और उसके बाद, सिंदूर तिलकित भाल, अबके इस मौसम में आदि।

आज की परिस्थितियों में लेखक और परिवेश का प्रश्न और भी महत्त्वपूर्ण हो जाता है। वह केवल अकादमिक, बौद्धिक चर्चा का विषय नहीं रह जाता, बल्कि रचना की सामाजिकता, उसकी प्रयोजनशीलता से सीधे ही संबद्ध हो जाता है। निराश मन कह सकता है कि सारी शक्तियाँ पूँजी ओर राजनीति में केन्द्रित हैं, ऐसी स्थिति में रचना कौन-सी भूमिका निभाए और कैसे ? हम स्वीकार करते हैं कि वर्तमान परिवेश में रचना सीधे ही कारगर, निर्णायक हस्तक्षेप करने में सक्षम नहीं प्रतीत होती क्योंकि जनजागरण का अभाव है। पर मध्यकालीन भकित आंदोलन अथवा उन्नीसवीं शताब्दी के नवजागरण के सामूहिक-सामाजिक-सांस्कृतिक प्रयत्न प्रमाणित करते हैं कि लेखन तथा रचना की विभिन्न इकाइयाँ एक ऐसा परिवेश निर्मित कर सकती हैं कि रचनात्मक ऊर्जा अपना सर्वोत्तम धरातल प्राप्त कर सके। इसी संदर्भ में साहित्य-युग की कल्पना की जाती है। कठिनाई तब आती है जब खंड-खंड प्रयत्नों के कारण रचना का समवेत

स्वर उभर नहीं पाता। आज बड़ी संख्या में उल्लेखनीय प्रतिभाएँ सर्जनरत हैं और उनकी रचनात्मक संभावनाएँ सराहनीय हैं, पर रचना का समवेत प्रभाव दूर दिखाई देता है। यद्यपि शीतयुद्ध का दौर कब का सिमट चुका है, पर जिसे हम एक संपूर्ण सामाजिक-सांस्कृतिक नवजागरण कहते हैं, भारत में अब भी उसकी प्रतीक्षा है। रचना इस पीठिका पर नई सक्रियता प्राप्त करेगी, पर आज की रचना स्वयं भी इस परिवेश के निर्माण में अपना योगदान कर सकती है। हमारे शिक्षा संस्थान जिन्हें सामाजिक-सांस्कृतिक जागृति के मूल उत्स के रूप में देखा गया था, उनकी तो प्रासंगिकता के विषय में ही संदेह व्यक्त किया जा रहा है। ऐसे में वह युवापीढ़ी जो परिवेश रचती है और जिसमें से संभावनावान लेखक जनमते हैं, उसकी असमंजस-भरी विवशता का अनुमान किया जा सकता है। सोमदत्त की पंक्तियाँ हैं : "कविता में अपन खुद को शामिल पाएँगे/उठाएँगे सड़कों पर जंगल में नदी के बीच आकाश में/अलाप।" कविता की यह जिजीविषा सब कुछ के बीच हमें आश्वस्त करती है।

हमारे समय में जो परिस्थितियाँ हैं, उनमें हम यह स्वीकार करते हैं कि रचना-कर्म निरंतर कठिन होता जाता है। उपभोक्ता सभ्यता के दबाव बहुत गहरे हैं और बाज़ारों की खोज में इस नई विलासिता ने अन्तर्राष्ट्रीय रूप ले लिया है। सबको बाज़ारों की तलाश है, माल खपाने के लिए और इसके लिए तरह-तरह के विज्ञापन तथा प्रचार-साधनों का सहारा। ऐसे में खतरा यह कि अक्षर अपने सही अर्थ को कहीं पूरी तरह खो न दें और शब्द की अस्मिता ही संकट में पड़ जाए। पर रचना का व्यावसायीकरण संभवत: संस्कृति के इतिहास में बड़ी दुर्घटना होगी, जैसे भी हो शब्द की रक्षा करनी होगी क्योंकि वह परिवेश का ऐतिहासिक साक्ष्य है। सांस्कृतिक धरोहर को सँजोने वाला सही लेखन वह मानवीय परिवेश भी बनाता है जहाँ मनुष्यता खुली हवा में साँस ले सके। एक बेहतर संसार रचने का निरंतर प्रयत्न सार्थक लेखन का ऐसा स्वप्न है जो उसे अपरिहार्य बनाता है। सही शब्द नहीं होंगे तो फिर मनुष्य मनुष्य कैसे होगा ? साहित्य में व्यक्ति-स्वातंत्र्य अथवा लेखक की वैयक्तिक आज़ादी और सामाजिक दायित्व अथवा प्रतिबद्धता के विरोधी शिविर बनते-बिगड़ते रहे हैं। भारतीय संदर्भ में इस पक्ष पर विचार करना अधिक उपादेय है कि स्वतंत्रता की वास्तविक परिधि क्या है और साहित्य में 'शब्द' की भूमिका क्या होनी चाहिए। रचना का इतिहास बताता है कि जो वैचारिक उद्वेलन आधुनिक समय में अधिक प्रखर और तीक्ष्ण हुआ है, वह भारतीय साहित्य में इसके पूर्व भी था, पर दूसरे रूप में। इसीलिए कालिदास जैसे कवि को शैव मत से जोड़ने का प्रयत्न किया जाता है, विशेषतया 'कुमारसंभव' के प्रसंग में। पर काव्य के आरंभ में ही 'देवतात्मा हिमालयो नाम नगाधिराज:' के प्रकृति-वैभव का जो वर्णन विस्तार से है, वह महाकवि के देश-प्रेम का भी संकेत करता है। दर्शन काव्य को प्रकारांतर से प्रभावित करता रहा है, भारतीय रचनाशीलता में इसके प्रमाण मिलते हैं। वैष्णवाचार्यों के चार प्रमुख सम्प्रदायों के अनन्तर यह प्रश्न किया गया कि अमुक कवि किससे अधिक प्रभावित है ? सूर, तुलसी जैसे कवियों में भी दार्शनिक निष्पत्तियाँ

तलाशने के प्रयत्न हुए। जायसी को सूफ़ी मत के परिप्रेक्ष्य में देखा गया। हाँ, कबीर की विद्रोही वाणी को किन्हीं रेखाओं में बद्ध करके देखना कठिन। उन्होंने पाण्डित्य-परिचालित शास्त्र का निषेध किया : पंडित बात बंदते झूठा अथवा मेरा तेरा मनुआ कैसे एक होय रे।

मध्यकाल में भी अवसर था कि बाहरी आक्रमणों के विरोध में साहित्य का स्वर उग्र हो सकता था। पर आरंभिक संघर्ष के अनन्तर जब सांस्कृतिक संवाद आरंभ हुआ तो एक सौमनस्य-भरा परिवेश बना जिससे भारतीय रचनाशीलता को नई सक्रियता मिली। भक्ति एक प्रकार का मध्यकालीन मानव-धर्म है जो पूरे महादेश में प्रसरित हुआ और जिसने भारतीय भाषाओं में महत्त्वपूर्ण सर्जन को प्रेरणा दी। यहाँ कवि अपनी अस्मिता को पहचानता है और वह स्वतंत्रता का स्वर अधिक व्यापक अर्थ में उठाता है। कल्पना कीजिए कि यदि प्रमुख भक्त कवि राजाश्रय में चले गए होते तो क्या उन्हें सामान्यजन की स्वीकृति मिल सकती थी ? उन्होंने कई प्रलोभनों का निषेध किया और कालजयी रचनाओं से शब्द की स्वायत्तता स्थापित की। इन कवियों में भोग-विलास, देहवाद का जो विरोध है, वह अपने समय के ताम-झाम वाले सामंती समाज की अस्वीकृति है। विकल्प रूप में उनका मानव-धर्म है, जाति-वर्ण-क्षेत्र आदि का अतिक्रमण करता हुआ। यहाँ बल है— विवेकसम्मत ऐसी भक्ति पर जहाँ देवत्व उच्चतर मानव-मूल्यों का प्रतीक बनता है। रामचरितमानस में धर्मरथ और रामराज्य की परिकल्पना कवि की वैकल्पिक धारणा से उपजी है : सत्य, सील दृढ़ ध्वजा पताका।

मध्यकाल में स्वतंत्रता की वह समस्या न थी जिस अर्थ में आधुनिक युग में हम उसका उपयोग करते हैं। पर रचना के सांस्कृतिक दायित्व की गहरी भावना इन कवियों में इतनी सचेत-सजग थी कि आज भी हम उनकी ओर प्रेरणा के लिए जाने को विवश हैं। कबीर का सांस्कृतिक सौमनस्य, जायसी का प्रेम-भाव, सूर की समर्पण भावना, तुलसी काव्य का मानवीय पक्ष इसका प्रमाण कि कवि अपने समय से सन्तुष्ट नहीं हैं और अपनी कविताओं में कवि-स्वप्न को प्रक्षेपित करते हुए वे विकल्प का संकेत भी करते हैं। मीरा ने सामंती सीमाओं को नकारा और मध्यकाल में यह नारी-जागरण का प्रभाती-स्वर है : 'मेरो तो गिरधर गोपाल, दूसरो न कोई' जैसे पद लौकिक शरीरवादी संबंधों के स्थान पर जिस देववाद को प्रतिष्ठित करते हैं, वहाँ देवता मूल्य-समुच्चय हैं। इसीलिए जननायक बनते हैं— प्रणम्य, समाज-स्वीकृत।

आधुनिक युग अधिक चुनौती-भरा और जटिल रहा है। एक ऐसे आक्रमणकारी से भारतीय समाज का संघर्ष था जो देश का उपयोग एक बाज़ार के रूप में करना चाहता था— हर प्रकार का शोषण। मध्यकाल भी प्रमाण कि कई बार हम राजनैतिक दृष्टि से पिट जाते हैं, पर भारतीय मनीषा सांस्कृतिक स्तर पर पराजय मानने के लिए जल्दी तैयार नहीं होती। इसे हम अत्यंत प्राचीन समाज का अहंभाव कह सकते हैं अथवा रचना का गहरा आत्मविश्वास, जिसे कवींद्र-रवींद्र के शब्दों में कहें तो एकला चलो रे। पर स्वतंत्रता अनेक आयामी शब्द है और केवल राजनीति तक सीमित कर,

हम अर्थ-संकोच अथवा अर्थापकर्ष की भूल करते हैं। उन्नीसवीं शताब्दी के भारतीय विचारक, सुधारक इसे जानते-समझते थे, इसीलिए सामाजिक सुधार के आंदोलनों से प्रकिया का आरंभ होता है। उसे राजनीतिक संघर्ष की प्रशस्त पीठिका के रूप में देखा जाना चाहिए। कई प्रश्न उठे। आखिर हम बार-बार पददलित क्यों होते हैं ? आक्रमण क्यों सफल होते हैं ? रचना में यह एक प्रकार से आत्मावलोकन अथवा आत्मपरीक्षण का क्षण है : हम कौन थे, क्या हो गए और क्या होंगे अभी/आओ विचारें आज मिलकर ये समस्याएँ सभी। राम-कृष्ण तक को नया रूप देने का प्रयत्न किया गया, जिसे प्रियप्रवास और साकेत जैसे काव्यों में देखा जा सकता है। वे आधुनिक जननायक बनते हैं। 'कृष्णायन' का कवि कृष्ण का स्मरण करते हुए कहता है कि प्रभु, तुम बंदीगृह में जन्मे थे और मैं वहाँ काव्य-रचना कर रहा हूँ।

स्वतंत्रता और साहित्य का प्रश्न इसलिए भी प्रासंगिक कि प्राय: मान लिया जाता है कि स्वतंत्र देशों को किसी राष्ट्रीय भावना की आवश्यकता नहीं होती। स्वतंत्रता को राजनीतिक अर्थ तक सीमित रखने के कारण यह भ्रांति होती है। अठारह सौ सत्तावन की प्रथम भारतीय क्रांति से लेकर उन्नीस सौ सैंतालीस की स्वतंत्रता तक सामाजिक-सांस्कृतिक चेतना और राजनीतिक आंदोलनों ने लगभग एक-साथ चलने का प्रयत्न किया। साहित्य में इसे संलग्नता से व्यक्त किया गया और माखनलाल चतुर्वेदी 'एक भारतीय आत्मा' जैसे कवियों ने इसे संवेदन के गहरे स्तर पर अभिव्यकित दी : मरण का त्यौहार, जीवन की जवानी अथवा आज प्राण देने के युग की तरुणाई के दिन आए हैं। कवियों की एक से अधिक पीढ़ियाँ स्वतंत्रता को व्यापक अर्थ में ग्रहण करती हैं— राष्ट्र की राजनीतिक स्वाधीनता ही पर्याप्त नहीं है, एक समतावादी समाज भी बनना चाहिए। राष्ट्रीय अस्मिता की तलाश के लिए भारतीय साहित्य ने इतिहास-पुराण पर नई दृष्टि डाली और अपने समय के संदर्भ में उसकी पुनर्व्याख्या की। प्रेमचंद ने स्वतंत्रता को परिभाषित करते हुए कहा कि यदि काले साहब गोरे साहबों का स्थान भर ले लें तो फिर आज़ादी का कोई अर्थ नहीं। इसके लिए यह व्यवस्था करनी होगी कि कृषक होरी अपनी पैतृक-जमीन से बेदखल होकर श्रमिक रूप में समाप्त हो जाने के लिए विवश न हो।

साहित्य शब्द-अंकन अथवा लेखन मात्र नहीं है, वह रचना में उसे आचरित करने का उपक्रम भी है— कथनी-करनी के अन्तर को पाटता हुआ। इसीलिए यहाँ स्वतंत्रता जैसे शब्दों का प्रयोग व्यापक अर्थ में किया जाता है— रचना की स्वायत्तता अथवा वैयक्तिक स्वातंत्र्य, पर सामाजिक-सांस्कृतिक दायित्व के साथ। संभव है राजनीति में अराजक स्थिति के बाद कोई सामाजिक क्रांति हो और बेहतर समय आए। पर रचना में अराजक स्थिति दायित्वरहित शब्द-आचरण का पर्याय है, जैसे लेखक कोई 'परम स्वतंत्र प्राणी' है। स्वतंत्रता साहित्य में एक पवित्र शब्द है जहाँ अधिकार गौण और कर्तव्य अथवा दायित्व प्रमुख होते हैं। इसीलिए अभावों में जीते हुए भी निराला जैसे कवियों ने रचना को गहरे सांस्कृतिक आशय से सम्पन्न किया। 'तुलसीदास' में महाकवि

तुलसी भोग-विलास का विरोध करते हैं। वे उच्चतर मानव-मूल्यों से परिचालित हैं, कहते हैं : जागो, जागो आया प्रभात/बीती वह बीती अंध रात/झरता भर ज्योतिर्मय प्रपात पूर्वाचल/बाँधो, बाँधो किरणें चेतन/तेजस्वी, हे तमजिज्जीवन/आती भारत की ज्योतिर्धन महिमाबल।

साहित्य जब गहरे स्तर पर चुनौती देना बंद कर देता है, तब स्वतंत्रता पर वास्तविक संकट होता है। इस दृष्टि से किसी प्रकार का भी राज्याश्रय साहित्य के दायित्वपूर्ण विकास के लिए अहितकर होता है। सही रचना एक दायित्वपूर्ण प्रतिपक्ष है, जिसे प्रतिवाद करना आता है और उसे मालूम है कि समाज की चेतना की सुरक्षा, उसे सही दिशा देने का कार्य लेखक को अपने ढंग से करना है। इसीलिए ईमानदार लेखक अपने समय से प्राय: असंतुष्ट रहता है, संवेदन के धरातल पर विक्षुब्ध और वह अपनी दो टूक प्रतिक्रियाएँ व्यक्त करता हुआ, यह संकेत भी करता है कि आखिर समाज होना कैसा चाहिए। उन्नीस सौ एक की अपनी प्रसिद्ध कविता में रवींद्र प्रार्थना करते हैं: चित्त जहाँ शून्य, शीश जहाँ उच्च है/ज्ञान जहाँ मुक्त है, जहाँ गृह प्राचीरों ने/वसुधा को आठों पहर अपने आँगन में/छोटे-छोटे टुकड़े बनाकर बंदी नहीं किया है/जहाँ वाक्य उच्छ्वासित होकर हृदय के झरने से फूटता/जहाँ अबाध स्रोत अजस्र सहस्र विधि चरितार्थता में/देश-देश, दिशा-दिशा में प्रवाहित होता है/जहाँ तुच्छ आचार का फैला हुआ मरुस्थल/विचार के स्रोत पथ को सोखकर/पौरुष को विकीर्ण नहीं करता/सर्व कर्म चिंता और आनंदों के नेता/जहाँ तुम विराज रहे हो/हे पिता अपने हाथ से निर्दय आघात करके/भारत को उसी स्वर्ग में जाग्रत करो। हर महत्त्वपूर्ण लेखक अपने समय से टकराता है, पर उसका अपना एक सर्जनात्मक स्वप्न अथवा 'विज़न' भी होता है जिसे वह अपनी रचनाओं में विकल्प रूप में प्रस्तुत करता है।

स्वतंत्रता को सही आशय न दे सकने के कारण कई बार शब्द की साख गिरती है और उसकी विश्वसनीयता खंडित होती है। रचना से भी प्रश्न किया जाता है कि जो कहा गया है, उसे आचरित भी किया गया है क्या ? भारत में शब्द ब्रह्म है और साहित्य का सुख ब्रह्मानंद सहोदर। जाहिर है कि यहाँ साहित्य लेखन मात्र नहीं है, वह दायित्वपूर्ण सृजन है जिसका सांस्कृतिक गंतव्य है मनुष्य को मनुष्य बनाए रखने में सहायक होना । और यहाँ स्वतंत्रता शब्द को एक नई अर्थवत्ता मिलती है जहाँ वह भौगोलिक इकाइयों का अतिक्रमण करता है। जर्मन कवि गेटे अभिज्ञानशाकुन्तलम् पर मुग्ध होता है, उस पर कविता रचता है और रोमांटिक कवि शेली भारतीय वेदान्त से प्रेरणा पाता है। भारतीय स्वतंत्रता संघर्ष के दिनों में भी साहित्य का स्वर इतना आक्रोशी नहीं था कि वह ऐसे व्यर्थ के साहित्यिक उग्रवाद का प्रचार करे, जहाँ मानवीय चिंताएँ गौण स्थान पाती हैं। निराला ने 'भारति जय विजय करे' जैसे भावना सम्पन्न गीत की सृष्टि की जहाँ 'स्तव कर बहु अर्थ भरे' से व्यापक ध्वनि आती है। भारतमाता की कल्पना इस रूप में की गई कि पूरा चित्र प्राकृतिक परिवेश से संबद्ध हो जाता है। इस दृष्टि से 'जागो फिर एक बार' जैसी कविताएँ एक ओर राष्ट्रीय भावना से सम्पन्न हैं,

दूसरी ओर चेतना की जागृति के उद्बोधन का आग्रह करती हैं।

स्वतंत्र समाज में स्वतंत्रता को एक अर्थ-व्याप्ति मिलती है और भारतीय संविधान में जिस अभिव्यक्ति-स्वातंत्र्य की व्यवस्था है, उससे शब्द की स्वायत्तता स्थापित होती है। यह सर्वविदित है कि आज़ादी के बाद विशेषतया महात्मा गांधी के बलिदान के अनन्तर भारतीय समाज में मोहभंग की प्रक्रिया तेज़ हुई, जिसे हम स्वप्न-भंग भी कह सकते हैं। पहले से ही भारतीय नेतृत्व और रचनाशीलता स्वतंत्र देश की परिकल्पना करते रहे हैं और साहित्य में सामाजिक यथार्थ के दबावों को इसी रूप में देखा जाना चाहिए। जिन्हें स्वच्छंदतावादी कवि कहा जाता है, उन्होंने भी चौथे दशक के आस-पास जीवन-यथार्थ का अनुभव तेज़ी से किया और सुमित्रानंदन पंत ने 'भारत माता ग्राम-वासिनी' जैसी कविताओं में 'नग्नक्षुधातर' प्राणियों का उल्लेख किया है। 'रूपं देहि' कविता की पंक्तियाँ हैं : 'ये भारत के ग्राम-निवासी/क्षुधित देह मन, आँखें प्यासी/जीवन-वैभव से हो परिचित/इन्हें रूप दो।' भारतीय कवियों ने स्वतंत्रता की एक ऐसी व्यापक, उदार परिकल्पना की जहाँ रोटी-कपड़ा-मकान के साथ व्यक्ति की अस्मिता की रक्षा व्यवस्था होगी और राष्ट्र एक समग्र व्यक्तित्व प्राप्त कर सकेगा। भारतीय अस्मिता की रक्षा राजनीतिक स्वतंत्रता मात्र से संभव नहीं, उसके लिए सामान्यजन को केन्द्र में लाना होगा और इसे ध्यान में रखकर महात्मा गांधी ने 'गाँवों के देश' की बात की है।

स्वतंत्रता सही अर्थों में स्थायी हो, इसके लिए मूलभूत आवश्यकताओं की पूर्ति होनी ही चाहिए, जैसे भी हो। यों भी साम्राज्यवादी शोषण का अभिशाप किसी समाज को लंबे समय तक भोगना होता है। पर जैसे भी हो, इससे जल्दी से जल्दी उबरना होता है ताकि नया समाज बन सके। जिसे 'अधूरी आज़ादी' कहा जाता है, उसका आशय यही है कि अपने देश में अपना राज तो है, पर सामान्यजन जैसे अब भी दो जून रोटी की तलाश में हैं। भारतीय संदर्भ में 'अनेकता में एकता' की बात प्राय: की जाती है, पर विखंडन की प्रक्रिया कई बिंदुओं पर सक्रिय है— जाति, भाषा, क्षेत्र आदि के निहित स्वार्थ— टूटते समाज का संकेत। साहित्य मानव-मन की सहज ईमानदार अभिव्यक्ति है और वह हर प्रकार के अमानुषीकरण से जूझने का जोखिम उठाता है। जब भारत में अभिव्यक्ति की स्वतंत्रता प्रतिबंधों के कारण संकट में थी तब भी नागार्जुन जैसे रचनाकारों ने शब्द की गरिमा स्थापित करने का प्रयत्न किया : जली ठूंठ पर बैठकर गई कोकिला कूक/बाल न बांका कर सकी शासन की बंदूक अथवा सत्य को लकवा मार गया है/ वह लम्बे काठ की तरह/पड़ा रहता है सारा दिन, सारी रात/वह फटी-फटी आँखों से/ टुकुर-टुकुर ताकता रहता है। पराधीनता केवल राजनीतिक नहीं होती और न वह बाहरी आक्रमणकारियों के आधिपत्य तक सीमित होती है। कई बार तथाकथित स्वतंत्रता के बावजूद हम 'आत्मबंदी' होते हैं अथवा कुछ प्रतिबंधों में जीने के लिए विवश, घोर व्यक्तिवाद में जहाँ व्यक्ति अपने में सिकुड़-सिमट कर रह जाता है, प्रकारांतर से अन्तर्गुहावास की परतंत्रता है और साहित्य की ईमानदार आवाज़ को कुचलने-दबाने का षड्यंत्र सच्ची स्वतंत्रता को ही खतरे में डालता है।

स्वतंत्रता और साहित्य के संदर्भ में आज यह भी विचारणीय कि एक विचित्र उपभोक्ता सभ्यता (?) ने शब्द की अस्मिता पर सीधा आक्रमण किया है। व्यक्ति सब कुछ चाक्षुष और दृश्य के रूप में भोगने का अभ्यस्त होता जा रहा है। भारत, यूनान, रोम आदि ने दृश्यकाव्य का महत्त्व स्वीकारा था और खुले नाट्यमंचों की वापसी पर ज़ोर दिया जा रहा है कि सामान्यजन रचना से सीधा साक्षात्कार कर सकें। पर संचार माध्यमों का व्यावसायिक उपयोग, जहाँ ध्यान लाभांश पर एकाग्र रहता है, एक ऐसी अपसंस्कृति का प्रदूषण फैलाता है कि सांस्कृतिक दासता का खतरा बढ़ता है। भारत को बाहर जाकर देखना-समझना होगा क्या ? आधुनिक ज्ञान-विज्ञान को संयोजित करते हुए भारतीय अस्मिता की रक्षा कैसे हो, यह अहम सवाल है। स्वतंत्रता की पूर्णता तभी है जब वह सभी बिंदुओं पर चरितार्थ होती है— राजनीतिक, आर्थिक, सामाजिक-सांस्कृतिक। और सच्चा सही साहित्य इसे भली प्रकार जानता-समझता है। आचार्य हजारी प्रसाद द्विवेदी के शब्द हैं : 'मैं स्पष्ट देख रहा हूँ आर्यावर्त नाश के कगार पर खड़ा है— इस देश को वही बचाएगा जिसके पास सहज जीवन का कवच होगा, सत्य की तलवार होगी, धैर्य का रथ होगा, साहस की ढाल होगी, मैत्री का पाश होगा, धर्म (कर्तव्य) का नेतृत्व होगा।' यह है एक समर्थ रचनाकार की स्वतंत्रता की सही अवधारणा, जो बहुआयामी है, वरेण्य है।

समाज में स्वतंत्रता की वास्तविक और अनेक-आयामी रक्षा के लिए साहित्य की सही प्रगति आवश्यक है। जिस समय में शब्दों की सार्थकता नहीं होगी, वहाँ स्वतंत्रता अपने व्यापक अर्थ में संकट में होगी। शब्द का महत्त्व तब प्रतिपादित होता है जब वह पुस्तकों से बाहर निकलकर प्रभावी वाचिक परंपरा का एक अविभाज्य अंश बन जाता है। इस प्रकार उसे प्रामाणिकता मिलती है। साहित्य में रँगाई-चुनाई, पच्चीकारी की कलाबाजी लंबी यात्रा नहीं कर पाती, कहीं बीच में ही लड़खड़ा जाती है। स्वतंत्रता की लड़ाई शब्द अपने ढंग से लड़ते हैं और यह सच्चाई है कि हर वैचारिक क्रांति के मूल में कुछ सुचिंतित शब्द रहे हैं जिन्हें गहरे-व्यापक जीवनानुभव से पाया गया था। गीता आत्मा की अजरता-अमरता का प्रतिपादन करती है जिससे राष्ट्रीय स्वतंत्रता संग्राम को बलिदान-भावना प्राप्त हुई। उपनिषद 'ओऽम पूर्णमिदः पूर्णमिदं' के द्वारा अखंड सच्चिदानंद की प्रतिष्ठा करते हैं। फ्रांस क्रांति के मूल में वाल्तायर-रूसो हैं और साम्यवाद की स्थापना में मार्क्स-लेनिन। कठिनाई तब होती है जब सामाजिक विकास के समानांतर साहित्य ऊर्ध्वमुखी यात्रा का विकास नहीं कर पाता। तब बौद्ध-जैन जैसे क्रांतिकारी दर्शन प्रतिगामी हो जाते हैं और उनकी क्रांतिधर्मिता मद्धिम पड़ जाती है। साहित्य एक अनवरत सामाजिक-सांस्कृतिक प्रक्रिया है जहाँ स्वतंत्रता का अर्थ है— मनुष्य की उच्चतर मानवमूल्यों की चिरंतन खोज। साहित्य अमानुषीकरण के विरोध में मनुष्य का सबसे सार्थक, सक्षम स्वर है। जहाँ सार्थक साहित्य नहीं होगा, वहाँ मानव मात्र की स्वतंत्रता भी संकट में रहेगी।

रचना की राष्ट्रीय चेतना

रचना और राष्ट्रीयता पर विचार करते हुए महत्त्वपूर्ण प्रश्न यह कि इसका स्वरूप क्या है क्योंकि इसकी व्याप्ति निश्चित करके ही इस दिशा में अग्रसर होना अधिक उपादेय होगा। रचना एक व्यापक शब्द है और साहित्य इसी की एक इकाई जिसे हम सर्जन अथवा कला-जगत का सार्थक अंश मानते हैं, जहाँ शब्दों की सक्रिय भूमिका होती है— शब्द जो किसी गहरे सामाजिक-सांस्कृतिक आशय तक पहुँचना चाहते हैं। रचनाकार की भी उपस्थिति यहाँ है, पर अपने पूरे व्यक्तितत्व के साथ, जिसकी सजग सामाजिक चेतना होती है, जिसके सहारे सर्जन लंबी यात्रा करता है। इस दृष्टि से साहित्य एक दायित्वपूर्ण सृजन है, जो जीवन से गहरे संवाद से उपजता है और उसे संबोधित भी करना चाहता है। प्रस्थान भी मनुष्य है और गन्तव्य भी वही। इसी प्रकार राष्ट्रीयता को जब हम रचना के संदर्भ में प्रयुक्त करते हैं तो उसके राजनीतिक आशय मात्र से संतोष करना उचित नहीं होगा। रचना के क्षेत्र में, साहित्य की भूमि पर, राष्ट्रीयता एक अधिक संवेदना-भरा शब्द है जिसमें किसी राष्ट्र के इतिहास-भूगोल, परंपरा-प्रगति, समाज-संस्कृति, प्रकृति-परिवेश, जीवन-मनुष्य आदि समाहित होते हैं। यदि यह व्यापकता न होती तो फिर सरलता से टिप्पणी की जा सकती कि राष्ट्रीयता की आवश्यकता प्रायः बंदी समाजों को होती है। तो फिर क्या स्वतंत्र समाज में राष्ट्रीयता का कोई प्रयोजन नहीं ? और राष्ट्रीयता का एक नितांत संकुचित रूप जो विकृत होने पर फासीवाद तक जाता है, भौगोलिक सीमाओं को विस्तारवादी नीति से बढ़ाता हुआ, जातीय अहंकार से स्फीत और दूसरों पर हेय दृष्टि डालता। ऐसा अंध राष्ट्रवाद मनुष्यता का विरोधी है और ज़ाहिर है कि इस गलत परिवेश में उपजा साहित्य कितना अक्षम होगा, जहाँ तक उसके गहरे मानवीय आशय का संबंध है। रचना अथवा साहित्य की राष्ट्रीय चेतना का अर्थ है—अपने समय-समाज की संवेदनशील उपस्थिति जिसमें देसी संदर्भ रहते हैं, अपने पूरे परिवेश में— प्रकृति से लेकर जन तक। पर उसका एक व्यापक मानवीय स्वर भी होता है, जहाँ रचनाकार वृहत्तर मानव-समाज को संबोधित करना चाहता है जिससे उसके शब्द बड़ी सामाजिकता पाते हैं, कालजयी बनते हैं। यह है रचना का सही सांस्कृतिक विस्तार।

भारतीय साहित्य का एक व्यापक राष्ट्रीय चरित्र रहा है और यह कहना सरलीकरण होगा कि इसके मूल में केवल धर्म तथा संस्कृत भाषा-माध्यम रहे हैं। संस्कृत के

समानांतर कई जनपदीय भाषाएँ भारत में सक्रिय रही हैं और सार्थक रचनाकारों ने देवभाषा के आभिजात्य-भरे आधिपत्य को तोड़ने का सामाजिक प्रयत्न किया क्योंकि वे सामान्यजन से संवाद करना चाहते थे। पालि-प्राकृत-अपभ्रंश के अतिरिक्त देसी भाषाओं की सर्जनशीलता इसका प्रमाण कि जनपदीय विशेषताओं को समाहित करते हुए भी, इनमें हमारी राष्ट्रीय अस्मिता किसी सीमा तक सुरक्षित रही है। पालि में रचा गया विपुल बौद्ध साहित्य देश के बाहर भी स्वीकृत होता है और देवभाषा के वर्चस्व को तोड़कर अपना व्यक्तित्व निर्मित करता है। राष्ट्रीय चेतना में कठिनाई तब उपस्थित होती है, जब व्यापक समाज के प्रश्न गौण हो जाते हैं और उनका स्थान छोटे क्षेत्रीय दबाव लेने लगते हैं। ध्यान दें कि केन्द्रीय सामंतवाद में जब राष्ट्र को एक रूपाकार मिला तब रचना का स्वर अधिक व्यापक था— चाहे गुप्त सम्राटों का युग हो अथवा मध्यकाल की राजशाही। कालिदास 'रघुवंशम्' के आरंभ में ही कहते हैं : 'समुद्र के ओर-छोर तक प्रसरित राज्य।' इसी प्रकार भक्तिकाव्य का जो उदात्त स्वर है, जिसने पूरे महादेश को आप्लावित किया, उसमें प्रच्छन्न रूप से ही सही, पर केंद्रीय सत्ता का योग है। इस दृष्टि से राष्ट्रीय साहित्य की सही परिभाषा होगी— वह रचनाशीलता जिसमें राष्ट्र का परिवेश-प्रकृति, उसकी आशा-आकांक्षाएँ प्रतिध्वनित होती हैं। इस अर्थ में वाल्मीकि, कालिदास हमारे राष्ट्रीय कवि हैं, अपनी सजग राष्ट्रीय चेतना के साथ और अपने गहन मानवीय संवेदन के आधार पर वे वृहत्तर मानव समाज में स्वीकृत हैं। इस रूप में शेक्सपियर, गेटे, गोर्की आदि कई कालजयी रचनाकारों का उल्लेख किया जाता है। आधुनिक समय में जब हम स्वतंत्रता-संघर्ष से गुजर रहे थे तो राष्ट्रीय चेतना के दो प्रमुख धरातल देखे जा सकते हैं : एक ओर गौरवशाली परंपरा का स्मरण, प्रेरणा के रूप में, दूसरे सामयिक संदर्भों को ध्यान में रखकर, भारतमाता की कल्पना। वल्लत्तोल ने भारत को 'महारत्न' कहकर संबोधित किया (मातृवंदना), सु. भारती ने राष्ट्र को समर्पित अनेक कविताओं की रचना की, उसे 'अखिल विश्व में अतुलनीय उत्कर्ष' कहा (भारतवर्ष), रवींद्र, भयशून्य चित्त, उच्चशिर, 'मुक्त ज्ञान वाले देश' का स्वप्न देखते हैं। इतिहास-पुराण पर पुनर्विचार किया गया और उनमें नए आशय खोजे गए, उससे नई प्रेरणा ली गई।

भारतीय संदर्भ में राष्ट्रीय चेतना की एक लंबी परंपरा है जो आदिकाल, सामन्ती समाज से होती हुई सामयिक परिवेश तक आई है। जब भारत छोटी-छोटी इकाइयों में विभक्त हो गया, तब सामंतों का यशोगान वैयक्तिक स्तुति के रूप में हुआ और उसमें किसी राष्ट्रीय आशय को खोजना उचित नहीं होगा। यहाँ तक कि वैविध्य-भरे प्रकृति के दृश्य भी धूमिल हो गए और उसका स्थान अलंकरण ने ले लिया। भक्तिकाव्य के उन्मेष के पूर्व वीरगाथाकाल में और बाद के रीतिकाल में लगभग यही स्थिति है, जहाँ राष्ट्रीय चेतना के स्वर लगभग विलुप्त हैं। ऐसा नहीं कि प्रश्न अनुपस्थित हो गए थे, पर किसी केन्द्रीय राष्ट्रीय सत्ता, परिवेश अथवा जागरण का ही अभाव था। मध्यकाल ने आलवार संतों से लेकर गुरु नानक तक जो सामाजिक-सांस्कृतिक उन्मेष देखा,

उससे समृद्ध राष्ट्रीय चेतना विकसित हुई और जनपदीय भाषाओं ने अपने ढंग से उस ऊर्जा का रचनात्मक उपयोग किया। भक्ति आंदोलन की व्यापकता स्वयं प्रमाणित करती है कि एक सकारात्मक जन-जागरण के प्रभाव में राष्ट्रीय चेतना को सही गति और दिशा मिलती है। राम-कृष्ण एक नई अर्थ-दीप्ति पाते हैं और तुलसी कलिकाल को अपने समय के सामंती समाज के भयावह यथार्थ के रूप में देखते हैं। सार्थक कवि की तरह वे प्रतिपक्ष में हैं और उनका दिवास्वप्न है— रामराज्य, जिसका स्मरण महात्मा गांधी ने भी किया। भक्तिकाव्य में भक्ति शास्त्र, कर्मकांड, पांडित्य की सीमाओं से बाहर आती है, रचना में उसका अतिक्रमण होता है। दक्षिण के वैष्णवाचार्यों ने जो दार्शनिक परिवेश निर्मित किया, उसमें यह प्रयत्न भी कि भक्ति के समान मंच पर सबकी उपस्थिति हो, एक राष्ट्रीय चेतना निर्मित हो। पर उसकी अपनी सीमाएँ हैं, इसीलिए भक्तिकाव्य के सार्थक स्वरों ने आलवार संतों की परंपरा को विकसित करते हुए, उसमें नए अध्याय जोड़े। मराठी संत कवियों ने देवत्व के साकार-निराकार प्रश्न को पृष्ठभूमि में डालने का प्रयत्न किया, क्योंकि उससे संघर्ष का भय था, राष्ट्रीय चेतना खंडित होती थी। नामदेव ने ज़ोर देकर कहा : कहा करउ जाती, कहा करउ पाती/राम को नाम जपउ दिन राती। अथवा हिन्दू पूजै देहुरा, मुसलमान मसीत/नामे सोई सेविआ, जइ देहुरा न मसीत।

भक्तिकाव्य की राष्ट्रीय चेतना का उल्लेख प्रायः कम किया जाता है और यह माना गया कि यह आधुनिक युग की ही देन है। आशय में अंतर हो सकता है, पर इसे हम भारतीय राष्ट्रीय चेतना की दो दिशाएँ भी कह सकते हैं। भक्तिकाव्य का मुख्य स्वर है— सामंती समाज के शरीरवाद, एकाधिकार-मूलक सत्ता के स्थान पर मूल्य-आधारित वैकल्पिक व्यवस्था की खोज। चरितनायक राम और कृष्ण समानांतर नेतृत्व हैं— कहीं अधिक वरेण्य और स्वीकार्य। सूर की कृषक-चरवाहा संस्कृति में ऐसा परिवेश निर्मित होता है कि रसखान भी उसमें सम्मिलित हो सकें : मानुष हौं तो वही रसखान, बसौं संग, गोकुल गाँव के ग्वारन अथवा या लकुटी अरु कामरिया पै राज तिहूँ पुर को तजि डारौं। इंन्द्रियों को प्रधानता देने वाले निरंकुश सामन्ती समाज का जो विरोध इन पंक्तियों में है, प्रायः इस ओर हमारा ध्यान नहीं जाता। अकबर 'दीनइलाही' अथवा 'सुलहकुल' के माध्यम से सर्वधर्मसमन्वय का एक प्रयत्न करता है, पर उसकी सीमा रेखा यह कि वह उसे राजमहल से बाहर नहीं ला पाता, सामान्यजन का संस्पर्श नहीं करा पाता। परिणाम यह कि वह सदाशयता उसी के साथ तिरोहित हो जाती है। भक्तिकाव्य के अनेक-आयामी आशय प्रतीत होते हैं और उसका जो सर्वोत्तम है, वह चाहे जिस भारतीय भाषा में हो, इस मानवीय संकल्प की पूर्ति करता दिखाई देता है। इनमें भक्ति की उदार वृत्ति के माध्यम से राष्ट्रीय चेतना की प्राप्ति, एक बिंदु है। इसमें जाति-सम्प्रदाय, वर्ण-वर्ग की संकीर्णताएँ टूटती हैं और पुरोहितवाद को गंभीर चुनौती मिलती है। सिद्ध-नाथ काव्य में, सामान्यजन ने आचार पर बल देकर, व्यर्थ के कर्मकांड का निषेध किया। कबीर ने इसे विद्रोही स्वर में व्यक्त किया और इस दिशा में यह तथ्य

विचारणीय है। यदि सरलीकरण करें तो उनके व्यक्तित्व की दो दिशाएँ— सजग सामाजिक चेतना और अध्यात्म को अंतर्विरोध के रूप में देखा जा सकता है, जो तत्कालीन सामंती समाज में मौजूद हैं। पर इन दोनों के गंतव्य में अधिक मूलभूत अंतर नहीं है। संप्रदायों में बँटा समाज, निहित स्वार्थों में उलझा और विडंबना यह कि कर्मकांड में फँसा समय, सत्य के साक्षात्कार से वंचित है। कबीर अपने समय के जाग्रत प्रतिपक्ष हैं : साँची कहौ तो मारन धावै, झूठे जग पतियाना/हिंदू कहत है राम हमारा, मुसलमान रहमाना/आपस में दोउ लड़े मरतु हैं, मरम कोइ नहिं जाना।

मध्यकालीन रचनाशीलता का संकेत इस भ्रांति को तोड़ने के लिए आवश्यक कि राष्ट्रीय चेतना आधुनिक युग की उपलब्धि है और इसके पूर्व का रचना-स्वर उससे पूरी तरह वंचित है। पर व्यापक अर्थ में लें तो स्थिति का निराकरण होता है, प्रश्न के उत्तर मिल जाते हैं। जब भारत में इस्लामी शासक आए तो संघर्ष स्वाभाविक था, जैसा द्रविड़-आर्य संस्कृति में भी हुआ। पर इस्लामी शासक यहीं बस गए, इसलिए संवाद एक अनिवार्य विवशता प्रतीत होती है। सांस्कृतिक विनिमय से मेल-जोल की एक प्रक्रिया बनी और नई यात्रा की शुरुआत हुई। इसके लिए सूफ़ियों का उल्लेख विशेष रूप से करना होगा। सूफ़ी मत को यों भी इस्लाम का उदार पक्ष माना जाता है और इसलिए भारतीय विचारधारा से उसका एक संवाद सरलता से संभव हो सका। जैसा कि सभी ने रेखांकित किया है। सूफ़ी कवियों ने भारतीय कहानियाँ लीं और उन्हें उदार सूफ़ी चेतना के साथ व्यक्त किया, वह भी जनपदीय भाषा में। जायसी पूरी संवेदनशीलता से कहते हैं : गिरि, समुद्र, ससि, मेघ, रवि, सहि न सकहिं वह आगि/मुहमद सती सराहिए, जरै जो अस पिउ लागि। प्रश्न है कि मध्यकाल में राष्ट्रीय चेतना का स्वरूप क्या था ? उसका एक व्यापक स्वर है, उदार भक्ति के माध्यम से, पुरोहितवाद का निषेध। इसमें भारतीय समाज और परिवेश की उपस्थिति है इसे ध्यान में रखना होगा।

आधुनिक युग में, समय के दबावों में राष्ट्रीय चेतना का स्वरूप बदलता है क्योंकि संघर्ष साम्राज्यवाद से है। राष्ट्र का यह अहसास भी गहरा होता है कि मैथिलीशरण गुप्त के शब्दों में : हम कौन थे, क्या हो गए, और क्या होंगे अभी ? जो प्रश्न आज भी अपनी जगह मौजूद है। आरंभ में राष्ट्रीय भावना का स्वर मद्धिम है, किसी प्रकार के समझौते की तलाश में। भारतेंदु तक में यह द्वंद्व देखा जा सकता है कि उन्हें यह चिंता कि धन विदेश चला रहा है, पर बाकी सब ठीक कहाँ है ? द्विवेदी युग जब पुनर्जागरण अथवा पुनरुत्थान की राह अपनाता है तो वह एक चरण आगे बढ़ता है। राष्ट्रीय भावना को गति मिलती है— पुराने इतिहास पर नई दृष्टि डाली जाती है। साम्राज्यवाद 'भारत-भारती' को सह नहीं पाता : 'जग जायं तेरी नोक से, सोए हुए हों भाव जो।' पर हिंदी स्वच्छंदतावादी काव्य-छायावाद तक आते-आते राष्ट्रीय चेतना की दो-तीन प्रमुख दिशाएँ बनती हैं। एक है अतीत का पुण्य स्मरण, पर यहाँ प्रश्नों के सही उत्तर नहीं हैं। दूसरा है सामयिक परिवेश से उपजा आक्रोश। इनके बीच में उपस्थित है, राष्ट्रीय चेतना का वह संवेदनशील स्वर जिसे रवींद्र, निराला, माखनलाल चतुर्वेदी आदि

में देखा जा सकता है। यहाँ राष्ट्रीय चेतना को भावना के गहन भारतीय धरातल पर व्यक्त किया गया है। रवींद्र की 'भारततीर्थ' कविता की समापन पंक्तियाँ हैं : माँ के अभिषेक के लिए शीघ्र आओ/सबके स्पर्श से पवित्र किए हुए तीर्थ-जल से/मंगल-घट तो अभी भरा ही नहीं गया है/इस भारत के महामानव के सागर तट पर। निराला की 'भारत-वंदना' का स्वर भी संवेदनपूर्ण है जिसमें कुछ पंक्तियों में ही एक सुंदर प्रकृति-चित्र उभरता है : भारति, जय, विजयकरे/कनक-शस्य-कमलधरे। माखनलाल चतुर्वेदी की मार्मिक कविता 'पुष्प की अभिलाषा' की राष्ट्रीय भावना समय-समाज की सीमाओं का अतिक्रमण कर व्यापकत्व पाती है : मुझे तोड़ लेना वनमाली, उस पथ में देना तुम फेंक/मातृभूमि पर शीश चढ़ाने जिस पथ जाएँ वीर अनेक। जी. शंकर कुरुप 'विश्व हृदय' की कल्पना करते हैं : 'घोर दरिद्रता/दारुण व्याधियाँ/भयानक संग्राम/सभी तेरे ही तो स्वप्न हैं।'

आज के संदर्भ में राष्ट्रीय चेतना का प्रश्न भी विचारणीय है। हम राजनीतिक दृष्टि से स्वतन्त्र कहे जाते हैं, पर पूर्ण स्वतंत्रता का दावा करना कठिन। कई प्रकार की विखंडनात्मक प्रवृत्तियाँ सक्रिय और भारतीय समाज अपने विचित्र संक्रमणकाल से गुजरता हुआ। यह वास्तविकता है, यथार्थ और रचना को इसका साक्षात्कार करना ही होगा। भारतीय मानस पर कई तरह के दबाव जो हमारी राष्ट्रीय चेतना के लिए चुनौती। शिथिल होता हमारा वह देशज व्यक्तित्व जो हमारी रच्नाशीलता का केन्द्रीय आधार रहा है— हिमालय, गंगा, महासागर का संवेदन-भरा स्मरण। गाथाओं को नए-नए रूपों में देखने का हमारा प्रयास, हमें ऊर्जा देता रहा है। वाल्मीकि, तुलसी से लेकर निराला तक के राम अपने समय की भूमि पर स्थित हैं। तभी निराला के राम व्यथित होकर कहते हैं : 'रावण अधर्मरत भी अपना, मैं हुआ अपर।' अथवा 'अन्याय जिधर है, उधर शक्ति।' तथाकथित आधुनिकतावादी दौर में हम आयातित मूल्यों से इतना अभिभूत हुए कि खतरा था कि हम रचनाशीलता के मूल उत्स से ही न कट जाएँ, जिसके लिए नरेश मेहता ने 'पितृजल' शब्द का उपयोग किया है। हर सार्थक रचना की अपनी अस्मिता होती है और उसकी जड़ें अपनी जमीन में होती हैं। पाब्लो नेरुदा जैसे महान् कवि ने इसका संकेत किया है जिसमें चिली का जीवन अपनी पूरी विविधता में मौजूद है। वास्तविकता यह है कि समर्थ रचनाकारों में उनके समय-समाज की संवेदनशील उपस्थिति होती है, पर उनका एक जाग्रत दिवास्वप्न अथवा 'विज़न' होता है जो उन्हें समग्र मानवता से जोड़ता है। परंपरा की स्वीकृति और निषेध का द्वंद्व रचना को गति देते हैं। सार्थक रचना नए संकेत करती है।

नई रचनाशीलता, विशेषतया काव्य में राष्ट्रीय चेतना का प्रश्न पर्याप्त जटिल है, इसलिए उसकी पहचान का काम सरल नहीं। यदि हम सब कुछ स्वीकार कर लें, अपने परिवेश से पूर्णतया संतुष्ट हो जाएँ, तो रचनाशीलता में प्रतिपक्ष का स्वर मद्धिम पड़ जाता है और प्रकारांतर से उसकी ऊर्जा का क्षरण भी होता है। संघर्ष-ललकार से रचना को गति मिलती है, इसमें संदेह नहीं। आरंभिक प्रयोगवादी दौर को छोड़ दें, जिस

पर आधुनिकतावादी दबाव अधिक हैं, तो जब हिंदी कविता में अधिक संयत स्वर की शुरुआत होती है, तब रचना देशी संस्पर्श की ओर लौटती है। तुलसी का कृषक समाज, सूर में चरागाही संस्कृति, कबीर-जायसी में सांस्कृतिक सौमनस्य, रवींद्र-निराला में भारतीय परंपरा का नया उन्मेष, राष्ट्रीय चेतना की अपने ढंग से अभिव्यक्ति हैं। कई बार विचारधारा को लेकर प्रगतिवादी काव्य पर आयातित दर्शन के आक्षेप किए गए, पर यह अधिक प्रासंगिक नहीं क्योंकि विचारसरणियों के मूल में मानव मात्र की चिन्ता होती है और समय अपने लिए सही दर्शन तलाशता है। 'साम्यवाद के घोषणापत्र' का अंत है : 'सर्वहाराओं के पास अपनी बेड़ियों के सिवा खोने के लिए कुछ नहीं है। जीतने के लिए सामने सारी दुनिया है।' नागार्जुन अथवा मुक्तिबोध की राष्ट्रीय चेतना का प्रस्थानबिंदु वह सामाजिक चिंता है जो संपूर्ण रूपांतरण की माँग करती है। अपने समय से विक्षुब्ध होकर, हम राष्ट्रीय चिंता से गुजरते हैं। पीपल के पीले पत्ते, बादल को घिरते देखा है, रजनीगंधा, चातकी, कालिदास, सिंदूर-तिलकित भाल, सिंधु नद, भिक्षुणी, तालाब की मछलियाँ, महाकवि निराला, धरती, अकाल और बाद आदि अनेक कविताओं का देशज चरित्र नागार्जुन की राष्ट्रीय चिंता की अभिव्यक्ति है। उनकी राजनीतिक कविताओं का आक्रोशी स्वर भी इसी की उपज है और जहाँ यह क्रोध संयत हो सका है, वहाँ कविता पूरी मार्मिकता पाती है। भारतीय प्रकृति और ग्राम जीवन के उपयोग में नागार्जुन तथा त्रिलोचन विशेष रूप से उल्लेखनीय हैं, प्रेमचंद का स्मरण कराते हुए। इनका एक पक्ष है देशज विन्यास और दूसरा सामाजिक रूपांतरण की ललक। इनके मूल में व्यापक राष्ट्रीय चिंता ही है। दोनों पक्षों को किसी सीमा तक संयोजित करती नागार्जुन की कविता पंक्तियाँ हैं : कैसा लगेगा तुम्हें ? / बारूदी शोलों से दहकें अमराइयाँ/झुलस-झुलस राख हो ताम्रचूड़ आम्रपल्लव/वेणुवन ठूँठ हों, ठूँठ हों शालवन/ खा-खाकर आम फटे महुआ की रग-रग/दूधिया खून बहे, बह-बहकर जमता जाए/ कैसा लगेगा तुम्हें ? मुक्तिबोध की लम्बी कविताओं का ताना-बाना इसी राष्ट्रीय चिंता से निर्मित है, यद्यपि कवि के ही शब्दों में यहाँ ज्ञान-संवेदन की मैत्री का प्रयत्न है। 'अंधेरे में', कविता को पंक्तियाँ हैं : बहुत-बहुत ज्यादा लिया/दिया बहुत-बहुत कम/ मर गया देश, अरे जीवित रह गए तुम। 'इस नगरी में' कविता का आरम्भ है : इस नगरी में चाँद नहीं है, सूर्य नहीं है, ज्वाल नहीं है। 'ज़िंदगी का रास्ता' कविता में मुक्तिबोध रामू पात्र के माध्यम से समय-समाज को उजागर करते हैं : रामू सोचता है कि व्यर्थ गया सारा दिन/और बीसवीं सदी के इस पचासवें चरण के प्रयास में/दमन के काले अंधकार बीच/गगन में उठते गरीबों के हाहाकार बीच/रामू के सोए हुए हृदय को/अवरुद्ध जीवन कों अकस्मात किसी ने/सत्य की शक्ति दी औ हिम्मत की राह दी/ पूँजीवादी झूँठ के विराट अत्याचार के बीच।

समकालीन लेखक जानता है कि जिस जीवन को उसने देखा-जाना है, उसी का चित्रण वह प्रामाणिकता के साथ अंकित कर सकता है, और उसे विश्वसनीयता मिल सकती है। इस सिलसिले में कई बार शहर-गाँव का द्वंद्व भी चर्चा का विषय बना है,

खासतौर पर आधुनिकतावादी दौर में। कथाकार कमलेश्वर ने भी इस पर टिप्पणी की है। पर इस प्रश्न को प्रेमचंद ने रचनात्मक स्तर पर झेला और दोनों का उपयोग किया। अन्य समर्थ भारतीय रचनाकारों ने इसी प्रकार के प्रयत्न किए। दरअसल समकालीन सर्जन के समक्ष एक बड़ी चुनौती यह भी कि वह राष्ट्रीय चेतना को किस रूप में अभिव्यक्ति दे ? प्रश्न समाप्त नहीं हो जाते, वे निरंतर बने रहते हैं, और संवेदनशील रचनाकार से यह माँग करते हैं कि वह उनसे संवेदन के स्तर पर मुठभेड़ करे। विश्व अमानुषीकरण से जूझ रहा है और गोचर प्रगति के पीछे, समर्थ रचनाकार की यह सामाजिक चिंता कि मनुष्य, उसकी मनुष्यता की रक्षा कैसे की जाए ? अमानुषीकरण हमारे समय का एक बड़ा प्रश्न है— टूटते-बिखरते मानवीय संबंधों से लेकर विश्व-संघर्ष तक। सार्थक राष्ट्रीय चिंता वह, जिसमें संपूर्ण मनुष्यता संवेदन के धरातल पर समाहित होती है और ऐसी रचनाएँ कई सीमाओं का अतिक्रमण कर, सबकी सांस्कृतिक सम्पत्ति बनती हैं। कवि उमाशंकर जोशी की 'जलता पानी' कविता की पंक्तियाँ हैं : किनारे की अंकित जड़ कठिन मर्यादा का/लेप करके कैसे स्वजन दुखः शांत करें ?/ निकट के जल-भरने वालों की उपेक्षा करके/नदी को जाना है सिंधु की अनदेखी बड़वाग्नि को/फिर चाहे वहाँ से जलभरी बदली बनकर/वह आकर यहाँ संभव हो उसके लिए/ बुझाना गिरि-दावानल ! अरे, लेकिन वह कब ? जब सब हो जाए भस्म, तब ?

साहित्य अपनी सामग्री जीवन से प्राप्त करता है और उसे एक कृति का रूप देकर उसे समाज को लौटा देता है। इस प्रकार जीवन और मनुष्य की उपस्थिति अनिवार्य है, पहले सामग्री देने के लिए और फिर उसका पाठक, श्रोता अथवा दर्शक बनने के लिए। भारत जैसे अपेक्षाकृत संघर्षशील समाज में जो आज़ादी के पहले और उसके बाद भी एक संक्रमणकाल से गुजरता रहा है, साहित्यकार के सामने कई तरह के सवाल उठते हैं। आज़ादी के पहले साहित्य का मुख्य लक्ष्य औपनिवेशिक साम्राज्यवाद से मुक्ति पाना था। आधुनिक साहित्य के आरम्भ में भारतेंदु हरिश्चंद्र (1850-1885) ने राष्ट्रीय-सुधारवादी भावना का प्रकाशन करते हुए साम्राज्यवाद के आर्थिक शोषण का विरोध किया : भीतर-भीतर सब रस चूसै, हंसि हंसि कै तन मन धन मूसै। भारतेंदु युग के प्रमुख लेखक प्रतापनारायण मिश्र, बालकृष्ण भट्ट, बदरी नारायण चौधरी, प्रेमघन आदि की रचनाओं का प्रमुख स्वर राष्ट्रीयता और समाज सुधार का है। इनमें भारतेंदु का व्यक्तित्व सबसे प्रभावी है, यद्यपि वे पैंतीस-छत्तीस वर्ष की अल्पायु में ही हमारे बीच से चले गए पर उन्होंने आधुनिक हिंदी साहित्य को सही प्रस्थान दिया। वह मध्यकालीन सामंती विलास से मुक्त हुआ और भारतीय नवजागरण का परिचय देते हुए उसने नए युग में प्रवेश किया। भारतेंदु का साहित्य इस भ्राँति को तोड़ने के लिए पर्याप्त है कि यदि विदेशी सत्ता न आई होती तो राष्ट्रीयता का स्वर न आया होता या हम आधुनिक युग में प्रवेश ही न कर पाते। संभव है इस प्रक्रिया को विदेशी आक्रमण ने कुछ पहले आरंभ कर दिया हो, पर भारत को नए युग में आना ही था, उसमें संदेह नहीं।

भारत में मध्यकाल में भी देशप्रेम की एक संक्षिप्त लहर आई थी, पर वह अधिक

गतिशील न हो सकी क्योंकि इस्लामी शासक यहीं बस गए। इसीलिए छत्रपति शिवाजी के प्रशंसक भूषण कवि (17वीं शती का उत्तरार्द्ध) की कविता का स्वर हिंदूवादी है और वह अपने समय से आगे नहीं बढ़ सका। इसकी तुलना में आधुनिक युग, विशेषतया स्वतंत्रता के पहले की राष्ट्रीय भावना का स्वर अधिक व्यापक है। यदि हम आधुनिक हिंदी साहित्य का आरंभ भारत के प्रथम स्वतंत्रता संग्राम (1857) से करें तो भारतेंदु युग के पुनजार्गरण काल को हम उन्नीसवीं शताब्दी के अंत तक रख सकते हैं और नए समकालीन साहित्य तक आते हुए विभिन्न प्रवृत्तियों/धाराओं का काल विभाजन यों कर सकते हैं : पुनर्जागरण काल : भारतेन्दु युग, सुधारकाल : द्विवेदी युग, स्वच्छंदतावाद युग : छायावाद युग, प्रगति-प्रयोग युग और नया साहित्य। स्वतंत्रता पूर्व राष्ट्रीय भावना और सुधारवादी भावना का जो शुभारंभ भारतेंदु युग में हुआ, उसका विकास द्विवेदी युग में हुआ। पर भारतेंदु और उनके सहयोगियों को यह मालूम है कि भारत में एक नया सामाजिक जागरण लाए बिना राष्ट्रीयता की बात अधूरी है। इसीलिए यहाँ दोनों प्रवृत्तियाँ साहित्य में साथ-साथ दिखाई देती हैं। राजा राममोहन राय (1772-1833), विवेकानंद (1863-1902), दयानन्द सरस्वती (1824-1883) आदि ने जो नवजागरण उन्नीसवीं शताब्दी में विकसित किया, वह महाकवि रवींद्रनाथ ठाकुर (1861-1941) तक चला आता है। वास्तव में स्वतंत्रता-पूर्व का आधुनिक साहित्य इस नवजागरण अथवा 'रिनेंसा' से उपजा है और ज्यों-ज्यों स्वतंत्रता आंदोलन में तेज़ी आती गई, उसने रचना को भी नई गति दी।

भारतेंदु युग के लेखक देश की सामाजिक व्यवस्था के प्रति क्षोभ व्यक्त करते हैं और उसमें सुधार चाहते हैं। विदेशी सत्ता को स्वीकारते हुए भी वे साम्राज्यवादी शोषण का विरोध करते हैं। वास्तव में यह आधुनिक हिंदी साहित्य का प्रथम चरण है और लेखकों की कुछ शक्ति ब्रजभाषा और खड़ी बोली के द्वैत को पाटने में भी लगी रही। पर द्विवेदीयुग (1901-1920) का नेतृत्व करते हुए आचार्य महावीर प्रसाद द्विवेदी (1864-1938) ने भाषा के इस द्वैत को मिटाया और आधुनिक हिंदी खड़ी बोली को समस्त साहित्य के माध्यम रूप में अपनाने पर बल दिया। 'सरस्वती' पत्रिका का संपादन करते हुए उन्होंने लेखकों की एक नई पीढ़ी तैयार की जिसने राष्ट्रीयता की भावना को अपनी रचनाओं में प्रमुखता दी। प्रायः आचार्य द्विवेदी के नेतृत्व को भाषा आदि तक सीमित करके देखा जाता है, पर वास्तविकता यह है कि उन्होंने आधुनिक हिंदी साहित्य को एक नई दिशा और गति दी। भारतेंदु युग यदि पूर्वाभास है तो द्विवेदी युग उसका विकास। डा. रामविलास शर्मा ने अपनी पुस्तक : 'महावीर प्रसाद द्विवेदी और हिंदी नवजागरण' में आचार्य द्विवेदी के ग्रंथ 'सम्पत्तिशास्त्र' तथा 'सरस्वती' के लेखों के माध्यम से प्रमाणित किया है कि उस समय को देखते हुए उनकी दृष्टि प्रगतिशील कही जाएगी। पाठकों के लिए यह जानने योग्य है कि 'सरस्वती' के अंकों में कई ऐसे लेख प्रकाशित हुए जिनमें एशियाई प्रगति की चर्चा है, जिसे एशिया के नवजागरण के रूप में देखना होगा।

द्विवेदीयुग के सबसे प्रमुख कवि हैं : अयोध्यासिंह उपाध्याय हरिऔध (1865-1947) तथा मैथिलीशरण गुप्त (1886-1964)। हरिऔध का 'प्रियप्रवास' आधुनिक कृष्णकाव्य है जिसमें कृष्ण और राधा को नया सामाजिक व्यक्तित्व देने का प्रयत्न किया गया है। राधा कहती है : 'प्रिय पति देश-सेवा करें, गेह चाहे न आएँ।' मैथिलीशरण गुप्त अपनी देशभक्ति के लिए राष्ट्रकवि कहे जाते हैं। 'भारतभारती' (1902) में उन्होंने अपनी राष्ट्रीय भावना प्रकाशित करते हुए कहा : मानस-भवन में आर्यजन जिसकी उतारें आरती/भगवान भारतदेश में गूंजे हमारी भारती। ब्रिटिश शासन ने इसे जप्त कर लिया था। मैथिलीशरण जी ने अपनी लगभग सभी रचनाओं में राष्ट्रीय भावना का प्रकाशन किया। यहाँ तक कि उनका प्रसिद्ध प्रबंधकाव्य 'साकेत' विशेष रूप से उर्मिला का वियोग वर्णन करता हुआ भी, देशप्रेम की भावनाएँ व्यक्त करता है। इस समय के एक अन्य कवि रामनरेश त्रिपाठी (1889-1962) ने अपने मिलन, पथिक, मानसी, स्वप्न में संकेत से ही सही, पर राष्ट्रीय भावना का प्रकाशन किया है : देश-प्रेम वह पुण्यक्षेत्र है/अमल असीम त्याग से विलसित/आत्मा के विकास से जिसमें/मनुष्यता होती है विकसित।

द्विवेदी युग में राष्ट्रीय-सांस्कृतिक सुधारवादी भावनाओं का विकास हुआ और अधिकांश लेखकों में देश की स्वतंत्रता और सामाजिक सुधार के लक्ष्य प्रमुख थे। द्विवेदी युग के बाद हम छायावाद युग (1921-1940) में प्रवेश करते हैं जिसे हिंदी का रूमानी अथवा स्वच्छंदतावाद युग कहा जाता है। इसके प्रसिद्ध कवि जयशंकर प्रसाद (1889-1937), सूर्यकांत त्रिपाठी निराला (1897-1962), सुमित्रानंदन पंत (1900-1977), महादेवी वर्मा (1907-1987) हैं। रोमांटिक आंदोलन होने के कारण यहाँ कवियों को अपना निजी सुख-दुख कहने की स्वतंत्रता है और वैयक्तिक भावनाओं के प्रकाशन की छूट। सौंदर्य, प्रेम का एक नया जगत इन कवियों द्वारा निर्मित हुआ जिसके केंद्र में मनुष्य और उसकी स्वतंत्रता है। पर इसी समय राष्ट्रीय स्वतंत्रता आंदोलन ज़ोर पकड़ता है और 1942 की अगस्त क्रांति उसका चरम विस्फोट है। इसीलिए कवियों ने अवसर पाकर अपनी राष्ट्रीय-सांस्कृतिक भावना का प्रकाशन किया। उसके लिए सबसे विचारणीय हैं जयशंकर प्रसाद के प्रमुख नाटक— चंद्रगुप्त, स्कंदगुप्त आदि जहाँ नाटककार ने अपनी राष्ट्रीय-सांस्कृतिक भावना का प्रकाशन किया है। हिमालय के आँगन में उसे प्रथम किरणों का दे उपहार, अरुण यह मधुमय देश हमारा, हिमाद्रि तुंग शृंग से प्रबुद्ध शुद्ध भारती जैसे गीतों में राष्ट्रीय भावना व्यक्त हुई है। सूर्यकांत त्रिपाठी निराला आधुनिक युग के सबसे विद्रोही कवि हैं और उन्होंने जागो फिर एक बार, शिवाजी का पत्र, दिल्ली, यमुना के प्रति जैसी कविताओं में अपनी राष्ट्रीय भावना का प्रकाशन किया है। 'तुलसीदास' जैसा आख्यानक काव्य रचते हुए निराला मध्यकालीन भोगविलास के माध्यम से अपने समय का भी संकेत करते हैं। यहाँ कवि का सांस्कृतिक सामाजिक दायित्व स्पष्ट है : करना होगा यह तिमिर पार/देखना सत्य का मिहिर द्वार/बहना जीवन के प्रखर ज्वार में निश्चय/लड़ना विरोध से द्वंद्व समर/रह सत्यमार्ग पर स्थिर निर्भर/जाना भिन्न भी देह/निज घर निःसंशय। निराला का प्रसिद्ध राष्ट्रगीत है : 'भारति जय विजय

करे।' सुमित्रानंदन पंत ने 'युगवाणी', 'ग्राम्या' आदि में अपनी राष्ट्रीय भावनाएँ प्रकाशित कीं : भारतमाता ग्रामवासिनी आदि।

छायावाद युग से प्रभावित कवियों की एक पूरी पंक्ति है जो अपनी बनावट में रूमानी होते हुए भी राष्ट्रीय भावनाओं से परिचालित है। वास्तविकता यह है कि रोमांटिक आंदोलन के दौरान राष्ट्रीय-सांस्कृतिक चेतना गहराती है और देशप्रेम की भावना में रेखाओं के भीतर रंग भरने का काम किया जाता है। वह वक्तव्यों से बाहर निकलती है, देश की सीमाएँ पार करती है और समग्र मानवता पर उसकी दृष्टि रहती है। इस रूप में वह अधिक व्यापक, उदार तथा मानवीय है। जिसे आधुनिक युग में राष्ट्रीय काव्यधारा कहा जाता है उसके बीज भारतेंदु युग में हैं, विकास राष्ट्र कवि मैथिलीशरण गुप्त में हुआ पर आगे चलकर छायावादी रूमानी प्रभाव में उसे नए आयाम मिले। इन कवियों में प्रमुख हैं : माखनलाल चतुर्वेदी 'एक भारतीय आत्मा' (1889-1968), बालकृष्ण शर्मा 'नवीन' (1897-1960), सियारामशरण गुप्त (1895-1963), सुभद्राकुमारी चौहान (1905-1948) आदि। माखनलाल चतुर्वेदी की प्रसिद्ध कविता 'एक पुष्प की अभिलाषा' राष्ट्रीय भावना का भावात्मक प्रकाशन करती है जिसमें फूल की आकांक्षा है : मुझे तोड़ लेना वनमाली उस पथ पर तुम देना फेंक/मातृभूमि पर शीश चढ़ाने जावें जिस पथ वीर अनेक। माखनलाल चतुर्वेदी ने अपने काव्य संकलन : हिमतरंगिनी, हिमकिरीटिनी, समर्पण, वेणु लो गूँजे धरा आदि में अपनी राष्ट्रीय भावनाओं का प्रकाशन किया है। श्री बालकृष्ण शर्मा नवीन प्रखर राष्ट्रीय भावनाओं के कवि हैं और उनकी प्रसिद्ध कविता इसका प्रमाण : कवि कुछ ऐसी तान सुनाओ जिससे उथल-पुथल मच जाए/एक हिलोर इधर से आए, एक हिलोर उधर से आए। सियारामशरण गुप्त राष्ट्रकवि मैथिलीशरण गुप्त के छोटे भाई हैं और उनकी रचनाओं पर गांधीवाद युग का गहरा प्रभाव है। सुभद्राकुमारी चौहान की प्रसिद्ध कविता 1857 के प्रथम स्वतंत्रता संग्राम की वीरांगना लक्ष्मीबाई को लेकर रची गई है : बुन्देले हर बोलों के मुँह हमने सुनी कहानी थी/खूब लड़ी मर्दानी वह तो झांसीवाली रानी थी। रामधारीसिंह दिनकर (1908-1974) की राष्ट्रीय भावनाएँ 'मेरे नगपति, मेरे विशाल' जैसी कविताओं में देखी जा सकती हैं। इस समय की राष्ट्रीय भावना में देशप्रेम, गांधीवाद, विश्वमानवता और सामाजिकता का संयोजन हुआ है और इससे उसकी उदार दृष्टि का परिचय मिलता है।

राष्ट्रीय भावनाओं के सामाजिक रूप के लिए सबसे समर्थ नाम कथाकार प्रेमचंद का है (1880-1936)। प्रेमचंद ने हिंदी कथासाहित्य को सामाजिक यथार्थ से जोड़ा और उसे एक सही प्रयोजन दिया। कहानियाँ तो वे लगभग सीधे जीवन से ही उठा लेते हैं और उनमें समय के यथार्थ के किसी टुकड़े को मार्मिकता के साथ व्यक्त करते हैं। ग्राम-जीवन से संबद्ध उनकी कहानियाँ इस दृष्टि से प्रभावशाली हैं : पूस की रात, कफ़न, ईदगाह, अलग्योझा, सवासेर गेहूँ, सुजान भगत, ठाकुर का कुआँ आदि। यों सामंती परिवेश की कहानी 'शतरंज के खिलाड़ी' भी प्रसिद्ध है। प्रेमचंद के व्यक्तित्व में तत्कालीन परिस्थितियों के गहरे दबाव हैं, पर अपनी आरंभिक सुधारवादी दृष्टि और

आदर्शवादिता से बढ़ते हुए वे सामाजिक यथार्थ तक पहुँचते हैं। आरंभ में गाँधीवाद प्रभाव भी है पर क्रमश: वे अपने समय के नग्न यथार्थ को देखते-समझते हैं और रचना में उसका उपयोग करते हैं। प्रेमचंद के आरंभिक उपन्यास सुधारवादी समाधान प्रस्तुत करते हैं, पर धीरे-धीरे उनमें यथार्थवादी प्रवृत्तियाँ गहराती हैं और वे स्थिति का सही जायजा लेते हैं। प्रेमचंद की राष्ट्रीय भावना में उनकी सामाजिक चेतना भी सम्मिलित है। रचना में उनकी प्रतिबद्धता स्पष्ट होती गई है और इस दृष्टि से कवि निराला की तरह उन्होंने लेखकों की नई पीढ़ी को प्रभावित किया। प्रेमाश्रम (1922) में ज़मींदार-किसानों का संघर्ष दिखाया गया है। एक टूटती हुई सामंती व्यवस्था के दृश्य यहाँ दिखाई देते हैं, पर समाधान आदर्शवादी है। रंगभूमि (1924) का संघर्ष अधिक प्रखर है। यहाँ प्रेमचंद पूँजीवादी सभ्यता का संकेत करते हैं और अंधा सूरदास इससे लड़ते हुए शहीद हो जाता है। 'कर्मभूमि' (1932) उपन्यास का नायक अमरकान्त देशभक्त चरित्र है जो लोगों को संगठित करना चाहता है। गोदान (1936) भारतीय किसान की महागाथा और प्रेमचंद की सर्वोपरि कृति ही नहीं, विश्व के सर्वोत्तम उपन्यासों में परिगणित होने योग्य है। गोदान का नायक होरी भारतीय किसान का प्रतिनिधि है जो सामन्ती शोषण का शिकार है और अंत में मज़दूर के रूप में उसकी मृत्यु होती है। किसान के जीवन का ऐसा प्रामाणिक और विश्वसनीय चित्रण कठिनाई से मिलता है। प्रेमचंद ने अपनी सजग सामाजिक दृष्टि के साथ, गहरी संवेदनशीलता के सहारे इस उपन्यास को रचा है। वास्तव में प्रेमचंद की राष्ट्रीय भावना सामाजिक चेतना के भीतर से जाननी होगी।

1947 में भारत स्वतंत्र हुआ और स्वाभाविक प्रश्न उठता है कि क्या आज़ाद देश को राष्ट्रीयता की कोई आवश्यकता नहीं होती ? परतंत्र देश विदेशी सत्ता से संघर्ष करते हैं और लेखकों के समक्ष मुख्य उद्देश्य होता है— राष्ट्र की मुक्ति का। विचारकों का एक वर्ग वह भी है और जो काफ़ी सही भी है कि राष्ट्रीयता कई बार ऐसा संकुचित तथा उग्र रूप धारण कर लेती है कि वह गलत दिशा में मुड़ जाए। विभिन्न राष्ट्रों में तनाव, निरंतर संघर्ष, दो-दो महायुद्ध और किसी नए की आशंका में डूबा संसार प्रमाणित करते हैं कि राष्ट्रीयता का एक घातक पक्ष वह है जब मनुष्यता के हित हमारी दृष्टि से ओझल हो जाते हैं। शीतयुद्ध की समाप्ति के बावजूद विश्व में शांति नहीं है सब ओर तनाव और संघर्ष। ऐसी स्थिति में स्वाभाविक है कि भारत में राष्ट्रीय भावना का स्वरूप बदला है। स्वतंत्रता-पूर्व भी हिंदी लेखकों में यह चिंता दिखाई देती है कि जो भारतीय समाज बने उसका रूप क्या हो ? इसीलिए भारतेंदु युग अथवा उन्नीसवीं-बीसवीं शताब्दी के संधिस्थल से लेकर आज तक लेखकों में राष्ट्रीय चेतना का एक मुख्य बिंदु सामाजिक चेतना है। रचना की यह सामाजिकता निरंतर गतिशील होती गई है और उसे नए रूप में देखा जा सकता है।

आधुनिक हिंदी साहित्य में आरंभ से ही सामाजिक सुधार की भावना राष्ट्रीयता के साथ अग्रसर होती रही है और आज़ादी के पहले ही हिंदी के प्रगतिशील लेखकों ने यह

धारणा व्यक्त की कि रचना का उपयोग सामाजिक परिवर्तन में होना चाहिए। रचना केवल अपने समय-समाज को व्यक्त ही नहीं करती, वह उसके बदलाव में कारगर भूमिका भी निभाती है। 1936 में भारतीय प्रगतिशील लेखक संघ का अधिवेशन हुआ जिसे अध्यक्ष पद से संबोधित करते हुए प्रेमचंद ने अंतिम पंक्तियों में कहा : "हमारी कसौटी पर वही साहित्य खरा उतरेगा जिसमें उच्च चिंतन हो, स्वाधीनता का भाव हो, सौंदर्य का सार हो, सृजन की आत्मा हो, जीवन की सचाइयों का प्रकाश हो जो हममें गति, संघर्ष और बेचैनी पैदा करे, सुलाए नहीं, क्योंकि अब और ज़्यादा सोना मृत्यु का लक्षण है।" हिंदी के प्रमुख प्रगतिवादी लेखक सूर्यकान्त त्रिपाठी निराला तथा प्रेमचंद को अपने गुरु के समान स्वीकार करते हैं। डा. रामविलास शर्मा, नागार्जुन, त्रिलोचन, शमशेर, केदारनाथ अग्रवाल, शिवमंगलसिंह सुमन, गजानन माधव मुक्तिबोध आदि कवि सामाजिक परिवर्तन के आकांक्षी हैं और भारतीय समाज के अछूते पक्षों पर इनकी दृष्टि जाती है।

आज़ादी के आस-पास जो नई हिंदी कविता जन्मी उसके प्रमुख कवियों में गजानन माधव मुक्तिबोध (1917-1964) का नाम आता है। उनके कविता संकलन हैं : चाँद का मुँह टेढ़ा है तथा भूरी-भूरी खाक धूल। समीक्षा ग्रंथ हैं : कामायनी : एक पुनर्विचार, नई कविता का आत्मसंघर्ष, नए साहित्य का सौंदर्यशास्त्र, एक साहित्यिक की डायरी, समीक्षा की समीक्षाएँ। अन्य गद्यकृतियाँ हैं : काठ का सपना, विपात्र, सतह से उठता आदमी। मुक्तिबोध अपनी प्रसिद्ध कविता 'अंधेरे में' कहते हैं : अब अभिव्यक्ति के सारे खतरे/उठाने ही होंगे/तोड़ने होंगे मठ और गढ़ सब/पहुँचना होगा दुर्गम पहाड़ों के उस पार/तब कहीं देखने मिलेंगी बाहें/जिनमें कि प्रतिफल काँपता रहता है/अरुण कमल एक। इस प्रकार आज़ाद भारत में हिंदी लेखन गहरी सामाजिक चेतना से सम्पृक्त है जिसमें संपूर्ण विश्व की उपस्थिति है और यह एहसास कि रचना एक दायित्वपूर्ण सांस्कृतिक कर्म है।

रचना और राजनीति

रचनात्मकता अथवा सर्जनात्मकता के अर्थ को लेकर ही बहस हो सकती है। इस पर काफ़ी अकादमिक चर्चा हो चुकी है, होती रहेगी। कुछ लोगों ने सर्जन को व्यापकत्व देते हुए उसमें 'गणितात्मक सृजन' तक का उल्लेख किया। ब्रेवेस्टर गीसोलिन द्वारा संपादित पुस्तक 'द क्रिएटिव प्रॉसेस' में कई लेखकों ने विज्ञान के शब्दों का प्रयोग किया है। इस प्रकार सार्थक प्रतिभाएँ किसी सृजन-प्रक्रिया से गुज़रकर गंतव्य पर पहुँचती हैं। यात्रा का आरंभ वैयक्तिक प्रयत्न से हो सकता है, पर अंत में वह सामाजिक हो जाती है—सबकी वस्तु बनती है। इसीलिए ज्ञान-विज्ञान के निष्कर्ष साहित्य को भी प्रभावित करते हैं। डार्विन ने इस भ्रांति को तोड़ा कि हम ईश्वर की संतान हैं। परिभाषा बदली कि मनुष्य एक सामाजिक प्राणी अथवा जीव है। द्वंद्वात्मक भौतिकवाद से दर्शन को नई अर्थवान सामाजिकता मिली।

रचनात्मकता अथवा सर्जनात्मकता की चर्चा यदि फ़िलहाल कला और साहित्य के ही संदर्भ में की जाए तो भी स्वीकारना होगा कि उसके कुछ अंश ही ऐसे होते हैं जो रचना की हैसियत पा सकें। मसलन हर लेखन रचना नहीं है। रचनात्मकता में किसी अर्थ में हमारी स्वयं की सामाजिक उपस्थिति भी होती है—पर पूरे व्यक्तित्व के साथ, जिसमें एक बड़ा अनुभव-संसार समाया रहता है। इसलिए पहले उस विराट व्यक्तित्व को गढ़ना होगा जिससे रचना में अग्रसर हुआ जाता है। दरअसल रचना की एक पूरी प्रसव-पीड़ा होती है—कुंवरनारायण के शब्दों में : 'अलख मेरे पास वह किरण है सतरंगिनी, जो दर्द से गुज़रे बिना खुलती नहीं।' मुक्तिबोध ने 'अपनी खोई हुई, पर अभिव्यक्ति अनिवार आत्मसम्भवा' की बात की है। रचना में संवेदन की ऊर्जा उसका प्रस्थान बिंदु है, शेष बातें बाद में आती हैं। प्रश्न है कि संवेदन-संसार में कितनी बड़ी दुनिया सम्मिलित है और उसे कितने गहरे स्तर पर अनुभव किया गया है। फिर यह समाजशास्त्र पा जाने पर वह सही सौंदर्यशास्त्र की तलाश कर लेता है। कलासंसार भारतीय सामंती समाज में दो विरोधी दिशाओं की ओर भी गया—एक ओर देवत्व को केंद्र में रखकर, मूर्तियाँ ढलीं, चित्र बने—देवों का मानुषीकरण किया गया, दूसरी ओर निगति-काल में देवी-देवताओं को नायिका-नायक रूप दिया गया। दोनों की रचनात्मकता में अंतर है। एक में सामाजीकरण है, अपनी सीमाओं में ही सही, पर दूसरा दरबारीकृत है—अभिजन समाज की फ़रमाइश की पूर्ति करता। रचनात्मकता अथवा सर्जनात्मकता

का अर्थ है— मनुष्य की केंद्रीयता, गहरी मूल्य-चिंता और मानव की ऊर्ध्वमुखी सामाजिक यात्रा में निरंतर सहायता। रचना का एक दायित्व यह भी कि मनुष्य साधारण पशु होने से बचे कैसे ? बेहतर इंसान किस प्रकार बने, सबका सुख कैसे हो, पृथ्वी पर ही कल्पित दिवास्वप्न की अवतारणा कैसे संभव हो सकती है, आदि। यदि रचना का वृहत्तर सामाजिक-सांस्कृतिक दायित्व नहीं है तो फिर अकादमिक बहसें हमें किसी सही निष्कर्ष पर नहीं पहुँचा सकेंगी। रचना विलास अथवा चमत्कार नहीं है, वह दायित्वपूर्ण मूल्यचिंता है जो कलानुशासन से बंधकर और भी ऊर्जावान बनती है।

प्रतिबद्धता को लेकर बीसवीं शताब्दी में काफ़ी बहसें हुई हैं। दरअसल एक बार क्रांति और उसकी निरंतरता में विश्वास कर लिया जाए तो प्रतिबद्धता को सही ढंग से समझा जा सकता है। हम बीसवीं शताब्दी के अंतिम छोर पर पहुँच गए हैं और इस बीच कई सामाजिक परिवर्तन हुए हैं। मार्क्स (1818-1883), एंगेल्स, लेनिन, माओत्से तुंग से लेकर नए रूस-चीन तक चिंतनधारा में जो विकास और परिवर्तन हुए हैं, उन्हें ध्यान में रखा जाए तो ज्ञात होगा कि प्रतिबद्धता का मूल रूप स्वीकारते हुए भी, उसे क्रियान्वित करने को लेकर पर्याप्त विवाद हुए हैं। अपने समय में ही लेनिन ने 'वामपंथी कम्युनिज़्म एक बचकाना मर्ज़' में टिप्पणी करते हुए लिखा : "प्रत्येक देश के कम्युनिस्टों को सचेत रूप से अवसरवाद और वामपंथी मतवादी कट्टरता से लड़ने के मुख्य उसूली कामों के साथ-साथ यह भी ध्यान में रखना चाहिए कि यह लड़ाई प्रत्येक देश में उसकी अर्थव्यवस्था, राजनीति, संस्कृति, जातीय गठन, उसके उपनिवेशों, आर्थिक मतभेदों आदि की खास विशेषताओं के अनुरूप एक विशेष रूप धारण कर लेती है और लाजिमी तौर से धारण करेगी।" इसी अर्थ में कहा गया कि क्रांति का आयात नहीं होता, वह अपनी माटी की उपज होती है, परिस्थिति विशेष से परिचालित। स्टालिन के समय में किन्हीं विशेष परिस्थितियों में साम्यवादी शिकंजा बहुत कठोर था, पर ख्रुश्चेव के समय से उदारता की जो प्रक्रिया चली उसे गर्बोचोव के 'पुनर्गठन' तक देखा जा सकता है। बाद में तो संपूर्ण प्रतिक्रांति हुई, सोवियत संघ ही टूट-बिखर गया। आज विचित्र गठबंधन का यह आलम कि साम्यवाद, पूँजीवाद, सैनिक तानाशाही एक साथ। सवाल राष्ट्रीय हितों का भी होता है जिसकी अनदेखी नहीं की जा सकती।

इन स्थितियों में प्रतिबद्धता की धारणा भी बना पाना सरल नहीं। पर जिस क्लासिकल अर्थ में प्रतिबद्धता का प्रयोग होता आया था, उसे ध्यान में रखकर कहा जा सकता है कि रचना के केंद्र में उस मनुष्य की उपस्थिति अनिवार्य है जिसे हम सही मायने में 'सामान्यजन' मानते हैं— दलित, पीड़ित, शोषित-सर्वहारा। यहाँ मनुष्य को अपरिभाषित रखकर काम नहीं चलाया जा सकता क्योंकि उससे सफ़ेदपोशी, तथाकथित वैयक्तिक विद्रोह को मान मिल सकता है, जो गलत है। क्रांति का कोई भी छद्म खतरनाक है— उस ओर या उस ओर। यहाँ तो बात बिल्कुल साफ़ है : 'जो घर फूकै आपना चलै हमारे साथ।' ज़ाहिर है कि यह बलिपंथी मार्ग बहुत कठिन। मुक्तिबोध ने अभिव्यक्ति के खतरे उठाने की बात की है, पर वास्तव में खतरा तो हर प्रकार का झेलना होगा।

इसी से जुड़ा सवाल अपने बारे में। काशी में पढ़ा जहाँ कई वामपंथी मित्र थे—समाजवादी-साम्यवादी। गुरु प्रो. मुकुटबिहारी लाल समाजवादी आंदोलन से गहरे रूप में जुड़े थे। समकालीनों में भाई नामबरसिंह थे। समाजवाद का पहला पाठ पढ़कर, लखनऊ में आचार्य नरेंद्रदेव के सम्पर्क में आया, जिनसे काफ़ी कुछ सीखा। अपने लेखन की शुरुआत स्वच्छंदतावाद से की और गोर्की की 'क्रांतिकारी स्वच्छंदतावाद' की अवधारणा को स्वीकारा। मार्क्सवाद को सैद्धांतिक-वैचारिक स्तर पर जाना-परखा और विवेचन में उसका इस्तेमाल किया। 'हिंदी स्वच्छंदतावादी काव्य' में पूँजीवादी समाज की भूमिका में रोमांटिसिज़्म को पहचानने का प्रयत्न। फिर लगभग दस वर्ष मध्यकालीन भारतीय सामंती समाज और रचनाशीलता को समझने में लगाए। भक्तिकाव्य संबंधी यह विवेचन पाँच-छः पुस्तकों में आया। अब नई कविता के समाजशास्त्र को समझने की कोशिश तीन खंडों में। पहली पुस्तक 'नई कविता की भूमिका' हाल में ही प्रकाशित। इस प्रकार मैंने विनम्र प्रयास किया है कि उस ज़मीन को पहचानूँ जिस पर कोई रचना स्थित है। मेरी विनम्र मान्यता कि स्वीकृति और निषेध के द्वंद्व से सही रचना जनमती है। वह समय को उसकी समग्रता में, गहरे स्तर पर स्वीकारती है, पर यहीं नहीं रुक जाती, उसे चुनौती भी देती है। रचना का एक असंतोष भी होता है, जिसे उसके 'विज़न' अथवा दिवास्वप्न में देखा जा सकता है। यहाँ फ़ैंटेसी भी गढ़ी जाती है। प्रतिबद्ध कौन और किस रूप में? सही अर्थों में रचना प्रतिबद्ध है या नहीं, इसके बारे में बड़बोलेपन का सहारा लेने से बेहतर होगा कि इसका निर्णय समझदार पाठकों पर छोड़ दिया जाए। समय सही निर्णायक कि वास्तव में जिसे हम प्रतिबद्ध नहीं कहना चाहते, उससे साक्षात्कार करना, हमारी विवशता, क्योंकि यहाँ मनुष्य की महत्त्वपूर्ण उपस्थिति है और संवेदन का स्पृहणीय धरातल। मार्क्स ने ब्रिटेन के उपन्यासकारों—डिकेंस, थेकरे, ब्रोन्ते आदि की सराहना की क्योंकि वहाँ मध्यवर्ग का स्वरूप उभरा है, अपनी दुर्बलताओं के साथ। मानववाद के धरातल पर वह गेटे को शेक्सपियर से भी महत्वपूर्ण स्थान देता है। प्रतिबद्धता है उस मनुष्य के प्रति जो प्रकृति की सबसे सराहनीय सृष्टि है और हमारी यह दृष्टि जितनी व्यापक होगी, रचना उतनी ही स्वीकार्य।

कई रूपों में इस पर विचार हुआ है कि क्या प्रतिबद्ध होने के लिए किसी दल का अंकुश अनिवार्य है ? लेनिन ने अपने समय में यह सवाल उठाया था और 'पार्टी संगठन और पार्टी साहित्य' को प्रायः उद्धृत किया जाता है। पर ध्यान देने की बात है कि ये बातें उस समय कही गई थीं जब प्रतिक्रांति का खतरा मौजूद था, जिस ओर लेख के आरंभ में ही लेनिन ने संकेत किया है। क्रांति के पहले चरण की आवश्यकताएँ अधिक कठोरता की माँग करती हैं। पर लेनिन ने कला की महत्त्वपूर्ण विरासत के संरक्षण पर बल दिया, उसे केवल इसलिए मिटाना ठीक नहीं कि वह सामंती समय में निर्मित हुई। उन्होंने सामाजिक क्रांति के साथ सांस्कृतिक क्रांति की भी बात की। आश्चर्यजनक लग सकता है, पर माओत्से तुंग ने लेखकों के कर्तव्य पर विचार करते हुए 'जीवित सत्य' पर बल दिया और आत्मालोचन करते हुए कहा : 'साहित्य और कला क्षेत्रों में

संघर्ष चालू रखने के लिए साहित्यिक और कला-संबंधी आलोचना एक महत्त्वपूर्ण हथियार है जिसको विकसित करना चाहिए।' ज़ाहिर है कि सांस्कृतिक क्रांति के साथ, कवि माओ के मन में रचना के सौंदर्यशास्त्र की अवधारणा भी है।

प्रतिबद्धता का प्रश्न रचना-राजनीति से जुड़ा है। दल कोई भी हो, राजनीति की कुछ तात्कालिक आवश्यकताएँ भी होती हैं और रचना की इससे संगति बिठा पाने का कार्य कठिन। साम्यवादी शब्दकोष के 'व्यूह रचना' और 'रणनीति' का प्रयोग कई बार जिस मनमाने ढंग से किया जाता रहा है, उसे देखकर लेनिन की बात याद आती है जब उन्होंने ज़ोर देकर कहा था कि 'कौन कहता है– कम्युनिज़्म की कोई नैतिकता नहीं होती, होती है, ज़रूर होती है।' साम्यवाद की भी मंज़िलें होती हैं और एक बार क्रांति के स्थायी हो जाने पर नेतृत्व का यह दायित्व भी कि जनता का स्तर बराबर उठता रहे— हर बिंदु पर। जहाँ तक मूल्य-चिन्ता का प्रश्न है सही रचना और सही राजनीति दोनों मानव-कल्याण में नियोजित होना चाहते हैं। पर जब राजनीति सत्ता-केन्द्रित हो जाए, अंध राष्ट्रीयता ज़ोर मारे और गलत दाँव-पेंच को स्वीकृति मिलने लगे, तो सही रचना क्या करे ? तॉलस्ताय इस अर्थ में क्रांतिकारी नहीं, जैसी अवधारणा साम्यवादी दल के आरंभिक दौर में थी, पर वे उन मानवतावादी लेखकों में जिन्हें सोवियत संघ के साथ विश्व स्तर पर स्वीकृति मिली। यहाँ दलीय प्रतिबद्धता कई स्तरों पर टूटती है। दल का सदस्य न होकर भी महान रचना संभव है, बशर्ते वह विराट मनुष्य को संवेदन के गहरे स्तर पर संबोधित करे और कला का भी धरातल स्पर्श करे। राजनीति को भी ऐसी विराट प्रतिभाओं को स्वीकारने के लिए बाध्य होना पड़ता है। राजनीतिक दबाव कई बार रचना को इस दृष्टि से दुर्बल करते हैं कि उसे तात्कालिक आवश्यकताओं की पूर्ति के लिए विवश किया जाता है। एक बार गेटे से कहा गया कि सेना के लिए कुछ प्रयाण गीत लिखो। कवि का उत्तर था—'बिना दूसरों को घृणा किए मैं मार्चिंग साँग कैसे लिख सकता हूँ! ड्यूक, मैं आपको बता दूँ कि मैंने प्रेम-गीत भी तभी लिखे हैं, जब प्रेम किया है।' साम्यवाद ने भी रचना की अपनी लंबी विरासत को अहमियत दी और उन रचनाकारों की प्रतिभा को सलाम किया जो क्रांति की लड़ाई में सम्मिलित नहीं थे, पर हाँ उनमें जीवन की गहरी उपस्थिति थी। 'रूसी कविता की तीन शताब्दियाँ' शीर्षक से जो बड़ा कविता संकलन प्रकाशित हुआ है, उसमें पुश्किन की 'कवि' कविता भी है जिसमें ईश्वर, आत्मा आदि का उल्लेख।

दल की नीतियाँ स्थितियों के अनुसार ढलती हैं, कई बार आकस्मिक भी और सिद्धांतों को तिलांजलि तक। पर रचना जीवन से अपना कथ्य प्राप्त करती है और उसे संबोधित भी करना चाहती है। हमारा बड़ा दायित्व जीवन और मनुष्य के प्रति है, इसे सार्थक रचनाकार जानता है। पर इसका यह अर्थ नहीं कि निजी आज़ादी अथवा अभिव्यक्ति की स्वतंत्रता के नाम पर हम परम व्यक्तिवादी, अराजक, गैर-जिम्मेदार हो जाएँ। रचना का एक ईमानदार सांस्कृतिक संसार होता है और सही रचनाकार जानता है कि सामाजिक-सांस्कृतिक रूपांतरण में उसकी भूमिका होनी चाहिए, वह पलायन नहीं कर सकता।

मार्क्स ने लेखक के पेशे के बारे में जो बात अपने समय में कही थी, वह आज और भी प्रासंगिक प्रतीत होती है : 'लेखक को स्वाभाविक रूप से अपने अस्तित्व और लेखन के लिए जीविकोपार्जन करना चाहिए, पर उसे केवल जीविकोपार्जन के लिए रहना और लिखना न चाहिए।' पूँजीवादी समाजों में कितने लोग ऐसा कर पाते हैं ? हमारे पास कितने निराला-नागार्जुन हैं ? मुक्तिबोध की इस टिप्पणी के मूल में लेखक की वेदना है : 'आज के साहित्यकार का आयुष्य-क्रम क्या है ? विद्यार्जन, डिग्री, और इसी बीच साहित्यिक प्रयास, विवाह, घर, सोफ़ासेट, ऐरिस्ट्रोक्रेटिक लिविंग, महानों से व्यक्तिगत संपर्क, श्रेष्ठ प्रकाशकों द्वारा अपनी पुस्तकों का प्रकाशन, सरकारी पुरस्कार अथवा ऐसी ही कोई विशेष उपलब्धि।' ज़ाहिर है मुक्तिबोध हिंदी रचनाशीलता की मध्यवर्गीय मनोवृत्ति पर टिप्पणी कर रहे हैं। पार्टी के अंकुश को लेकर 'चीनी साहित्य' के जनवरी 1981 अंक में प्रसिद्ध रंगकर्मी जाओ दॉन की टिप्पणी है कि 'कठोर नियंत्रण साहित्य और कला को नष्ट कर देता है। रचना का प्राथमिक दायित्व रचना और मनुष्य के प्रति है।' पूर्वी यूरोप के साम्यवादी देशों को छोड़ भी दें तो सोवियत संघ में प्रेम, प्रकृति, निजता की कविताएँ रची गईं, खासतौर पर जनपदीय इकाइयों में। अब यदि सन् '17 और '49 के राजनीतिक निर्णयों के आधार पर इनकी परीक्षा की जाए तो संगति बिठा पाना मुश्किल होगा। रचना में एक उदार पंथ देखा जा सकता है। 'सोवियत लिटरेचर' : 1988 के फरवरी अंक में अलेक्ज़ेन्डर कुश्नेर की कुछ कविताएँ प्रकाशित हुई हैं जिसकी भूमिका में कवि कविता को अपने जीवन और विचार का एक तरीका कहता है, और अपनी एक कविता में तॉलस्ताय का स्मरण करता है : 'कोई कैसे जिए ? इसका जवाब एक दिन तॉलस्ताय ने दिया जैसे बगल के कमरे में कोई बच्चा मौत के करीब सरक रहा है।' जिस चीन ने कभी उग्र वामपंथ का नारा दिया था, वहाँ कविता के बदले हुए स्वर देखे जा सकते हैं। 'चाइनीज़ लिटरेचर' के 1987 के बसंत अंक में ज़ोंग बेहुआ की कविताओं का मुख्य शीर्षक है : 'तैरते बादलों की छोटी कविताएँ' और कविताओं के नाम हैं : वसंत और प्रकाश, बागीचे में, हम, वीणा सुनते हुए, चंद्रमा का उदास गीत, जीवन-प्रवाह, छोटी कविता, पूर्वी समुद्र-तट, कवि, शिशिर, कवि शेली, गेटे की प्रतिभा को, प्रभात, हरी छाँह, मेरा हृदय। अपनी कविताओं के विषय में लिखते हुए कवि समापन अंश में कहता है : 'वास्तव में मैं कवि नहीं हूँ। मेरी तो केवल धारणा है कि कवि का दायित्व है कि वह मनुष्यता को प्रकाश, प्रेम, ऊष्मा दे।' गोर्की ने कविता के विषय में कहा था कि वह यथार्थ के तथ्यों की वस्तु नहीं है, वरन उन तथ्यों की जो यथार्थ का अतिक्रमण करते हैं। गेटे ने कहा था कि 'यथार्थ को कविता की ऊँचाई तक पहुँचाना चाहिए। कविता और यथार्थ के संबंध में मेरे भी यही विचार हैं।' इस संदर्भ में हम विचार करें कि हिंदी रचनाशीलता कहाँ है ?

अब थोड़ा हिंदी परिदृश्य पर आएँ। भारत में मार्क्सवादी विचार अक्टूबर क्रांति की सफलता के पहले से आने लगे थे, पर 1917 के बाद भारतीय नेतृत्व पर उसका

प्रभाव स्पष्ट रूप से दिखाई देता है। 1922-39 के बीच समाजवादी विचारधारा तथा कार्यक्रम को गति मिलती है। जहाँ तक हिंदी का प्रश्न है प्राय: 1936 के प्रगतिशील लेखक सम्मेलन का उल्लेख किया जाता है, जिस वर्ष किसान सभा बनी। इस प्रकार आज़ादी की लड़ाई के इस दौर में रचना और राजनीति में दूरी इतनी अधिक नहीं दिखाई देती कि दोनों आमने-सामने आकर टकराएँ। हिंदी स्वच्छंदतावादी काव्य छायावाद की निजता का एक राष्ट्रीय-सांस्कृतिक पक्ष भी है जिसे अनदेखा नहीं किया जा सकता। प्रगतिवाद ने भी इसे स्वीकार किया है। सन् '36 के आस-पास स्वच्छंदतावादी प्रवृत्तियों में नया विकास होता है जिसका प्रमाण है— निराला, पंत का परवर्ती काव्य। समय-समाज के दबाव रचना को नई दिशा देते हैं, इसे स्वीकारना होगा। हाँ, प्रयोगवादी रचनाएँ जरूर थोड़ा असमंजस पैदा करती हैं। देश जब अगस्त क्रांति के दौर में था, तब 'तारसप्तक' का प्रकाशन और 'राहों के अन्वेषी' का नारा। पर यहाँ भी विचारणीय यह कि संपादक अज्ञेय को छोड़कर शेष सभी कवि स्वयं को समाजवाद से जुड़ा हुआ पाते हैं। फिर प्रगति-प्रयोग की टकराहट, जिसे बड़ी शक्तियों के शीतयुद्ध के परिप्रेक्ष्य में देखना चाहिए। एक ओर राजनीतिक प्रतिबद्धता की माँग, दूसरी ओर व्यक्ति की अभिव्यक्ति की स्वतंत्रता का शोर। इन दो अतिवादी छोरों के बीच सही रचना का विकास भी आसान नहीं होता। 1942 में प्रगतिशील लेखक संघ की काशी शाखा में कई प्रकार के लेखक बुद्धिजीवी सम्मिलित थे (रेखा अवस्थी की पुस्तक) जहाँ प्रगतिवाद, प्रतिबद्धता का एक उदार स्वर था। बदले संदर्भ में उदार दृष्टि अनिवार्यता है।

पार्टी प्रतिबद्धता पर विचार करते हुए इस तथ्य की ओर भी ध्यान देना होगा कि साम्यवादी दिग्गजों में वैचारिक संघर्ष हुआ। भारत में साम्यवादी दल का पहला विभाजन 1964 में हुआ और आज स्थिति यह कि सी.पी.आई और सी.पी.एम. की साहित्यिक शाखाएँ प्रगतिवाद और जनवाद के नाम से कार्य कर रही हैं। 1941 में डा. रामविलास पार्टी के मुखपत्र 'नया साहित्य' के संपादक मंडल से हट गए थे। प्रगतिवाद-जनवाद की टकराहट को छोड़ भी दें तो मुक्तिबोध को लेकर ही डा. रामविलास शर्मा और नामवरसिंह दो दिशाओं में हैं। प्रगतिवाद के अंतर्विरोध और आपसी टकराहट का अध्ययन एक रोचक विषय हो सकता है। बतौर पाठक जहाँ तक समझ पाया हूँ—आधुनिक हिंदी साहित्य में मध्यवर्ग की सक्रिय उपस्थिति रही है। लेखक प्राय: इस वर्ग से आए हैं—अंतर श्रेणी का हो सकता है। कई बार यह भी हुआ कि अत्यंत निम्न वर्ग से आए लोगों ने अवसर पाकर अपना वर्ग ही बदल दिया, ऊँचाई पकड़ ली, जबकि मार्क्सवादी माँग यह कि हम स्वयं को वर्गच्युत अथवा 'डिक्लास' करें, सामान्यजन में हमारी शिरकत हो। मध्यवर्गीय मानसिकता आधुनिक हिंदी साहित्य के विभिन्न चरणों पर हावी रही है। आरंभिक दौर में सुधारवाद-आदर्शवाद, फिर निजता का आग्रह— और लड़खड़ाए तो व्यक्ति स्वातंत्र्य के नाम पर कई बार अराजक स्थिति, कई प्रकार के अल्पजीवी रचना आंदोलन। जब हम कुछ संभले तो रचना का एक समवेत स्वर उभरा, जिसके स्वरों में टकराहट कम, यद्यपि व्यक्तित्व की निजता बनी हुई। इन सबके बीच सक्रिय

राजनीति का रोल धीरे-धीरे कमज़ोर हुआ है और यह रचना के सही विकास के लिए शुभ लक्षण है। कुछ नए 'धर्ममतावलम्बियों' को छोड़ दें जिनमें जोश-खरोश कुछ ज़्यादा, या फिर साहित्येतर कारणों से नारेबाजी की विवशता।

भारतीय संदर्भ में जब पार्टी प्रतिबद्धता की बात की जाती है तो सबसे त्रासद स्थिति वामपंथी विभाजन की है। 1925 के अंत में कानपुर सम्मेलन को प्राय: कम्युनिस्ट पार्टी का स्थापना काल माना जाता है, पर इसके पहले अक्टूबर 1920 में कामिन्टर्न की दूसरी कांग्रेस में, ताशकंद में भारत से सात कामरेडों ने भाग लिया था। 1922 में कामरेड श्रीपाद अमृत डांगे ने 'सोशलिस्ट' साप्ताहिक का प्रकाशन किया और जो एक नए साम्यवादी दल के संस्थापक बने। समाजवाद में आस्था रखने वाले भारतीय राजनीतिक दलों की स्थिति तो और भी शोचनीय है (डा. श्रीमती शोभाशंकर : आधुनिक भारतीय समाजवादी चिंतन)। ऐसे में यदि राजनीतिक दल रचना को पूरी तरह अपने नियंत्रण में रखना चाहते हैं, तो तेज़ी से बदलते राजनीतिक समीकरण के साथ लेखक को संगति स्थापित कर पाने में कठिनाई होगी। सत्ता की राजनीति के दाँव-पेंच की दुनिया रचना के मानवीय संवेदन संसार से भिन्न है! आज अराजनीतिक अथवा विशुद्ध रचना की बात करना मिथ्या है, पर रचनाकार को देखना होगा कि कौन-सी राजनीति और किस रूप में उसे रचना की संवेदन-संपत्ति बनकर आना है। नागार्जुन प्रतिबद्ध कवि हैं, उन पर उग्र वामपंथी कितनी भी फबतियाँ क्यों न कसें, पर कवि रूप में वे वहाँ अपने सर्वोत्तम धरातल पर हैं, जहाँ कविता में राजनीति, संवेदन के बड़े अनुभव संसार में विलयित हुई है। समीक्षक के साथ डा. रामविलास शर्मा का एक कवि-रूप भी है, पर 'रूपतरंग' तथा 'सदियों के सोए जाग उठे' कविता संकलनों में अंतर है। एक में वे संवेदन का धरातल छूते हैं, निराला को संबोधित उनकी कविता और प्रकृति-दृश्य इसका प्रमाण। पर अपने राजनीतिक कविता संकलन में वे पार्टी-परिचालित हैं, कमज़ोर हैं। यह टिप्पणी कुछ अन्य औसत दर्जे की रचनाओं के बारे में भी की जा सकती है। संभावनाएँ थीं कि रचना उठान भर सकती थी, पर दल के अंकुश में ऐसा न हो सका। विचार करें तो निराला की कविताओं— बादलराग, कुकुरमुत्ता, झींगुर डटकर बोला, मंहगू महँगा रहा को अप्रगतिशील कहना कठिन होगा।

हिंदी प्रगतिवादी आंदोलन ने रचना का एक यथार्थवादी परिवेश विकसित करने में सक्रिय भूमिका का निर्वाह किया, इससे इंकार नहीं किया जा सकता। पर उसके अपने अंतर्विरोध और कई बार छोटे दाँव-पेंच हैं, जैसे नक्कालों की भीड़ बढ़ाने की लालसा। जो अपने अखाड़े में आ गया, वह पहलवान और दूसरी प्रतिभाएँ उल्लू के पट्ठे। रचना में प्रतिक्रियावादी स्वरों को स्वीकृति नहीं मिलनी चाहिए और उसके अभिजनमुखी तेवरों से लड़ना-भिड़ना भी जायज़। पर निर्णय का अधिकार राजनीति अथवा किसी दल को नहीं दिया जा सकता। अंतिम निर्णायक पाठकों का बहुजन वर्ग, जो भारत में अभी पिछड़ी स्थिति में है, इसलिए लोकप्रियता को मानदंड नहीं माना जा सकता। भारत में आज भी आज़ादी की लड़ाई के बुर्जुआ अवशेष सक्रिय और असंगठित समाज तथा

सुविधाभोगी नेतृत्व का पूरा लाभ उठाती राजनीति और पूँजी। मध्यवर्गीय मानसिकता के बारे में मार्क्स की टिप्पणी प्रासंगिक कि अरमान बुर्जुआ के, पर साधन साधारण। क्रांति की अगुआई की बात करते-करते निर्णायक दौर में सर्वहारा के साथ छल। भारत में पढ़ा-लिखा मध्यवर्ग प्रभावी और कई संगठनों पर उसका अधिकार। क्रांति की बात करते-करते स्थिति यह कि : उसके बाएँ हाथ की मुट्ठी तनी थी/पर दाएँ से वह चुपचाप किसी कुर्सी के पैर छू रहा था। छद्‌म-छल, अवसरवाद-पाखंड, दोगलापन-मुँहदेखी और कहीं चल जाएँ तो चल जाएँ, रचना में नहीं खप सकते। निराला पर लिखते हुए नागार्जुन ने आज की राजनीति और रचना पर उसके आधिपत्य को देखकर पीड़ा के साथ कहा : 'साहित्य क्या राजनीति के आगे फटी जूती भी नहीं है ? साहित्य क्या अशोकचक्र वाली विवर्ण पताका के समक्ष घूरे पर का चिथड़ा भी नहीं है ?' राहुल जी को श्रद्धांजलि अर्पित करते हुए नागार्जुन ने आचरण की महत्त्वपूर्ण भूमिका को रेखांकित किया है: 'हम भूल ही जाते हैं कि जीवन में क्रांतिकारी सूझ-बूझ और ऊँचे आदर्शवाली बातचीत अपने अनुरूप आचरण की भी माँग करती है– क्रांतिकारी और ऊँचे आचरण की। ऐसा नहीं कि सूझबूझ और बातों में तो हम सौ प्रतिशत से भी ज़्यादा क्रांतिकारी व आशावादी लगें लेकिन अमल में यही साबित हों कभी नब्बे प्रतिशत और कभी पाँच प्रतिशत भी नहीं और कभी एक प्रतिशत भी नहीं।'

श्रम संगठनों पर विचार करते हुए लेनिन ने कुछ महत्त्वपूर्ण बातें कहीं कि जनता को किए प्रकार 'सही सामाजिक लक्ष्य' के लिए शिक्षित किया जाए। वे जानें कि लड़ाई अधिकारों की है, सुविधाओं की नहीं और सही नेतृत्व श्रमिकों के ही बीच से जनमता है। प्रतिबद्धता और संगठन की ओर देखते हुए यह टिप्पणी प्रासंगिक कही जाएगी कि कई बार वहाँ 'इंसानी नैतिकता' कमज़ोर होती है। हम धुर प्रतिगामियों से साँठ-गाँठ करना चाहते हैं और सही गोत को अनजाने ही लतियाते हैं। कई बार ऐसा भी कि हम अपनी इंसानी और रचना-दुर्बलता की क्षतिपूर्ति के लिए संगठन का सहारा ऐसे चालाक ढंग से लेना चाहते हैं जिसकी अनुमति मार्क्सवाद-लेनिनवाद भी नहीं देता। हिंदी में सब कुछ जैसे मध्यवर्गीय मानसिकता के भीतर से हो रहा है और उसके अतिक्रमण के लिए मानो और प्रतीक्षा करनी होगी। आज़ाद देश में बुद्धिजीवियों की भूमिका पर इतिहास की टिप्पणी कठोर होगी, यह निर्विवाद है। सत्ता के गलियारे में जाकर कई तथाकथित वामपंथी गद्दीनशीन हो गए और होरी टुकुर-टुकुर ताकता ही रह गया। फिर भी हम कई प्रकार की क्रांतियों का, 'रेडिकल' होने का भ्रम पालते आए हैं। सवाल सिर्फ़ विचारधारा का होता तो भारत की उर्वर भूमि में क्रांति कब की हो गई होती, पर असली संकट आचरण का है– कथनी-करनी में बहुत अंतर। ऐसे में प्रतिबद्धता भी कई बार एक 'विलास' बनकर रह जाने के खतरे में। अकादमिक प्रश्न उठाए जाते हैं, रचना की सूक्ष्मता पर बहस-मुबाहसे होते हैं, पंडिताई से आतंकित करने की कोशिश तक की जाती है। और ऐसे में सही मानवीय प्रतिबद्धता का सवाल नेपथ्य में चला जाता है।

सही मानवीय प्रतिबद्धता के केंद्र में समग्र जीवन और उस मनुष्य की उपस्थिति है जो परिभाषित है, इसलिए अप्रतिबद्धता की बात करना बेईमानी है। इस दृष्टि से इसे रेखांकित करना ज़रूरी कि सामाजिक-सांस्कृतिक रूपांतरण में पूरे कला-रचना-संसार की अहम भूमिका है। तटस्थता, असंलग्नता की बात एक फ़रेब के रूप में भी हो सकती है। पर रचना की सकारात्मक भूमिका राजनीति से पृथक रीति से होती है। क्रांति के मूल में कुछ शब्द होते हैं जिसका निर्माता मनीषी रचनाकार है, राजनीति यदि सही है तो उसे कार्यान्वित करने का काम कर सकती है। वयस्कता की ओर बढ़ता भारतीय समाज अब भी कई बार असमंजस, अनिर्णय में क्योंकि तमाम तरह के सुधारवादों में फँसा हुआ और आधुनिकता के मुखौटों के बावजूद मध्यकालीन सामन्ती समाज का शव ढोता हुआ। जातिवाद-उपजातिवाद जिसका घिनौना रूप है। ऐसे में रचना के जो आंदोलन उठते-गिरते हैं, उनकी भी अपनी सीमाएँ बन जाती हैं और वे जीवन प्रवाह से तदाकार नहीं हो पाते, प्रायः सभा, संगोष्ठी, वार्ता, परिसंवाद का अभिजन संस्करण बनकर रह जाते हैं। मेरी विनम्र धारणा कि प्रतिबद्धता पर मध्यवर्गीय मानसिकता बुरी तरह हावी और यदि सामाजिक-सांस्कृतिक परिवर्तन में इसकी कोई कारगर भूमिका होनी है तो इसे इसका अतिक्रमण करना होगा, मुखौटे हटाने होंगे, ख़तरे उठाने का साहस पैदा करना होगा और कथनी-करनी का अन्तर पाटना होगा। इतिहास बताता है कि कालांतर में सही रचना स्वयं को राजनीति से कहीं अधिक समर्थ प्रमाणित करती है। मुझे मार्क्स की बात याद आती है जो उसने 1844 में कही थी : 'यदि तुम मनुष्य को मनुष्य मानते हो, और संसार से उसके संबंधों को मानवीय सम्बन्ध, तो तुम प्रेम के बदले प्रेम, विश्वास के बदले विश्वास की आशा कर सकते हो। यदि तुम कला का आनंद लेना चाहते हो तो तुम्हें कलात्मक रुचि का सुसंस्कृत व्यक्ति अवश्य होना चाहिए। यदि तुम दूसरों पर प्रभाव डालना चाहते हो, तुम्हें वास्तव में ऐसा व्यक्ति होना पड़ेगा जो प्रभावी ढंग से दूसरों को अनुप्रेरित और प्रोत्साहित करता है।' (मार्क्स-एंगेल्स : लिटरेचर एण्ड आर्ट, पृ. 32)। हमें इसकी प्रतीक्षा है।

पक्षधरता शब्द का प्रयोग हम प्रतिबद्धता के अर्थ में कर रहे हैं ताकि उसे एक निश्चित आशय से संबद्ध करके देखा जा सके। संभवतः पक्षधरता अधिक फैला-बिखरा शब्द है जिसके मनचाहे अर्थ भी लिए जा सकते हैं, जैसे प्रगतिशीलता, यथार्थ आदि के। इसीलिए प्रतिबद्धता, प्रगतिवाद, जनवाद, समाजवादी यथार्थ आदि का प्रयोग एक निश्चित परिभाषित अर्थ में किया गया। प्रतिबद्धता की चर्चा संपूर्ण रचनाशीलता के संदर्भ में होती है, फिर कविता के लिए उसका विशेष उल्लेख क्यों ? कविता प्राचीनतम अभिव्यक्ति-माध्यम है और अन्य साहित्य-विधाओं की तुलना में उसकी प्रक्रिया भी पर्याप्त संश्लिष्ट मानी गई है। यों पूर्व-पश्चिम में नाट्यशास्त्र का समुचित विकास प्रमाणित करता है कि नाटकों की समृद्ध परंपरा है, पर यहाँ यह तथ्य भी उल्लेखनीय कि अरसे तक नाटक काव्य के रूप में रचे जाते रहे हैं। कविता और पक्षधरता अथवा प्रतिबद्धता की बहस आज इसलिए और भी प्रासंगिक क्योंकि इस बीच क्रांति की अवधारणाओं

में परिवर्तन हुए हैं। लेनिन ने स्वयं इसे स्वीकारा कि क्रांतियों का आयात नहीं होता, वे अपने समय-समाज की स्थितियों के अनुरूप उगती-विकसित होती हैं। सर्वहारा वर्ग के अधिनायकतंत्र से लेकर जनता के लोकतंत्र और सहअस्तित्व तक का इतिहास हमारे सामने है, जो प्रतिबद्धता की समझ में हमारी सहायता कर सकता है। और अब जब साम्यवादी शिविर टूटे-बिखरे हैं तो इस प्रश्न पर नए सिरे से विचार की आवश्यकता है।

प्राय: सोवियत क्रांति के पूर्व के लेनिन के लेख (1905) 'पार्टी संगठन और पार्टी साहित्य' का हवाला दिया जाता है। स्वाभाविक है कि यहाँ वह रचना की किसी ऐसी अराजक स्वतंत्रता का विरोध करते हैं जिसमें सामाजिक दायित्व का भाव न हो। इसके विपरीत वे स्वतंत्र साहित्य की अपनी परिभाषा गढ़ते हैं— "मानवजाति के क्रांतिकारी चिंतन की अंतिम बात को समाजवादी सर्वहारा वर्ग के अनुभव तथा जीवंत कार्य द्वारा फलप्रद बनाना।" पर लेनिन सर्वहारा संस्कृति को व्याख्यायित करते हुए परंपरा के जीवंत तत्वों के समाहार का उल्लेख करते हैं, "मानव जाति के पूरे विकासक्रम द्वारा उत्पन्न की हुई संस्कृति की सही जानकारी द्वारा ही और केवल उसका नया संस्कार करके ही हम सर्वहारा संस्कृति का निर्माण कर सकते हैं।" माओ जो स्वयं कवि है 'लेखकों के कर्तव्य' पुस्तिका में टिप्पणी करता है : "हम राजनीति और कला में एकता स्थापित करना चाहते हैं, साहित्य-कला के विचार-तत्त्व और रूप में समता चाहते हैं— अर्थात क्रांतिकारी राजनीतिक विचार तत्त्व और उच्चतम कोटि के कलात्मक रूप को साथ लाना चाहते हैं। कलात्मक गुणविहीन साहित्यिक और अन्य कलाकृतियाँ राजनीतिक ढंग से चाहे जितनी प्रगतिशील हों लेकिन उनमें प्रभावोत्पादकता तनिक भी नहीं होती है। इस प्रकार हम उन्हीं कलाकृतियों की निंदा नहीं करते हैं जिनमें हानिकर प्रतिक्रियावादी 'विचार तत्त्व' हैं बल्कि उन कृतियों की भी निंदा करते हैं जो 'पोस्टर और नारेबाजी' की शैली पर रची गई हैं और जिनमें 'विचार तत्त्व' पर ही इतना जोर दिया गया है कि रूप को एकदम छोड़ दिया गया है। साहित्य और कला के क्षेत्र में इन दोनों ही मोर्चों पर हमें लड़ना चाहिए।" माओ स्वयं रचना को कलाकृति के रूप में देखता है।

इस लंबे उद्धरण के लिए क्षमा, पर इसकी प्रासंगिकता इसलिए और भी क्योंकि ये परम क्रांतिकारी माओ के विचार हैं, जो स्वयं कवि भी है। केवल हिंदी रचनाशीलता, विशेषतया कविता के ही संदर्भ में बात करें तो प्रश्न आज भी अपनी जगह मौजूद है। कई शब्दों की सही व्याप्ति और रचना में उसके उचित प्रसंग को जानने की आवश्यकता बनी हुई है। सर्वाधिक महत्त्वपूर्ण यह कि कला में इन सबका संयोजन कैसे हो। आलोचनात्मक यथार्थ से चलकर, सामाजिक यथार्थ और फिर समाजवादी यथार्थ तक की विकासयात्रा तय हुई है, जो विचारधारा के संदर्भ में एक प्रासंगिक तथ्य है। विचारधारा अथवा दृष्टि प्रतिबद्धता के महत्त्वपूर्ण प्रस्थानबिंदु हैं और निर्भ्रांत विचारों से ही दृष्टिकोण में स्पष्टता लाई जा सकती है। हमें जानना होगा कि हम आखिर हैं कहाँ ? रचना का गंतव्य क्या है ? हम किसे संबोधित कर रहे हैं और हमारी रचना का केंद्रबिंदु कौन है ? आदि

कई प्रश्न इस संदर्भ में उठते हैं। प्रतिबद्धता में विचारधारा की भूमिका महत्त्वपूर्ण है। विस्तृत जीवन के प्रति हमारी दृष्टि क्या है; हम किस दृष्टि अथवा कोण से उसे देखते-समझते हैं; हमें उसके कौन से पक्ष अधिक आकृष्ट करते हैं। मूर्ति और चित्र-कला इस आशय को स्पष्ट करने में हमारी सहायक हैं। सामने कोई दृश्य अथवा पदार्थ है और कई चित्रकार उसे तूलिका द्वारा फलक पर उतारना चाहते हैं। वे अपने स्थान अथवा कोण से उसे देख रहे हैं, जिसमें नेत्र, दृष्टि की भूमिका है। इसे यांत्रिक प्रक्रिया कहकर मुक्ति पाई जा सकती है, क्योंकि प्रश्न उस कोण का है जिससे देखा जा रहा है। पर आगे बढ़ें तो फिर अन्य कई प्रश्न कि जिस समय हम साक्षात्कार कर रहे थे, उस समय हमारी मनःस्थिति क्या थी, हम किस मनोदशा से गुज़र रहे थे। थोड़ा और बढ़ने पर विचारधारा का मूलभूत प्रश्न कि आखिर जीवन-जगत को समझने की हमारी दृष्टि क्या है ? एक पुराना उदाहरण लें कि राधा-कृष्ण के नाम तो वही थे, पर रीतिकाल में वे शृंगारी नायिका-नायक के रूप में चित्रित हुए क्योंकि सामन्ती समाज की पतनशील प्रवृत्तियाँ रचना को शरीरवाद से आक्रांत कर रहीं थीं।

प्रतिबद्धता की बात करते हुए 'सर्वहारा साहित्य' आदि का आग्रह किया गया और कहा गया कि सामाजिक रूपांतरण में रचना की भूमिका होनी चाहिए। मार्क्सवादी विचारक समाजवादी साहित्य को मानववाद का उत्कृष्टतम रूप मानते हैं और ज़ाहिर है कि यहाँ इस बात पर बल दिया गया कि रचना में मृत, पतनशील, प्रतिक्रियावादी विचारों का विरोध होना चाहिए। इस स्थिति के दो पक्ष हैं— नकारात्मक यह कि प्रतिगामी विचारों का विरोध, पर इसी के भीतर से सकारात्मकता उपजानी होगी कि आखिर विकल्प क्या है ? इस दृष्टि से सही रचना एक विकल्प भी है, समानान्तर संसार का संकेत करती हुई। कुछ लोग इसे कवि का दिवास्वप्न, यहाँ तक कि यूटोपिया भी कहना चाहते हैं और ऐसे भी समीक्षक जो कविता में प्रश्न उठाने या वस्तुचित्रण को ही कर्तव्य की इतिश्री मान लेते हैं, समाधान आदि को वे रचना-कार्य के अंतर्गत नहीं स्वीकार करना चाहते। जीवन जैसा है, उसके पूरे यथार्थ में, यह एक पक्ष, पर जैसा होना चाहिए, वह कवि का कल्पित समाज। जिस समय-समाज की परिकल्पना कवि करता है, यदि वह यथार्थ की भूमि पर स्थित है और वास्तविकता से बहुत दूर नहीं, तो इस दृष्टि से उसकी सराहना करनी होगी कि संवेदन के धरातल पर उसके पास एक विकल्प है जिसके लिए 'विज़न' शब्द का उपयोग किया गया है। तत्काल में जीने का अधिक प्रयोजन कविता में नहीं होता, वहाँ विगत, वर्तमान और भावी में एक पूर्वापर संबंध की नियोजना भी होनी चाहिए, एक ऐसा संयोजन जिसे हम संगति भी कहते हैं। प्रतिबद्धता की बात करते हुए यह एक कठिन कार्य, पर इसे कविता में ही नहीं, महान गद्यकृतियों में भी देखा जा सकता है। गेटे का फ़ाउस्ट अंतिम समय में भी प्रकाश की कामना करता है।

प्रतिबद्धता को लेकर कई प्रकार के प्रश्न उठाए जाते रहे हैं, जैसे रचना-राजनीति का प्रश्न, जो कविता में और भी कठिन कार्य। राजनीति कई बार अपरिभाषित शब्द,

पर जब हम उसे रचना में स्वीकारते हैं, तब उसे विराट जीवन का एक अंग बनकर आना चाहिए। अराजनीतिक कविता की कल्पना आज नहीं की जा सकती, न तथाकथित शुद्ध काव्य की, पर प्रश्न यह कि रचनाकार राजनीति को किस रूप में स्वीकारे। यदि केवल दलगत राजनीति से उसका संबंध होता है तो एक कठिनाई यह कि तेज़ी से बदलते घटनाचक्र में रचनाकार संगति किस प्रकार बिठाए। सार्त्र 'राजनीति और साहित्य' पुस्तक में 'क्रांति और बुद्धजीवी' शीर्षक लेख में बुद्धिजीवी को विश्वनागरिक मानते हुए, उसकी क्रांतिकारी भूमिका का उल्लेख करता है, पर साथ ही समय के अंतर्विरोधों का भी। कविता में इन अंतर्विरोधों को व्यक्त करना वस्तुस्थिति की यथार्थ स्वीकृति है और यहाँ किसी ऐसे आदर्शीकरण का सहारा लेना उचित नहीं कि बातें अविश्वसनीय प्रतीत हों। मुक्तिबोध की पंक्तियाँ अपने समय की यातना को व्यक्त करती हैं। अपनी असावधानी से जिसको खो दिया है/देदीप्यमान वह एक अग्निमणि है। 'ओ काव्यात्मन् फणिधर' कविता में उन्होंने कबिकर्म की कठिनाई और उसके सामाजिक-सांस्कृतिक दायित्व का विस्तृत उल्लेख किया है : ओ नागात्मन्/संक्रमणकाल में धीर धरो/ईमान न जाने दो/तुम भटक चलो/इन अंधकार मैदानों में सरसर करते। प्रश्न यह कि प्रतिबद्धता में विचारधारा की जो निर्णायक भूमिका है, उसे कविता में संयोजित अथवा निबद्ध कैसे किया जाए ? सब कुछ संवेदन से तदाकार होकर आना होगा ताकि कविता केवल फ़तवा बनकर न रह जाए। दर्शन-चिंतन-विचार को कविता में विलयित करना किसी कवि के लिए एक बड़ी चुनौती है और इसके लिए वह कई प्रकार के उपायों का उपयोग करता है, जिसमें प्रतीक-विधान, बिंबयोजना भी हैं। महत्त्वपूर्ण तथ्य यह कि प्रतिबद्धता में, विचारधारा को विश्वदृष्टि में रूपांतरित होना चाहिए। इसे हम यथार्थ-दृष्टि का गुणात्मक विकास कह सकते हैं, जहाँ विवरण-वृत्तांत और भौगोलिक इकाइयाँ पीछे छूट जाती हैं और एक समग्र उदार विश्वदृष्टि कविता में प्रतिफलित होती है। यहीं महान कवि कई सीमाओं का अतिक्रमण करते हुए, एक वृहत्तर संसार में पहुँचते हैं और कविता को विश्व स्तर का दर्जा मिलता है।

कविता में प्रतिबद्धता ही पर्याप्त नहीं होती, उसे कलात्मक स्तर पर पहुँचाना होता है। सामाजिक यथार्थ को कलात्मक अभिव्यक्ति देने का कार्य कठिन होता है और यह कवि से निष्णात संयोजन की माँग करता है। इसीलिए बार-बार ज़ोर देकर कहा गया कि प्रतिबद्धता आरंभिक चरण है और उसे कलात्मक ऊँचाइयों पर ले जाने के लिए कई प्रयत्नों की आवश्यकता होती है। कविता प्रचार, घोषणा, वक्तव्य नहीं है, वह अधिक गहन मानवीय संवेदन व्यापार है। वस्तु और रूप का प्रश्न अनेक प्रकार से उठाया गया है और साहित्यशास्त्र में इस पर पर्याप्त वाद-विवाद भी हुए हैं। समय-समाज के साथ संवेदन का संसार बदलता है और नई चेतना की सक्षम अभिव्यक्ति के लिए नए कला विन्यास की आवश्यकता होती है। रचनाकार के लिए यह अनिवार्य परीक्षा का क्षण है क्योंकि उसे नए कला संसार की तलाश करनी होती है, इस संकल्प के साथ कि रचना की मानवीय प्रतिबद्धता भी सुरक्षित रहे। यह एक प्रकार से द्वंद्व

अथवा रचनात्मक संघर्ष की स्थिति है, और यह संश्लिष्ट और किसी अर्थ में जटिल प्रक्रिया। मार्क्सवाद क्योंकि प्रतिबद्धता का आग्रही है इसलिए कुछ लोगों ने यह टिप्पणी की जैसे वह इतिहास, अर्थशास्त्र अथवा समाजशास्त्र भर है, कलात्मकता से उसका अधिक संबंध नहीं। मार्क्सवादी सौन्दर्यशास्त्र में लूकाच आदि के जो नए प्रयत्न हुए हैं, उनसे इस आक्षेप का निराकरण हो जाता है। प्रतिबद्धता के अर्थ में भी व्यापकता आई है, यह मानते हुए कि रचना के केंद्र में मनुष्य है, परिभाषित मनुष्य। कई भ्रांतियाँ टूटी हैं क्योंकि प्रतिबद्धता संपूर्ण मानव क्रियाव्यापार को कविता का विषय मानती है, शर्त यह कि उसमें मानव हित की नियोजना हो। ऐसे मरणशील विचार जो प्रतिगामी हैं और मनुष्यता को किसी भी प्रकार से हानि पहुँचाते हैं, प्रतिबद्धता के विरोधी हैं। विश्वकविता पर दृष्टि डालें तो एक व्यापक परिदृश्य दिखाई देता है और साम्यवादी देशों में निजता की कविताएँ रची जा रही हैं, ऐसी प्रेम कविताएँ भी जहाँ प्रेम को गहरे संवेदन धरातल पर अभिव्यक्ति दी गई है। भोगी समाजों में शरीर-केंद्रित विलास का चित्रण किया जाता रहा है और शृंगार का एक अभिजात संसार निर्मित हुआ जो विलासी सामंती समाजों की देन है। पर नारी-पुरुष संबंधों पर प्रतिबद्ध कवि नए ढंग से सोचता विचारता और उसे कलात्मक अभिव्यक्ति देता है। नागार्जुन-त्रिलोचन की प्रेम कविताएँ इसका प्रमाण हैं। स्वकीय को संबोधित नागार्जुन की पंक्तियाँ हैं : कर गईं चाक/तिमिर का सीना/जोत की फांक/यह तुम थीं/सिकुड़ गई रग रग/झुलस गया अंग-अंग/बनाकर ठूँठ छोड़ गया पतझार/उलंग असगुन सा खड़ा रहा कचनार/अचानक उमगी डालों की संधि में/छरहरी टहनी पोर पोर में गसे थे टेसू/यह तुम थीं। प्रतिबद्धता के सही मानवीय विस्तार से यह सब सम्भव होता है, विचारधारा और कलात्मकता दोनों धरातलों पर।

कविता एक संश्लिष्ट प्रक्रिया है और मानव मूल्यों की चिंता भी। हम संवेदन के स्तर पर जीवन-जगत से समीपी साक्षात्कार करते हैं जिसमें हमारी बौद्धिक क्षमताएँ भी सक्रिय रहती हैं। पर हम दृश्य उपस्थित करते हुए भी पर्याप्त सजग हैं कि आखिर इसकी प्रभावान्विति क्या होगी। इसलिए हम संचयन करते हैं कि किन दृश्य-खंडों को किस रूप में प्रस्तुत किया जाए कि प्रतिबद्धता बनी रहे और जीवन-संलग्नता सुरक्षित रहे। सबसे सार्थक कार्य उनमें मूल्य निष्पादित करने का, जिसकी सुविधा प्राचीन महाकाव्यों में थी, पुरुषार्थ प्रतिपादन। भक्ति के पंचम पुरुषार्थ की परिकल्पना की गई। पर आज का समय बहुत जटिल और जीवन भी काफ़ी उलझा हुआ, कविता पर तरह-तरह के दबाव। ऐसे में प्रतिबद्धता का प्रश्न और भी जटिल। इससे इंकार कर पाना कठिन कि निरंतर अमानुषीकृत होते समाज में आज सबसे बड़ा संकट यह कि कहीं तथाकथित विकास-प्रगति की ओट में मनुष्यता के वे तंतु ही न विलीन हो जाएँ जिससे मनुष्य मनुष्य की संज्ञा प्राप्त करता है। ऐसे जीवनमूल्य रचना में निष्पादित करना जरूरी कि हमारा मार्ग-दर्शन हो सके। कला स्तर पर उसकी अभिव्यक्ति का प्रयत्न भी ताकि रचना की मार्मिकता हमारे संवेदन का संस्पर्श कर सके।

इतिहास गतिशील प्रक्रिया है और प्रतिबद्धता के प्रश्न पर आज के संदर्भ में विचार

करना इसलिए आवश्यक कि यद्यपि उसका मूल आधार सुरक्षित है, पर उसकी अवधारणाओं में विकास हुआ है। अब रचना के संदर्भ में उदारपंथी विचारधाराएँ सक्रिय हैं और समाजशास्त्र के साथ सौंदर्यशास्त्र का आग्रह किया जा रहा है। प्रतिबद्धता एक निरंतर प्रक्रिया है, और उसकी अवधारणाओं में तीव्र परिवर्तन भी हुए हैं। रचना में उसका कलात्मक प्रक्षेपण प्रतिभा-संयोजन की माँग करता है। इस प्रतिबद्धता के केंद्र में मनुष्य है, जो सर्वोपरि है।

हिंदी में भी प्रगति-प्रयोग का संघर्ष शीतयुद्ध की तरह आया था, पर यदि हम प्रतिबद्ध कवियों की नई पीढ़ी पर विचार करें तो पाएँगे कि उनका दृष्टिकोण व्यापक है और वे कविता को सशक्त कला-माध्यम के रूप में बनाए रखने की चिंता में हैं। केदारनाथ सिंह की कविता-पंक्तियाँ : पर मौसम/चाहे कितना खराब हो/उम्मीद नहीं छोड़तीं कविताएँ/वे किसी अदृश्य खिड़की से/चुपचाप देखती रहती हैं/आते-जाते को/और बुदबुदाती हैं/धन्यवाद-धन्यवाद।

कविता का सामाजिक संघर्ष

इस भ्रांति से मुक्त हो लेना चाहिए कि रचना के लिए किसी ऐसे शांत, निश्चिंत समय की अपेक्षा होती है जहाँ रचनाकार परम स्थिरचित्त होकर अपनी एकांत कला-साधना में संलग्न हो सके। कई बार स्वर्णयुग की कल्पना तक कर ली गई जबकि वह इस दृष्टि से एक मिथ्या धारणा कि उसका आगमन सबके लिए नहीं होता और सुख का भोक्ता विशिष्ट वर्ग— प्राय: राजाश्रय में पालित-पोसित। ऐसा भी नहीं कि समृद्ध समय-समाज में रचना की ऊँचाइयाँ नहीं होतीं। होती हैं, पर उसका स्वरूप संघर्षशील समाज-समय से भिन्न होता है। कालिदास अथवा शेक्सपियर की रचना अपेक्षाकृत अधिक सम्पन्न समय का परिचय देती है, पर उनके भीतर मनुष्य का जो अंत:संघर्ष उपस्थित है, वह कृतित्व को लंबी आयु देता है, और हर युग में उसके कुछ पाठक होते हैं। दृश्य का दूसरा पक्ष वह जो रचना के लिए अधिक चुनौती-भरा कि जब खुली हवा में सांस ले पाना भी कठिन, तब रचनाकार अपने संकल्प के बल-बूते पर कैसे सर्जनरत होता है ? सामंतवाद से आगे बढ़कर, पूँजीवादी समय में शोषण की प्रक्रिया तेज़ और किसी अर्थ में अधिक चतुर हो जाती है। बाहर से दिखाई देने वाली सुविधाओं के भीतर साम्राज्यवाद का मंसूबा राज्य-विस्तार का होता है। बाज़ार की तलाश में दौड़ती, पूँजी का निरंतर विस्तार करती साम्राज्यवादी शक्तियाँ विश्व भर में फैल जाना चाहती हैं, जिसके कारण युद्ध भी होते हैं। एक दौर था जब ब्रिटेन के नेता दावा करते थे कि ब्रिटिश साम्राज्य में सूर्यास्त कभी नहीं होता। पर उस समय भी एशिया-अफ्रीका में रचना की संभावनाएँ निश्शेष नहीं हो गई थीं और रचनाकारों ने अपने दायित्व का निर्वाह पूरी क्षमता से किया था। बीसवीं शताब्दी के मध्य में अनेक देशों में जागरण आया और भारत-चीन जैसे बड़ी जनसंख्या वाले राष्ट्र अपने पैरों पर खड़े हुए, तब यह रचनाशीलता के लिए भी नए प्रस्थान का समय था। माओत्सेतुंङ की एक कविता है : देख रहा हूँ, बदल गए हैं/नवदृश्यों में दृश्य पुराने/यहाँ-वहाँ काँचन पक्षीगण/चहक रहे, गाते हैं गाने/अबाबील शर-सी उड़ती हैं/जलस्रोतों की कल-कल ध्वनि है/ और नभोन्मुख मार्ग दूर तक चढ़ता जाता।

औपनिवेशिक समाजों की राजनीतिक-आर्थिक परतंत्रता में भी, सचेत-सजग कवि रचना के लिए मनोवांछित परिवेश बनाने का प्रयत्न करते हैं। यह कार्य सरल नहीं होता क्योंकि सत्ता के विरोध में खड़े होना पड़ता है और रचना-कर्म जोखिम-भरा होता है।

खतरों का यह जीवन एक प्रकार से रचनाशीलता से तदाकार हो जाता है, यद्यपि कई बार साम्राज्यवादी आतंक के कारण उसे पहचानना आसान नहीं होता। हिंदी के ही संदर्भ में देखें तो औपनिवेशिक समाज में कविता में स्वतंत्रता की कठिनाइयाँ सामने आती हैं। उन्नीसवीं शताब्दी में भारतीय नवजागरण की शुरुआत हुई और अठारह सौ सत्तावन के प्रथम स्वतंत्रता संघर्ष के बाद सामाजिक सुधार और राजनीतिक आंदोलन लगभग साथ-साथ चलते हैं। भारतीय नेतृत्व कई स्तरों पर काम करता दिखाई देता है। वह समृद्ध परंपरा वाले राष्ट्र को हीन भावना से मुक्त करने का प्रयत्न करता है तथा इतिहास-दर्शन-रचना आदि पर नई दृष्टि डाली जाती है। इसके साथ ही उन कारणों पर विचार किया जाता है जिससे हम साम्राज्यवादी शक्तियों से पराभूत हुए। यह सामाजिक सुधार की प्रबल भावना है जिसका दौर राममोहन राय से लेकर महात्मा गांधी तक फैला हुआ है और जिसने भारतीय कविता पर अपने दबाव छोड़े हैं। जब स्वतंत्रता आंदोलन में गति आई और गांधी के व्यक्तितत्व से उसे जनोन्मुखता मिली, तब इसमें अन्य तत्त्व भी प्रविष्ट हुए। भगतसिंह, चन्द्रशेखर आज़ाद से लेकर सुभाषचंद्र बोस तक को यह विश्वास कि आज़ादी के लिए हिंसा का उपयोग भी किया जा सकता है। दूसरी दिशा समाजवाद की है, जिसे मार्क्सवाद तथा लोकतांत्रिक समाजवादी विचारों ने भारत में सक्रिय किया। इस प्रकार भारत में जब साम्राज्यवाद हर प्रकार के शोषण में लगा था, सामाजिक चेनना, भीतर-भीतर ही सही, पर कई स्तरों पर क्रियाशील थी जिसे रचनाओं में देखा जा सकता है।

औपनिवेशिक समाज में जिन प्रतिभाओं ने कविता को संभव बनाया, उनके संकल्प और साहस को सराहना होगा। समय-समाज के सही साक्षात्कार के बिना रचना में प्रामाणिकता नहीं आती, इसे आज़ादी की पहली लड़ाई के समय की पीढ़ी जानती थी। यदि हम आधुनिक हिंदी साहित्य के आरंभ के लिए इसी ऐतिहासिक क्षण को प्रस्थान के रूप में स्वीकार कर लें तो रचना का यह प्रथम चरण अठारह सौ सत्तावन से उन्नीसवीं शताब्दी के अंत तक फैला हुआ है। बाहर से देखने पर ब्रिटिश साम्राज्य भारत में कुछ प्रगति लाने की कोशिश करता दिखाई देता है, पर इसमें उसके निहित स्वार्थ थे। भारत के सही विकास में उनकी रुचि नहीं थी और वे प्रशासनिक दृष्टि से यातायात आदि की कुछ सुविधाएँ जुटाना चाहते थे, जिसमें पढ़े-लिखे बाबुओं की फ़ौज खड़ी करना भी शामिल। भारत में ब्रिटिश सत्ता के आगमन से सामंती व्यवस्था के टूटने की प्रक्रिया आरंभ हुई और अनजाने ही भारत में नए युग में प्रवेश किया, जिसे मार्क्स अभिनव सामाजिक क्रांति के सूत्रपात के रूप में देखता है। उन्नीसवीं शती में सामाजिक सुधार आंदोलनों की प्रक्रिया तेज़ हुई, जिनमें प्रमुख हैं— ब्राह्म समाज, प्रार्थना समाज, रामकृष्ण मिशन, आर्य समाज, थियासाफ़िकल सोसाइटी आदि। भारत ने मध्यकाल से, आधुनिक समय में प्रवेश करने का प्रयत्न किया, पर साम्राज्यवाद के निहित स्वार्थ तथा यथास्थितिवादी शक्तियों ने इस परिवर्तन में बाधा उपस्थित की। परिणाम यह कि आधुनिक हिंदी साहित्य के प्रथम चरण में, जिसे भारतेंदु युग कहकर संबोधित किया जाता है,

एक द्वंद्व की-सी स्थिति दिखाई देती है। एक दूसरी समस्या यह भी कि धर्म-जाति-भाषा आदि में बंटे समाज में राजनीतिक संगठन का कार्य सरल नहीं होता। इसके लिए भारत को महात्मा गांधी की प्रतीक्षा करनी पड़ी, जिन्होंने देश का मनोबल ऊपर उठाने का वैचारिक प्रयत्न किया और स्वतंत्रता आंदोलन को व्यापक जनाधार दिया।

आधुनिक हिंदी साहित्य के प्रथम चरण में कविता की पहली लड़ाई उस निगतिकालीन सामंती परिवेश से थी, जहाँ रचना राजाश्रय में सिमट गई थी, और उसका जीवन-संपर्क शिथिल हो गया था। इस दृष्टि से आधुनिक कविता की पहली पीढ़ी का महत्त्व ऐतिहासिक है क्योंकि उनका संघर्ष कई धरातलों पर था। एक ओर उन्हें उस शरीरवाद और चाटुकारिता से मुक्त होना था जो विकेन्द्रित सामंतवाद की प्रवृत्ति है, दूसरी ओर साम्राज्यवादी अंकुश के भीतर, रचना को नई सामाजिक चेतना का वाहक बनाना था। एक विचित्र प्रकार के आत्मसंघर्ष से गुजरती हुई यह कविता जिस राष्ट्रीय चेतना का संकेत करती है, उसकी पहचान इसीलिए किंचित कठिन, क्योंकि यहाँ द्वैत भी है, और कविता का स्वर उतना मुखर भी नहीं, जितना कि अगले दौर में हुआ। भारतेंदु युग के रचनाकारों ने अपनी सामाजिक चेतना व्यक्त करने के लिए हास्य-व्यंग्य का सहारा लिया और स्वयं भारतेंदु ने 'अंधेर नगरी' जैसी व्यंग्य रचना लिखी जिसकी प्रासंगिकता हर उस समय-समाज में होगी, जहाँ न्याय नहीं मिलता। अंधेर नगरी, चौपट राजा/टके सेर भाजी, टके सेर खाजा— पंक्तियाँ साम्राज्यवादी सत्ता पर तीखा व्यंग्य हैं, पर उसकी ध्वनि इससे आगे भी जाती है। हम स्वीकारते हैं कि राष्ट्रीय भावना का स्वर आगे चलकर अधिक प्रखर हुआ, पर उसकी भूमिका प्रथम चरण में निर्मित होती है। राधाचरण गोस्वामी की 'हमारो उत्तम भारत देस' अथवा प्रेमघन की 'धन्य भूमि भारत सब रतननि की उपजावनि' आदि में राष्ट्रीय भावना के संकेत हैं। भारतेन्दु पीड़ा के साथ कहते हैं कि पै धनि बिदेस चलि जात, यहै अति ख्वारी। भारतेंदु युग के लेखक अपनी बात कहने के लिए इतिहास-पुराण का भी सहारा लेते हैं जिससे वे नई राष्ट्रीय चेतना का निर्माण करना चाहते हैं। भारतेंदु युग के काव्य में भक्तिभावना की जो वापसी हुई, वह भी एक प्रकार से रीतिकालीन देहवाद से मुक्ति का प्रयत्न है और भारतेन्दु ने इस माध्यम से जातीय सौमनस्य पर बल दिया : मसजिद मंदिर गिरजों में देखा मतवालों का जो दौर/ अपने अपने रंग में रँगा दिखाया सबका तौर। इस प्रकार आधुनिक हिंदी साहित्य के प्रथम चरण में कवियों ने साम्राज्यवादी परिवेश के भीतर कविता को संभव बनाया और वह सही देशज प्रस्थान दिया कि आगे की अधिक प्रखर चेतना अभिव्यक्ति पा सके।

बीसवीं शताब्दी के सन्धिस्थल पर राजनीतिक सक्रियता बढ़ती है। 1914 में गांधी अफ्रीका से भारत लौटते हैं और स्वतंत्रता संग्राम को नई दिशा मिलती है। प्रायः तिलक के ऐतिहासिक वक्तव्य का उल्लेख किया जाता है : 'स्वतंत्रता हमारा जन्मसिद्ध अधिकार है और हम इसे लेकर रहेंगे।' इससे प्रखर राष्ट्रीयता का बोध होता है। गांधी सत्य-अहिंसा पर बल देते हैं और इस प्रकार राष्ट्रीय चेतना की दो प्रमुख दिशाएँ हैं। नवजागरण की जो प्रक्रिया उन्नीसवीं शताब्दी में आरंभ हुई थी, वह बीसवीं शताब्दी में अधिक

प्रखर हुई और कविता का स्वर अधिक मुखर हुआ। देश प्रेम की भावना इस कविता में प्रमुखता पाती है और इसे कई प्रकार से व्यक्त किया गया। इस समय के प्रमुख कवि मैथिलीशरण गुप्त और अयोध्यासिंह उपाध्याय 'हरिऔध' राम-कृष्ण कथा को माध्यम बनाकर इन नायकों को नया व्यक्तित्व देते हैं। 'प्रिय-प्रवास' की राधा का चित्र है : सच्चे स्नेही अवनिजन के देश के श्याम जैसे/राधा जैसी सदय-हृदया विश्व प्रेमानुरक्ता। मैथिलीशरण गुप्त को राष्ट्रकवि कहकर संबोधित किया गया और उन्होंने स्वतंत्रता संग्राम में सक्रिय भाग लिया। वे राष्ट्रीय भावना के सबसे मुखर कवियों में हैं और प्रत्यक्ष अभिव्यक्ति में विश्वास रखते हैं : मानस-भवन में आर्यजन जिसकी उतारें आरती/भगवान भारतवर्ष में गूँजे हमारी भारती। इन पंक्तियों से 'भारत-भारती' का आरंभ होता है और कवि अपनी सामाजिक व्यथा व्यक्त करते हुए कहता है : स्वच्छंदता से कर तुझे करने पड़ें प्रस्ताव जो/जग जाएँ तेरी नोंक से सोए हुए हों भाव जो। यहाँ कवि की मुख्य चिंता भारतीय समाज की अवनत स्थिति है और काव्य के समापन अंश 'भविष्यत् खंड' तथा 'विनय' में कामना की गई है कि भारत प्राचीन गौरव प्राप्त कर सकेगा। ध्यान दें कि मैथिलीशरण गुप्त की कविता का पूरा ताना-बाना राष्ट्रीय भावना, समाज-सुधार, गांधीवादी नैतिकता से निर्मित है। इतिहास-पुराण के चरित्रों को लेते हुए भी वे इसी राष्ट्रीय चेतना से परिचालित हैं और 'पंचवटी' की सीता स्वावलंबन की मूर्ति बनती है : स्वावलंब की एक झलक पर न्यौछावर कुबेर का कोष। मैथिलीशरण गुप्त ने बीसवीं शताब्दी के आरंभ की कविता का सामाजिक प्रतिनिधित्व किया, इसमें संदेह नहीं, पर इस समय के अन्य कवि भी हैं जिनमें साम्राज्यवाद से मुक्ति पाने की कामना मुखर हुई है। इनमें कुछ प्रमुख नाम हैं— रामनरेश त्रिपाठी, बालमुकुन्द गुप्त, गोपालशरण सिंह, गिरिधर शर्मा कविरत्न, गयाप्रसाद शुक्ल सनेही, राय देवीप्रसाद पूर्ण, श्रीधर पाठक, नाथूराम शर्मा शंकर आदि। इस समय का नेतृत्व आचार्य महावीरप्रसाद द्विवेदी ने 'सरस्वती' पत्रिका के माध्यम से किया और हिंदी खड़ी बोली कविता को वह प्रशस्त पीठिका दी जिस पर आगे की रचनाशीलता संभव हो सकी। साम्राज्यवाद से टकराता यह अधिक मुखर स्वर है।

स्वतंत्रता संघर्ष और मुक्ति आंदोलन की गति ज्यों-ज्यों तेज होती है, साम्राज्यवादी दमन और भी निर्मम होता जाता है, जिसे खंदकों की आखिरी लड़ाई कहा गया है। 1920 से गांधी भारतीय स्वतंत्रता आंदोलन का नेतृत्व करते हैं और इसे गांधी युग का आरंभ कहा जाता है। सत्य-अहिंसा पर बल देते हुए उन्होंने अपना असहयोग आंदोलन इसलिए वापिस ले लिया क्योंकि वह उग्र हिंसक हो गया था। गांधी को आदर देते हुए भी, ऐसे राजनीतिज्ञ हैं जिन्होंने उनकी नरम विचारधारा से अपनी असहमति व्यक्त करते हुए अधिक उग्र राष्ट्रीयता की माँग की। किसान-मज़दूरों की साझेदारी बढ़ी और समाजवाद की बात की गई, जिसका समर्थन जवाहरलाल नेहरू ने भी किया। 1925 के अंत में भारतीय साम्यवादी दल का सम्मेलन हुआ और समाजवादी दल ने पहले कांग्रेस में ही रहकर काम किया, फिर 1934 में आचार्य नरेंद्रदेव की अध्यक्षता में

समाजवादियों का पहला सम्मेलन हुआ। इस प्रकार स्वतंत्रता आंदोलन में वामपंथी विचारधारा सक्रिय होती है। 1920 से आज़ादी मिलने तक हिंदी कविता का वृत्त पहले स्वच्छंदतावाद और फिर प्रगतिवाद से गुज़रता है।

प्रश्न किया जा सकता है कि जब भारतीय समाज में स्वतंत्रता संघर्ष की गति तेज़ हो रही थी और उसमें सामान्यजन की हिस्सेदारी बढ़ रही थी, तब हिंदी में रूमानी अथवा स्वच्छंदतावादी प्रवृत्तियों का आगमन कैसे हुआ और उसका औचित्य क्या है ? शिक्षा के प्रचार-प्रसार से मध्यवर्ग का प्रभावी होना और प्राक्पूँजीवाद के रूप में व्यक्ति की महत्ता की स्वीकृति कुछ ऐसे कारक हैं जो हिंदी स्वच्छंदतावादी आंदोलन की पीठिका में मौजूद हैं। पर इसी के साथ भारतीय नवजागरण के दबाव भी हैं, जिसका आरंभ उन्नीसवीं शताब्दी में हुआ और जो बीसवीं शताब्दी में भी सक्रिय रहा। प्रसाद, निराला, पंत ने निजता का उपयोग करते हुए, वैयक्तिक अनुभूतियों के प्रकाशन की छूट ली, जहाँ उदात्त प्रेम-सौंदर्य भावना को प्रमुखता मिली। पर हिंदी स्वच्छंदतावादी काव्य छायावाद का एक सामाजिक-सांस्कृतिक पक्ष भी है जिसकी अनदेखी नहीं करनी चाहिए। प्रसाद अपने नाटकों में भारतीय इतिहास पर नई दृष्टि डालते हैं और कविता-कहानी में भी पुरागाथा का उपयोग करते हैं। स्कंदगुप्त तथा चंद्रगुप्त नाटकों में राष्ट्रीय भावना, प्रकारांतर से ही सही, पर पूरी सजगता में मौजूद है। वहाँ 'हिमालय के आँगन में उसे, प्रथम किरणों का दे उपहार' जैसा गीत है जिसकी समापन पंक्तियाँ हैं : 'जिएँ तो सदा उसी के लिए, यही अभिमान रहे, यह हर्ष/निछावर कर दें हम सर्वस्व, हमारा प्यारा भारतवर्ष।' 'चंद्रगुप्त' नाटक में चाणक्य और दाण्ड्यायन भारतीय बौद्धिकता का प्रतिनिधित्व करते हैं और यहाँ 'अरुण यह मधुमय देश हमारा' तथा 'हिमाद्रि तुंग शृंग से प्रबुद्ध शुद्ध भारती/स्वयंप्रभा समुज्ज्वला स्वतन्त्रता पुकारती' जैसे राष्ट्रीय भावना के गीत हैं। साम्राज्यवादी अंकुश में रचना को संभव बनाने के लिए स्वच्छंदतावादी कवियों ने अपने वैयक्तिक संवेदनों का उपयोग तो किया, पर उसे वृहत्तर मानवीय संदर्भ से संबद्ध किया। उनका काव्य अहं की परिक्रमा करके नहीं रह जाता, जो दुर्घटना आगे चलकर प्रयोगवादियों के साथ हुई। पंत आरंभ में प्रकृति को अपना मुख्य काव्य-विषय बनाते हैं और फिर 'परिवर्तन' जैसी अनेक आयामी कविता रचते हैं, जिसे 'पूर्ण कविता' कहा गया। निराला आरंभ से ही अधिक विस्तृत भूमि पर रचनारत हैं और अपने प्रथम कविता संकलन 'परिमल' में ही वैविध्य का परिचय देते हैं। उनका संवेदन-संसार स्वच्छंदतावादियों में सबसे व्यापक है और यमुना जिसे प्राय: कृष्णकाव्य की रसिक रेखाओं से जोड़कर देखा जाता है, निराला में एक नई अर्थ-ध्वनि का संकेत करती है, जिसमें समय-संदर्भ उपस्थित है : कहाँ छलकते अब वैसे ही ब्रज-नागरियों के गागर ?/ कहाँ भीगते अब वैसे ही बाहु, उरोज, अधर, अम्बर।

सामाजिक दबावों में रचना का रूपांतरण एक स्वाभाविक प्रक्रिया है और जो रचनाकार इस वास्तविकता को नहीं स्वीकारता, वह विश्वसनीय नहीं बन पाता। भारत में आज़ादी की लड़ाई तेज़ हुई और नई क्रांतिकारी शक्तियों का उदय हुआ, जैसे

किसान-मज़दूर। साम्राज्यवाद-विरोधी संयुक्त राष्ट्रीय मोर्चे की स्थापना का प्रयत्न भी हुआ और 1934 के केन्द्रीय विधानसभा चुनाव में कांग्रेस को बहुमत मिला। 1936 के लखनऊ अधिवेशन में जवाहरलाल नेहरू ने समाजवादी लक्ष्य की घोषणा करते हुए 'संयुक्त जनप्रिय मोर्चे' की आवश्यकता पर बल दिया। इस प्रकार साम्राज्यवादी शक्ति से टकराते हुए भारतीय स्वतंत्रता आंदोलन ने एक नए चरण में प्रवेश किया, जहाँ कल्पना की गई कि नया भारत कैसा होगा और इस सिलसिले में समाजवाद को लक्ष्य रूप स्वीकारा गया। 1936 में प्रगतिशील लेखक संघ के प्रथम अधिवेशन में प्रेमचंद का ऐतिहासिक भाषण हुआ जिसमें उन्होंने साहित्य के सामाजिक उद्देश्य पर बल दिया। स्वतंत्रता आंदोलन की तरह प्रगतिशील लेखक संघ के आरंभ में मध्यवर्ग प्रभावी था, संभवत: जिसे लेकर निराला ने व्यंग्य भी किए। पर बदलते सामाजिक परिदृश्य, विशेषतया स्वतंत्रता आंदोलन में सामान्यजन की बढ़ती हुई हिस्सेदारी ने रचना को गहरे स्तर पर प्रभावित किया। हिंदी स्वच्छंदतावादी काव्य का नया रूपान्तरण हुआ, गद्य में जिसकी शुरुआत प्रेमचंद की परवर्ती रचनाओं के सामाजिक यथार्थ से हो चुकी थी। और यह गांधीवाद से समाजवाद तक की यात्रा का विकासक्रम है।

चौथे दशक में भारतीय स्वतंत्रता संघर्ष प्रखर होता है और पाँचवें दशक में निर्णायक दौर में पहुँचकर अपना राजनीतिक लक्ष्य प्राप्त करने में उसे सफलता मिलती है। साम्राज्यवाद से टकराते हुए, निराला उन सामाजिक कारणों की पड़ताल करते हैं जिनसे शोषण, असमानता, अन्याय, अत्याचार को बढ़ावा मिलता है। निराला ने अपनी गद्य रचनाओं में सामाजिक यथार्थ के विवरण प्रस्तुत किए और द्वितीय अनामिका, कुकुरमुत्ता, अणिमा, बेला, नए पत्ते में उसे संवेदन-स्तर पर व्यक्त किया, यहाँ तक कि अपने आक्रोश के लिए व्यंग्य तक का सहारा लिया। कुकुरमुत्ता का तीखा व्यंग्य है : अबे, सुन बे, गुलाब !/भूल मत पाई जो खुशबू,रंगोआब/खून चूसा खाद का तूने अशिष्ट/डाल पर इतराता है कैपिटलिस्ट। आज़ादी के ठीक पहले 1946 में प्रकाशित निराला का कविता संकलन 'नए पत्ते' किसान-जीवन का दस्तावेज़ कहा जा सकता है जहाँ संवेदनशील कवि ने किसानों की दुर्दशा का वर्णन किया है। इसका पूरा ताना-बाना ही किसानी जीवन से निर्मित है : खरीफ की निराई, झुकी रीढ़, पीला चेहरा, जेठ की दुपहर, अरहर के पेड़, खेतिहर कुत्ता, ज़मींदार-साहूकार-बनिया, खलिहान, खेत-खलिहान, झुलसी जनता, कुम्हार, ढोर आदि। और पात्र भी यहीं से पाए गए हैं : भकुआ चमार, लच्छू नाई, बदलू अहिर, मन्नी कुम्हार, मँहगू, झींगुर आदि— प्रेमचंद के कथा-साहित्य की याद दिलाते हुए। सुमित्रानंदन पंत के परवर्ती काव्य— युगांत, युगवाणी, ग्रम्या में भी ग्रामजीवन पर दृष्टि डाली गई, पर यथार्थ अपनी पूरी प्रखरता में नहीं आ पाया। इस प्रकार साम्राज्यवाद से टकराते हुए हिंदी स्वच्छंदतावादी काव्य इस बाध्यता का अनुभव करता है कि वह सामाजिक यथार्थ के नए वृत्त में प्रवेश करे।

औपनिवेशिक समाज में कविता की स्वतंत्रता एक वैचारिक प्रश्न तो है ही, उसका गहरा संबंध संवेदनशीलता से भी है, जिसके बिना कविता में न तो ऊर्जा आती है, न

विश्वसनीयता। हिंदी प्रगतिशील चेतना— प्रगतिवादी काव्य के प्रस्थान रूप में यदि हम निराला के परवर्ती काव्य को स्वीकार करें, तो कम से कम संवेदन वाले पक्ष का सही रूप हमें मिल जाता है। फिर आता है विचारधारा का प्रश्न और इसमें संदेह नहीं कि समाजवादी अवधारणाओं ने साम्राज्यवाद से टकराने में हिंदी रचनाशीलता को काफ़ी प्रेरणा दी। स्वच्छंदतावादी प्रवृत्तियों से जुड़े हुए कवि शिवमंगल सिंह 'सुमन' में रूमानी भावनाओं के साथ प्रगतिवादी स्वर भी हैं। आज़ादी की लड़ाई में हिस्सा ले रही कवियों की पंक्ति साम्राज्यवाद से सीधे ही टकराना चाहती है, जिसकी शुरुआत मैथिलीशरण गुप्त ने की थी और जिसे बालकृष्ण शर्मा 'नवीन', माखनलाल चतुर्वेदी, सुभद्राकुमारी चौहान, सियारामशरण गुप्त, दिनकर आदि ने नया विस्तार दिया। ऐसा लगता है जैसे हिंदी स्वच्छंदतावाद के बाद की पीढ़ी ने राष्ट्रीय चेतना को संवेदन के गहरे स्तर पर व्यक्त करने का प्रयत्न किया, वह वर्णनात्मकता से बाहर आई। माखनलाल चतुर्वेदी की बहुउद्धृत कविता 'पुष्प की अभिलाषा' को सर्वोत्तम उदाहरण के रूप में प्रस्तुत किया जा सकता है, जहाँ कवि व्यक्ति-राग से राजाश्रय तक की इच्छाओं का निषेध करता हुआ, बलिदान भाव को सर्वोपरि महत्त्व देता है : मुझे तोड़ लेना बनमाली, उस पथ में देना तुम फेंक/मातृभूमि पर शीश चढ़ाने जिस पथ जावें वीर अनेक। दिनकर हिमालय के माध्यम से राष्ट्रीय चेतना की अभिव्यक्ति करते हैं : मेरे नगपति, मेरे विशाल/साकार, दिव्य गौरव विराट/पौरुष के पुंजीभूत ज्वाल/मेरी जननी के हिम-किरीट/मेरे भारत के दिव्य भाल।

साम्राज्यवाद से जूझते हुए हिंदी कविता जब प्रगतिवाद के सामाजिक यथार्थ युग में प्रवेश करती है तो उसे निराला के विद्रोही स्वर से प्रेरणा मिलती है। पर विचारधारा में मार्क्सवाद-लेनिनवाद उसे दार्शनिक-वैचारिक आधार देता है और कविता का स्वर अधिक जुझारू भी बनता है। नागार्जुन, त्रिलोचन, केदारनाथ अग्रवाल, शमशेर बहादुर सिंह, मुक्तिबोध आदि की पीढ़ी इसका प्रतिनिधित्व करती है और विचारणीय यह कि आज़ादी के बाद भी इसकी आवश्यकता इस रूप में अनुभव की गई कि समतावादी समाज बनना चाहिए। इन कवियों की लंबी सूची है केदारनाथ सिंह और धूमिल से लेकर राजेश जोशी, अरुण कमल आदि तक। इसे हम मुक्तिबोध की पीढ़ी का नया विन्यास कह सकते हैं जहाँ राजनीति भी कविता को उद्वेलित करती है। नए साहित्य के संदर्भ में मुक्तिबोध ने रचनाकार के मानवतावाद (अथवा मानववाद) पर बल देते हुए कहा है कि कला की स्वतंत्रता जीवन सापेक्ष्य है और उनकी कविताएँ इसे प्रमाणित करती हैं। 'ओ काव्यात्मन् फणिधर' कविता की पंक्तियाँ हैं : किंतु एकत्र करो/प्रज्वलित प्रस्तरों को/वे आते ही होंगे लोग/जिन्हें तुम दोगे/देना ही होगा पूरा हिसाब/अपना सबका मन का, जग का। वास्तविकता यह है कि हिंदी का प्रगतिवादी काव्य अपने ढंग से, साम्राज्यवाद से टकराया, इस मुद्दे पर कि वह पूँजीवादी शोषण की निर्मम प्रक्रिया है और इससे मुक्ति पानी ही होगी। कवियों ने आस-पास के सामान्यजन पर संवेदनभरी दृष्टि डाली और उनमें जो गहरे स्तर पर अभिव्यक्ति दे सके, उनका स्वर निराला या

नेरुदा की तरह प्रामाणिक बना। कविता के साथ अपने उपन्यासों में नागार्जुन ने सामान्यजन को विषय बनाया और अपनी बात कह सकने के लिए व्यंग्य का भी सहारा लिया। 1945 की उनकी कविता है 'प्रेत का बयान' जिसकी पंक्तियाँ हैं : किंतु भूख या क्षुधा नाम हो जिसका/ऐसा किसी व्याधि का पता नहीं हमको।

औपनिवेशिक समाज में जिन कवियों ने कविता को संभव बनाया, वे इस दृष्टि से महत्त्वपूर्ण कि उन्होंने रचना के सामाजिक-सांस्कृतिक दायित्व को स्वीकार किया। इस रूप में उनकी भूमिका ऐतिहासिक, यद्यपि उनकी प्रतिभा की क्षमताएँ अलग-अलग। यह भी कि कई बार वे वक्तव्यों को कविता-स्तर तक नहीं पहुँचा सके और रचना में पूरा संयोजन स्थापित कर सकने में उन्हें कठिनाई हुई। भारतेंदु से चलकर निराला तक, प्रगतिवादियों की पीढ़ी नागार्जुन से लेकर केदारनाथ सिंह और फिर समकालीन कविता तक का सचेत स्वर इस अर्थ में सामाजिक विषमता से टकराता है कि समतावादी समाज ही मानव की सही मुक्ति है। आज भी अर्धविकसित समाजों, विशेषतया एशिया-अफ्रीका-लैटिन अमरीका के देश मुक्ति के लिए छटपटा रहे हैं। ऐसे में कविता का सामाजिक दायित्व गहरा है। सुब्रह्मण्य भारती की भारतदेवी को समर्पित 'प्रभातगान' की पंक्तियाँ हैं : क्या माँ अविचलित रह सकती है/जब उसकी संतान अनुनय-विनय कर रही हो।

निराला : काव्य की अस्मिता

सार्थक रचनाएँ स्वीकृति और निषेध के द्वंद्व से उपजती हैं। उनमें अपने समय की जीवंत उपस्थिति होती है और वे स्थितियों के आर-पार देखने की क्षमता रखती हैं, गहरे उतरकर। पर वे यहीं रुक-ठहर नहीं जातीं, उनमें वह सृजनात्मक क्षमता भी होती है कि उनमें एक ऐसे सृजन-स्वप्न की तलाश की जा सके, जिसे हम किसी रचना की अभीप्सा अथवा मनोवांछित सदिच्छा भी कह सकते हैं। श्री सूर्यकांत त्रिपाठी निराला (1899-1961) ने लंबी रचनायात्रा तय की और यदि यह मान लें कि उन्होंने लगभग सोलह-सत्रह वर्ष की आयु में लिखना आरंभ किया तो करीब चार-पाँच दशक उन्होंने पार किए। निराला का अपना जीवन-संघर्ष है— साधारण किसान घर में जन्म, सामंती समाज का बोझ ढोता बैसवाड़ा क्षेत्र, रोजी-रोटी की तलाश में भटकते लोग बंगाल, महाराष्ट्र, गुजरात कहीं भी पहुँच जाते। आदर्शवादी पिता जो सामन्तों की सेवा में, बंगाल में कार्यरत थे, जहाँ निराला की चेतना का आरंभिक निर्माण हुआ— कई विरोधी दृश्यों का साक्षात्कार। एक ओर प्रकृति का खुला सौंदर्य-अतुल जलराशि और हरीतिमा, दूसरी ओर सामंती समाज में कलासंसार के साथ, शोषण की प्रक्रिया। युवावस्था में ही निराला मृत्यु के दारुण दृश्यों से गुजरते हैं— कई परिवारजन चले गए— पिता की आशीष-छाया भी। भयंकर महामारी में प्रिया मनोहरा देवी भी दिवंगत। पर मृत्यु निराला को इतना पराभूत नहीं कर पाती कि उनमें मृत्यु-भय समा जाए, अस्तित्ववादियों की तरह। निराला में प्रबल जिजीविषा का भाव उपस्थित है : अभी न होगा मेरा अंत/अभी अभी तो आया है, मेरे वन में मृदुल बसंत/मेरे जीवन का यह है जब प्रथम चरण/इसमें कहाँ मृत्यु/है जीवन ही जीवन।

निराला अपने समय-समाज की कई दिशाओं को देखते-पहचानते हैं। एक उनका अपना मानवीय संसार है, उच्चतम मानवमूल्यों से सम्पन्न, जो भारतीय नवजागरण से उपजा है और जिसे कवि ने भारतीय इतिहास और रचना के लंबे काल-प्रवाह में रखकर देखा-समझा। 'तुलसीदास' में शरीर-केन्द्रित भोग-विलास का सामंती समाज है जिसमें छवि के निश्छल देवता परम छिप गए हैं— मानवमूल्य जैसे तिरोहित। पर तुलसी के माध्यम से निराला कवि के महान सांस्कृतिक-सामाजिक दायित्व का आवाहन करते हैं : करना होगा यह तिमिर पार/देखना सत्य का मिहिर द्वार/बहना जीवन के प्रखर ज्वार में निश्चय/लड़ना विरोध से द्वंद्व समर/रह सत्य मार्ग पर स्थिर निर्भर/जाना भिन्न

भी देह, निजघट निःसंशय। निराला जानते हैं कि जीवन से पलायन, प्रश्न का उत्तर नहीं है। प्रश्नों के उत्तर जीवन में धूँसकर खोजने होंगे। इसीलिए निराला के काव्य में जीवन के प्रति रागात्मकता की उपस्थिति है, जीवन जिसमें मनुष्य और प्रकृति की सम्मिलित भूमि है। निराला में प्रकृति की भूमिका इतनी महत्त्वपूर्ण है कि आधुनिक हिंदी काव्य में सुमित्रानंदन पंत के प्रकृति-काव्य के बावजूद, उसका अपना विशिष्ट संभार-संसार है। यह प्रकृति प्रकारांतर से उस अमानुषीकरण से हमारी रक्षा करती है, जिस संकट से हमारा समय गुजर रहा है। वर्ड्स्वर्थ के शब्दों में— मनुष्य ने मनुष्य को क्या कर दिया है ? वसंत, वर्षा निराला की प्रिय ऋतुएँ हैं और इनका उपयोग वे निरपेक्ष प्रकृति-चित्रण के रूप में नहीं करते, उन्हें मानवीय निष्पत्ति देते हैं। 'रूखी री यह डाल बसन वासंती लेगी' में तप और पुण्य के जो संकेत हैं, वे उच्चतर मानवमूल्यों का बोध कराते हैं। 'प्रिय यामिनी जागी' के अंत में प्रिया का त्याग-भाव व्यंजित है। 'भारति जय विजय करे' जैसे राष्ट्रगीत में प्रकृति भारत की सांस्कृतिक गरिमा की प्रतीक है। आज जब हमारी रचनाशीलता अपने मूल उत्स-प्रकृति से विच्छिन्न हो जाने के खतरे में है, जिस ओर मुक्तिबोध जैसे जागरूक कवि ने संकेत किया है, तब निराला बहुत प्रासंगिक प्रतीत होते हैं।

निराला कई दिशाओं के कवि कहे जाते हैं और निश्चय ही उनका व्यक्तित्व बहुआयामी है. एक साथ कई ओर संचरित होता। आश्चर्य तो यह देखकर होना है कि यदि रचना-तिथि को ध्यान में रखा जाए तो लगभग एक ही समय में विभिन्न मनोदशा की कविताएँ रची गई हैं। ऐसी तो कई कविताएँ, जिन्हें महाकाव्यात्मक संभावनाओं से सम्पन्न कहा जाता है, जिनमें दृश्य-परिवर्तित होते हैं और पूरी कविता कई भूमियों, भावों का संस्पर्श करती है। प्रसंग है इकलौती बेटी सरोज के करुण अवसान का, जो दिवंगत प्रिया मनोहरादेवी का स्मृतिचिह्न है, पर निराला विषाद में डूबकर भी, उससे उबरना चाहते हैं। वे उन कारकों का संकेत करते हैं जिसमें एक सार्थक कवि की बेटी चली गई और वे उसकी प्राण रक्षा भी न कर सके : लखकर अनर्थ आर्थिक पथ पर/हारता रहा मैं स्वार्थ-समर। 'सरोज स्मृति' एक साधारण शोकगीत नहीं है जहाँ कवि अपनी वैयक्तिक विपत्ति से आहत होकर रह गया हो, पर यह सबका अतिक्रमण है। अपनी बिरादरी पर तीखे आक्रमण, सामाजिक अव्यवस्था पर कठोर टिप्पणी, इसे समय-संदर्भ से जोड़ देती है : ऐसे शिव से गिरजा विवाह/करने की मुझको नहीं चाह। अथवा तुम करो ब्याह, तोड़ता नियम आदि। 'सरोज स्मृति' के करुण आरंभ और समापन के बीच कविता अनेक धरातलों पर चलती है— अपने समय-समाज पर व्यंग्य करती हुई। पर कविता कविता बनी रहती है, संवेदन के धरातल पर : 'दुख ही जीवन की कथा रही/क्या कहूँ आज, जो नहीं कही।'

'राम की शक्तिपूजा' में राम आज के संघर्षरत नायक हैं— पौराणिक आशय को तोड़ते हुए। यह कविता भी एक से अधिक स्तरों का संस्पर्श करती है। राम चिंताकुल हैं, आज के मनुष्य की तरह : स्थिर राघवेन्द्र को हिला रहा फिर-फिर

संशय/रह-रह उठता जग-जीवन में रावण जय-भय। कविता युद्ध-चित्रण से आरंभ होती है, पर निराला इसी में सीता की स्मृति का प्रवेश कराते हैं— राम की चिरंतन प्रेरणा-प्रिया : ऐसे क्षण अंधकार घन में जैसे विद्युत/जागी पृथ्वी तनया-कुमारिका छवि अच्युत। और फिर राम का नया रूपांतरण : फूटी स्मिति सीता-ध्यान लीन राम के अधर/फिर विश्व-विजय-भावना हृदय में आई भर। 'राम की शक्ति पूजा' के राम का नायकत्व जीवनसंघर्ष के बीच से जनमता है, वे विष्णु अवतार की तरह आश्वस्त नहीं रह सकते। निराला ने जैसे स्वयं को, और इस माध्यम से यातना से गुजरते संवेदनशील मनुष्य को प्रक्षेपित किया है। राम के नेत्रों में अश्रु, एक यथार्थ स्थिति है, आज के संघर्षरत, मूल्यचिंता में डूबे मानव की। राम के वाक्य हैं : अन्याय जिधर है उधर शक्ति, रावण अधर्मरत भी अपना मैं हुआ अपर, धिक् जीवन को जो पाता ही आया विरोध। पर निराला यातना से मुक्ति का उपाय भी खोजते हैं : आत्मविसर्जन को तत्पर— उच्चतर मानवमूल्यों की रक्षा के लिए। इसीलिए निराला ने रूमानी संवेदन को सामाजिक-सांस्कृतिक आशय से संबद्ध करने में सफलता पाई। सीता के लिए 'पृथ्वीतनया कुमारिका छवि' प्रयोग वैयक्तिक संबंध को व्यापक अर्थदीप्ति देता है, जैसे सीता के माध्यम से राम पृथ्वी की मुक्ति का स्वप्न देखते हैं। निराला तुलसीदास की तरह दृश्य-परिवर्तन के सक्षम कवि हैं।

निराला विभिन्न काव्यचरणों से गुजरते हुए समय-इतिहास के विकास की सूचना देते हैं, आकस्मिक दिशा-परिवर्तन की नहीं। 'परिमल' में ही संवेदन का एक मिला-जुला संसार है— प्रेम-सौंदर्य, दार्शनिक अनुबंध, वैचारिक धरातल, सामाजिक यथार्थ, व्यापक विश्व दृष्टि आदि। इतनी दिशाओं में जा सकने की सामर्थ्य रखने वाला कवि निश्चय ही स्वतंत्रचेता है, गहरे सांस्कृतिक आशय से सम्पन्न। 'बादल राग' शीर्षक से कई कविताएँ पर सबके दृश्यबंध जैसे बदले हुए। पर यह प्रश्न मनःस्थिति का न होकर जाग्रत वैचारिक दृष्टि और व्यापक मानवीय संवेदन का है। जब आधुनिक हिंदी काव्य सामाजिक यथार्थ का क ख ग पढ़ रहा था, तब निराला ने 'बादल राग' में घोषणा की : विप्लव-रव से छोटे ही हैं शोभा पाते। अथवा तुझे बुलाता कृषक अधीर। निराला में ग्राम-दृश्यों की बहुलता उनकी रचना के देशज चरित्र को प्रमाणित करती है, जिसका उपयोग उन्होंने अपनी कथाकृतियों में भी किया है, जहाँ उन्होंने सामान्यजन को अपनी सहानुभूति दी— बिल्लेसुर बकरिहा, चतुरी चमार, कुल्ली भाट आदि। 'नए पत्ते' में निराला जो सामयिक ग्राम-जीवन उभारते हैं, वह किसी भी कवि के लिए स्पृहणीय हो सकता है, और जिस पथ-रेखा पर कई कवियों ने चलने का प्रयत्न किया— नागार्जुन, त्रिलोचन, केदार आदि। यहाँ ग्राम की कई छवियाँ उभरती हैं— प्रकृति के राग-रंग से लेकर दयनीय यथार्थ तक, पर जहाँ कवि को अवसर मिलता है, वह उसे वृहत्तर जीवन से जोड़ता है : दुखता रहता है अब जीवन पतझड़ का जैसा वन-उपवन, स्नेह-निर्झर बह गया है रेत ज्यों तन रह गया है। कविता में ग्राम जीवन के दृश्यों की बहुलता तुलसी का स्मरण कराती है, दूसरे

ढंग से, क्योंकि यहाँ समय के यथार्थ की स्वीकृति है : बहुत दिनों बाद खुला आसमान/निकली है धूप, हुआ खुश जहान,/किसान खेतों में, लड़के अखाड़ों में आए/बारहमासा गातीं हुई लड़कियों के दल दिखे। निराला ने 'देवी सरस्वती' कविता में वाक्‌देवी को संपूर्ण ऋतुचक्र से गुजारा है, जो स्वयं में नया प्रयोग है। 'नए पत्ते' कविता-संकलन का तो पूरा ताना-बाना ही जैसे ग्रामजीवन का है— ऊबड़-खाबड़ घर, गंदे गलियारे, पीले चेहरे, झुकी रीढ़, जाड़े में ठिठुरते साधारणजन आदि। निराला ने रूमानी संवेदन से, सामाजिक यथार्थ को जोड़ते हुए जिस संवेदनशीलता का परिचय दिया, उसने नए हिंदी काव्य को भी प्रेरणा दी, यद्यपि वहाँ ग्राम-नगर का द्वंद्व अधिक उभरकर आया है।

निराला अपने समय से मुठभेड़ की मुद्रा में भी, कई स्तरों पर देखे जा सकते हैं और इसे केवल व्यंग्य-आक्रोश में खोजना एक प्रकार का अधूरा साक्षात्कार होगा। प्राय: 'कुकुरमुत्ता' जैसी व्यंग्य रचनाओं का उल्लेख करते हुए, गुलाब को आभिजात्य का और कुकुरमुत्ता को सामान्यजन अथवा सर्वहारा का प्रतीक कहा जाता है। यह अपनी जगह ठीक हो सकता है, पर ज़रा आगे बढ़कर देखें तो कुकुरमुत्ता गहरे आत्मविश्वास का प्रतीक भी है : और अपने से उगा मैं/बिना दाने का चुगा मैं/कलम मेरा नहीं लगता/मेरा जीवन आप जगता। निराला की कई ऐसी कविताएँ हैं जो ऊपर-ऊपर देखने से बहुत सरल प्रतीत होती हैं, पर उनकी बुनावट संश्लिष्ट है और उनका निहितार्थ गहन। अमानुषीकृत होते जाते समय पर निराला की वेदनापूर्ण टिप्पणी है : कैसा तन-मन का जोड़ा है/मानव जहाँ जैल-घोड़ा है; शिशिर की शर्वरी हिंस्र पशुओं भरी; घन तम से आवृत धरणी है/तुमुल तरंगों की अरणी है, निविड़ विपिन पथ अराल/भरे हिंस्र जंतु व्याल। निरंतर अमानुषीकृत होते जाते समय की समझ के लिए निराला की रचनाओं के भीतर से गुजरना होगा। वे संवेदन के जिस स्तर पर इसका अनुभव करते हैं, उसे वक्तव्यों में नहीं पाया जा सकता, उसके लिए कविताओं के निहितार्थ तक पहुँचना होगा। सामाजिक यथार्थ की संवेदनात्मक अनुभूति जिसमें कवि स्वयं सम्मिलित है, और फिर कलात्मक स्तर पर अभिव्यक्ति, इसे निराला में देखा जा सकता है। यहाँ निराला अनुपस्थित नहीं हैं, वे उस यातना से विक्षुब्ध हैं, जिससे हमारा समय-समाज गुजर रहे हैं, विशेषतया हर प्रकार के अमानुषीकरण से, क्योंकि शोषण के कई रूप होते हैं। ऐसी आंतरिक व्यथा कम कवियों में पाई जाती है, इसीलिए कविता विश्वसनीय नहीं बन पाती, उसमें फाकें दिखाई पड़ती हैं। निराला ग्राम जीवन के पात्रों का उपयोग करते हैं, कविता में मुक्तिबोध, नागार्जुन या धूमिल की तरह। मँहगू, झींगुर, बदलू अहिर, मन्नी कुम्हार, लच्छू नाई आदि ग्राम पात्र और निरुपाय समाज के विषय में उनकी टिप्पणी यह कि किसान मौन, पर खेतिहर कुत्ता चलते सिपाही के सामने खड़ा हो जाता है और भौंकने लगा/करुणा से बंधु खेतिहर को देखकर।

समय की उपस्थिति के संदर्भ में निराला की वे कविताएँ कठिनाई उपस्थित

करती हैं, जहाँ भक्ति-अध्यात्म भाव से निवेदन किया गया है। यही तथ्य कबीर के संदर्भ में भी विचारणीय है। मेरा विचार है कि इसके लिए अंतर्विरोध शब्द का प्रयोग सरलीकरण होगा। कई बार यों भी होता है कि जिन्हें हम विरोधी दिशाएँ समझते हैं, उनमें कवि प्रच्छन्न संगति से परिचालित होता है, और उनमें कोई संयोजन स्थापित करना चाहता है। संश्लिष्ट व्यक्तित्व में तो यह और भी स्वाभाविक है। दुरित दूर करो नाथ/अशरण हूँ, गहो हाथ; भजन कर हरि के चरण मन, मरा हूँ हजार मरण/पाई तब चरण शरण; अशरण-शरण राम आदि प्रार्थना गीतों में न पलायन भाव है, न वैयक्तिक मोक्ष की कामना। कवि अपने समय-समाज से विक्षुब्ध है : हाथ थक गए, श्रम-सीकर-मेरा माथ, भग्न मन, विषण्ण जीवन, हाथ पसारे खड़ा विश्व आदि। वह ऐसे समय में जी रहा है, जब यात्रा के लगभग अंतिम दौर में, उसे लगता है जैसे दिवास्वप्न का साकार होना कठिन। निष्करुण समय और टूटा-बिखरा समाज, ऐसे में कवि प्रकृति के माध्यम से प्रार्थना करता है कि : वारिद आओ, सुख बरसो। प्रकृति-मनुष्य की मैत्री का भरपूर उपयोग अपनी रचनाओं में करते हुए, निराला ने समय-समाज को इस रूप में व्यंजित किया है कि उसकी पहचान का कार्य सरल नहीं। निराला की विराटता यह कि वे अपने समय से साधारण साक्षात्कार करके संतुष्ट नहीं हो जाते, वे उससे असंतुष्ट हैं और मूल्यस्तर पर एक नए वैकल्पिक संसार का संकेत भी करते हैं। अपनी लगभग अंतिम कविता में वे एक प्रकार से स्वयं के माध्यम से समय की संघर्षगाथा का संकेत करते हैं। इससे ध्यान से गुजरें तो पाएँगे कि यह कविता कई धरातल उद्घाटित करती है। आरंभ में, निराशा के बीच आशा का आलोक है : पत्रोत्कंठित जीवन का विष बुझा हुआ है/आशा का प्रदीप जलता है हृदय कुंज में। अपने संघर्ष को मूल्य-चिंता से जोड़ते हुए वे कहते हैं : ताक रहा है भीष्म शरों की कठिन सेज पर। यहाँ तक कि मारें मूर्छित हुईं, निशाने चूक गए हैं। इस प्रकार निराला की रचनाएँ समय-समाज से टकराती हुई अग्रसर होती हैं, और यहाँ कवि का एक सृजन-स्वप्न भी है—सार्थक रचना का प्रमाण।

समय-समाज का एक प्रवाह होता है—निरंतर गतिमान और सार्थक कवि इसे जानते-पहचानते हैं। इस प्रकार रचना एक समय-यात्रा भी है, पर संवेदन-स्तर पर। निराला ने अपनी काव्ययात्रा का आरंभ स्वच्छंदतावाद से किया और नवजागरण तथा नव्यवेदान्त के निकट सम्पर्क में आए। जीवनसंघर्ष ने उन्हें वास्तविकता और यथार्थ का बोध कराया, पर इस सबके बीच उनमें कहीं वैचारिक मेरुदण्ड है, जो उन्हें मोहभंग से रोकता है, समझौतावाद से उनकी रक्षा करता है, और वे अपनी काव्य की अस्मिता को बचा ले जाते हैं। यह अकारण नहीं कि नई रचनाशीलता की सभी प्रमुख सरणियाँ— गीत, प्रगति, प्रयोग इस विराट कवि में अपना उत्स देखती हैं। यह किसी पूर्व-नियोजित यांत्रिक कार्यक्रम के अंतर्गत नहीं, वरन् समय-समाज के काल-प्रवाह की स्वीकृति के धरातल पर हुआ है, वह भी विकसित संवेदन के सहारे। इसी अर्थ में निराला के

बहुआयामी व्यक्तित्व का उल्लेख किया जाता है, जहाँ विद्रोही चेतना के साथ प्रार्थना भाव की भी उपस्थिति है। संग्रथित गीतों का स्रष्टा मुक्त छंद में काव्य की मुक्ति का स्वप्न देखता है। भाषा के कई स्तर उजागर करता है– प्रांजल, कोमलकांत पदावली के साथ देशज शब्द, ग्राम की ठेठ शब्दावली और उर्दू-फ़ारसी का भी प्रयोग। इससे निराला की एक ऐसी विराटता निर्मित होती है जिसे हम पीढ़ियों का कवि कह सकते हैं। वे काव्य की अस्मिता के प्रतिमान हैं, सब कुछ को अतिक्रांत करते।

प्रेमचंद का युग

प्रेमचंद उन सचेत लेखकों में जिनमें उनका समय और समाज प्रामाणिकता के साथ प्रक्षेपित हुए हैं और यह कार्य उन्होंने कई स्तरों पर सम्पन्न किया है। अपने समय की पहिचान वे बराबर करना चाहते हैं और इसीलिए समाज के अनेक प्रश्नों से जूझते हैं। समाज की समझ के लिए जिस संवेदन-दृष्टि की ज़रूरत होती है, वह प्रेमचंद के पास है, पर यह प्रश्न कोरी भावुकता का नहीं है और इस मुद्दे पर वे अपने समकालीन लेखकों से अलग हो जाते हैं। उन्नीसवीं-बीसवीं शताब्दी के संधिस्थल पर भारतीय समाज की जो स्थिति थी, उसके बारे में मार्क्स की टिप्पणियाँ लगभग भविष्यवाणी कही जा सकती हैं : "गाँवों में रहने-सहने वाले उन परिवारों का आधार घरेलू उद्योग थे : हाथ से सूत बनाने, हाथ से सूत कातने और हाथ से ही खेती करने के उस अनोखे संयोग से उन्हें आत्मनिर्भरता की शक्ति प्राप्त होतो थी। उनके आर्थिक आधार को नष्ट करके इन छोटी-छोटी अर्द्धबर्बर, अर्द्धसभ्य बस्तियों को छिन्न-विच्छिन्न कर दिया है और इस तरह उसमें एशिया की महानतम् और सच कहा जाए तो एकमात्र सामाजिक क्रांति कर डाली है।"

ग्राम-बहुल भारतीय समाज में आर्थिक स्तर पर जिस परिवर्तन की शुरुआत ब्रिटिश साम्राज्यवाद ने अपने हित में की थी, उसके लक्ष्य सीमित थे, इसे ध्यान में रखना होगा। भूमि, जिस पर अब तक सामूहिक-सामाजिक आधिपत्य था, उसे लगान प्रणाली के द्वारा वैयक्तिक संपत्ति में बदलकर अंग्रेजों ने प्रकारांतर से भारत में सामंतवाद का ही पोषण किया, क्योंकि पूँजीवादी व्यवस्था को तेज़ी से लागू करना स्वयं उनके हितों के विरुद्ध था। भारत में मध्यकालीन युग से चली आती हुई सामन्ती व्यवस्था का उपयोग अंग्रेजों ने इस रूप में किया कि अपने शासन को सुदृढ़ करने के लिए देसी रजवाड़ों के अतिरिक्त ताल्लुकेदारों-ज़मींदारों आदि का स्वामिभक्त वर्ग खड़ा किया। कृषक वर्ग इस प्रकार दुहरे-तिहरे शोषण का शिकार था— उसे लगान देना पड़ता था जिसमें ज़मींदार मनमानी करते थे—अनावृष्टि अथवा अतिवृष्टि से उन्हें कुछ लेना-देना नहीं था। किसान अपनी उपज बनिया-बिचौलियों के हाथ बेचने के लिए विवश था क्योंकि अन्न उसकी एक मात्र पूँजी था और उसी से उसके सब काम होते थे। सस्ती दर पर माल बेच देना उसकी आर्थिक अनिवार्यता थी, पर ज़िंदगी के दबावों में स्थानीय महाजनों से ब्याज की ऊँची दर पर ऋण लेने के लिए वह लाचार था और इस प्रकार दुहरी-

तिहरी मार का शिकार था। देश के जिन भागों में ज़मींदारी प्रथा के स्थान पर रैयतवारी व्यवस्था थी, जैसे दक्षिण के कुछ हिस्सों में, वहाँ भी किसानों की स्थिति कोई बेहतर नहीं थी।

प्रेमचंद के युग की सही पहिचान और उनकी रचनाओं में उसकी अभिव्यक्ति की ठीक समझ के लिए तत्कालीन भारतीय ग्राम-समाज की स्थिति को जानना-समझना ज़रूरी है क्योंकि प्रेमचंद की रचना का केन्द्रीय आधार ग्राम समाज है। अथवा फिर मध्यवर्ग, ज़मींदार, महाजन, सरकारी अफ़सर, धार्मिक पुरोहित आदि के बीच फँसे हुए भारतीय ग्रामजन, जिनमें किसान-मजदूर दोनों शामिल हैं, और जिसकी छटपटाहट प्रेमचंद में देखी जा सकती है। यह आश्चर्य का विषय है कि जिस भारतीय नवजागरण का विशेष उल्लेख किया जाता है और उसे सांस्कृतिक जागरूकता के रूप में चित्रित किया गया है, उसकी मूलचिंता में ग्रामजीवन अपने दयनीय यथार्थ में कम आ पाता है। यही वह बिंदु है जो प्रेमचंद को अपने समकालीन अन्य रचनाकारों से अलगाता है और उन्हें भारतीय समाज के सही प्रवक्ता की हैसियत देता है। डा. रामविलास शर्मा ने अपनी पुस्तक 'महावीर प्रसाद द्विवेदी और हिंदी नवजागरण' में द्विवेदीजी की रचना 'संपत्तिशास्त्र' के उद्धरण देते हुए यह प्रमाणित करने की चेष्टा की है कि वे भी बहुसंख्यक भारतीय समाज के प्रतिनिधि किसानवर्ग के विषय में सोचते हैं। बात अपनी जगह पर सही हो सकती है पर साहित्य के एक युग का नेतृत्व करते हुए आचार्य द्विवेदी भाषा और साहित्य को मानक स्वरूप देने की चिंता में इतने संलग्न रहे कि अपने आर्थिक-सामाजिक विचारों को तार्किक यथार्थवादी परिणति देकर, समय की रचनाशीलता को, नए जीवनयथार्थ की अभिव्यक्ति बनाने में पूरी गति नहीं ला सके। पर इससे आगे के लिए महत्त्वपूर्ण भूमिका निर्मित हुई, इसे स्वीकारना होगा। पर उस समय बात 'अहा ग्राम्य जीवन भी क्या है' आदि में खो गई। ग्राम-समाज के प्रति भावुक दृष्टि के स्थान पर यथार्थ-दृष्टि के लिए प्रेमचंद का स्मरण किया जाता है। द्विवेदी युग के लेखकों की यह स्थिति है, जिनके समक्ष नई साम्राज्यवादी व्यवस्था से उपजाने वाला संकट कई स्तरों पर मौजूद था। कहना तो यह होगा कि राजनीति में भी कांग्रेस ने जिस उदारपंथी, सुधारवादी दृष्टि की हिमायत की थी, उसे द्विवेदी युग के लेखक ने प्रकारांतर से मान्यता दी और यथार्थ की अधिकाधिक स्वीकृति के लिए हमें प्रेमचंद की प्रतीक्षा करनी पड़ी।

रचना का एक दूसरा पक्ष है जिसे भारतीय नवजागरण से जोड़कर राममोहन राय से शुरुआत की जाती है और इसे एक अभिनव सांस्कृतिक क्रांति के रूप में भी निरूपित किया जाता है। हम स्वीकारते हैं कि बंगाल ब्रिटिश सत्ता के संपर्क में पहले आया इसलिए पश्चिम के नए ज्ञान-विज्ञान से उसका परिचय जल्दी हुआ, लगभग उन्नीसवीं शताब्दी के आरंभ में। पर इस नवजागरण की सही पहिचान, विशेषतया उसके वर्गीय चरित्र की जानकारी भी ज़रूरी है, अन्यथा सही मूल्यांकन में बाधा पड़ती है। मुख्य रूप से इसका संबंध मध्यवर्ग से है जिसमें नवशिक्षितों को सक्रिय देखा जा सकता है, जिन्होंने नई पश्चिमी शिक्षा पाने का अवसर पाया था। इसमें सांस्कृतिक नवजागरण के

साथ धार्मिक पुनरुत्थान के भी तत्त्व मौजूद हैं और ब्राह्मसमाज रामकृष्णमिशन, प्रार्थनासमाज, आर्यसमाज, थियासाफ़िकल सोसाइटी आदि से इस तथ्य की पुष्टि हो जाती है। यहाँ एक ऐसी आध्यात्मिक दृष्टि को स्थापित करने का प्रयत्न किया जा रहा है जिसके केंद्र में धर्म मौजूद हो, चाहे वह आर्यसमाज की वैदिक युग की वापसी हो, अथवा थियासाफ़ी का सर्वधर्म समन्वय पंथ। एक धर्मसापेक्ष मानवतावादी विचारधारा इस समय विकसित होती है जिसका नेतृत्व मुख्य रूप से पढ़ा-लिखा मध्यवर्ग करता है। पर स्पष्ट है कि यहाँ आर्थिक चिंताएँ अधिक नहीं हैं और भारतीय ग्रामसमाज भी यहाँ कोई मुख्य विषय नहीं है। परिणाम यह होता है कि हम अपने अतीत का प्रत्याख्यान करते हैं, दार्शनिक विषयों में उलझते हैं और मुख्य बात यह है कि 'व्यक्ति' एक महत्त्वपूर्ण इकाई के रूप में स्वीकृत होता है। ऐसी स्थिति में रवींद्रनाथ के व्यक्तित्व का प्रसार होता है जो मंदिर में आँख मूँदे प्रार्थनारत पुजारी को उस खुली ज़मीन में आने का आवाहन करता है जहाँ किसान पसीने से लथपथ खेत में हल चला रहा है। पर स्थिति सदाशयता के स्तर पर अंकित की गई है और जीवन के बढ़ते हुए यथार्थवादी दबावों की अभिव्यक्ति के लिए हमें प्रेमचंद जैसे व्यक्ति की बाट जोहनी पड़ती है। हिंदी स्वच्छंदतावादी काव्य, जिसे भारतीय नवजागरण से जोड़कर देखा जाता है, उसकी भी यही सीमा-रेखा है, यद्यपि निराला जैसे लेखक भी हैं जो इतिहास की गतिशीलता के साथ अग्रसर होते हुए अपनी ही सीमाओं का अतिक्रमण करते हैं और अपने समय के यथार्थ को वस्तुपरक अभिव्यक्ति देते हैं।

प्रेमचंद एक संक्रमणकालीन समाज की उपज हैं और इस अर्थ में अपने समकालीनों से भिन्न भूमि पर चलते दिखाई देते हैं कि उनके सामने रोजमर्रा की वास्तविकता से जूझनेवाला समाज मौजूद है, जिसे वे अधिकाधिक वस्तुपरक ढंग से देखना-समझना चाहते हैं। जबकि अन्य लेखकों का समाज अपेक्षाकृत सीमित है, 'झरोखादर्शन' की तरह और उसे वे रूमानी, आदर्शवादी तरीकों से चित्रित करना चाहते हैं, या फिर प्रकृतवादियों की तरह व्यवहार करते हैं। प्रेमचंद का युग सामंतवाद और प्राक्पूँजीवाद से चलकर अर्धसामंतवाद-अर्धपूँजीवाद की गड्डमड्ड स्थिति से पार होता है और ध्यान देने की बात यह कि एक विचारक तथा लेखक के रूप में प्रेमचंद स्थितियों का मूल्यांकन करते हैं, इतिहास की गतिशीलता को पहिचानते हैं और उसे अपनी रचनाओं में व्यक्त करते हैं, इस दृष्टि से वे उन लेखकों के विलोम हैं जो इतिहास की गत्यात्मकता को न स्वीकारते हुए या तो अतीत की जुगाली करते हैं अथवा एक ही बिंदु पर स्थिर। प्रेमचंद की रचनाओं की विकासयात्रा केवल कला-यात्रा नहीं है और न वह प्रौढ़ता के धरातल पर पहुँचने का प्रयत्न मात्र है। वहाँ इतिहास-समय-समाज की बदलती स्थितियों के यथार्थ की स्वीकृति का साहस भी है। इसीलिए आरंभिक उपन्यासों का आश्रम-स्थापना वाला सुधारवादी समाधान पीछे छूट जाता है, यद्यपि-- ग़बन के यथार्थवादी परिदृश्य में उसका आश्रमी अंत नहीं होना चाहिए। परवर्ती उपन्यासों में नैतिक-आध्यात्मिक दबाव कम हो गए हैं, आदर्शवादी समाधान शिथिल हुए हैं और यथार्थ को ढँकने-ढाँकने की कोशिश

भी कम है। प्रेमचंद की दृष्टि में यह गुणात्मक परिवर्तन उनकी कहानियों में और भी स्पष्ट है, जहाँ बाप-बेटे के रिश्तों में भी भावुकता के लिए कोई गुंजाइश नहीं है, खासतौर पर जब दोनों के पेट में भूख की आग जल रही हो। झोपड़ी के भीतर बुधिया प्रसव-पीड़ा से कराह रही है पर घीसू-माधव दोनों इस आशंका से अलाव के पास से नहीं हिलते कि कहीं दूसरा ज्यादा आलू न खा जाए और वे जलते हुए आलू खा जाते हैं, यहाँ तक कि जीभ जल जाती है। इसी तरह पैसा मिलने पर उन्हें कफन की चिंता नहीं है और उनका कहना है : ''कैसा बुरा रिवाज है कि जिसे जीते जी तन ढंकने को चिथड़ा भी न मिले उसे मरने पर नया कफन चाहिए। वे कहते हैं कि उसे ऊँची गत देना। हम दोनों हृदय से आसीस दे रहे हैं, आज जो भोजन मिला वह कभी उम्र-भर न मिला।'' और कहानी के पात्र भूमिहीन मजदूर हैं, वे भी निम्नजाति के।

प्रेमचंद कई मायने में अपने युग के साथ लगभग समानांतर यात्रा करते हैं, अपने लेखन में बदलती स्थितियों का जायज़ा लेते हुए। आरंभिक उपन्यासों से लेकर गोदान अथवा मंगलसूत्र से गुजरने पर एक बात और सामने आती है कि एक ही कृति में कई घटनाचक्र हैं, कई बार एक दूसरे से लगभग पृथक, पर प्रेमचंद उन्हें अन्तर्भुक्त करने का प्रयत्न करते हैं। इसलिए ग्राम-नगर, निम्न तथा उच्च वर्ग जैसे दृश्य एक ही कथाचक्र में दिखाई देते हैं जिसका कारण केवल किस्सागोई नहीं है। मुख्य रूप से कृषक वर्ग के प्रवक्ता होकर भी प्रेमचंद एक कथाकार के रूप में अन्य वर्गों को लेकर अपने सामाजिक चित्र को अधिकाधिक व्यापक बनाना चाहते हैं। समाज में भी यही स्थिति थी कि पढ़ा-लिखा मध्य वर्ग राजनीतिक सामाजिक अगुआई करना चाहता था, पर वह अपनी वर्गीय मानसिकता में बंधा था, और सर्वहारा को सहानुभूति देकर भी, किसी संघर्ष को निष्कर्षात्मक, निर्णयात्मक परिणति तक पहुँचाने का पूरा साहस नहीं जुटा पा रहा था। कहा जाता है कि प्रेमचंद में ग्राम के साथ नगर मौजूद है और लेखक इन दोनों परिदृश्यों को संयोजित करने में पूरी सफलता नहीं पाता। प्रेमचंद मुख्यरूप से ग्रामसमाज को अपनी रचना का केंद्र बनाते हैं पर उस समय जो प्राक् पूँजीवादी व्यवस्था भूमिहीन किसानों को धीरे-धीरे शहर की ओर ढकेल रही थी, उसका एहसास भी उन्हें था। डॉ. ए.आर. देसाई की टिप्पणी है : ''भारतीय किसानों की गरीबी और ऋणग्रस्तता के कारण किसान की ज़मीन बनिया, महाजन या ज़मींदार के हाथों में जाने लगी। काश्तकार मालिकों की संख्या घटी और ज़मीन धीरे-धीरे गिने-चुने लोगों के अधिकार में आती गई, गरीब और मध्यम किसान का अल्पांश ही धनी हो सका, उसका अधिकांश बटाईदार या खेतिहर मज़दूर हो गया।''

प्रेमचंद भारतीय समाज की संक्रमणशील स्थिति से परिचित हैं और वे किसान वर्ग को ऋणग्रस्तता की दयनीय दशा से गुजारते हुए उसे वहाँ लाकर खड़ा करते हैं, जहाँ उसके पास ज़मीन का कोई टुकड़ा नहीं होता, वह पूर्णतया सर्वहारा मज़दूर होता है। 'गोदान' के अंतिम कथाचक्र में किसान-मज़दूर की तुलना की गई है : ''वह गुलामी करता है लेकिन भर पेट खाता तो है। केवल एक ही मालिक का तो नौकर है। यहाँ

तो जिसे देखो, वही रोब जमाता है, गुलामी है। पर सूखी। मेहनत करके अनाज पैदा करो, और जो रुपए मिलें, वह दूसरों को दे दो।" ग्राम तथा नगर जीवन को लेकर लिखी गई उनकी पृथक कहानियाँ हैं पर उपन्यासों में दृश्य एक साथ मौजूद हैं और इस प्रकार प्रेमचंद भारतीय समाज के परिदृश्य को पूरा करना चाहते हैं। यहाँ लेखक इतिहास और समाज की विकासात्मक स्थिति का संकेत करता है और यह भी कि उसकी सहानुभूति निरन्तर ग्राम-समाज के साथ है। इतिहास की गति वह स्वीकारता है, उसे रोक पाने में कोई भी पलायनवाद असमर्थ है, यथार्थ के निश्चित दबाव हैं जो अपना काम करेंगे ही। पर प्रेमचंद इस नई व्यवस्था से जनमनेवाले संकटों की ओर भी इशारा करते हैं। 'रंगभूमि' में बनारस के पांडेपुर स्थान में जनसेवक सिगरेट का कारखाना लगाना चाहते हैं और सूरदास इसका विरोध करता है, इस विषय में उसके अपने तर्क हैं। ज़मीन का वह टुकड़ा एक प्रकार की सामाजिक संपत्ति है क्योंकि वह गाँव के जानवरों का चरागाह है। वहीं सूर धर्मशाला और कुआँ बनवाना चाहता है। माना कि सूरा यह असमान लड़ाई हार जाता है, उसे झूठे मुकदमे में सज़ा होती है, जनसेवक को सफलता मिलती है। सूरदास का कहना है : "कुएँ पर उनके मज़दूरों का अड्डा होगा। बहू-बेटियाँ पानी भरने न आ सकेंगी। ताड़ी शराब का परचार बढ़ जाएगा। कसबियाँ भी तो आकर बस जाएँगी, परदेसी आदमी हमारी बहू-बेटियों को आकर घूरेंगे। कितना अधरम होगा। दिहात के किसान अपने काम छोड़कर मँजूरी के लालच में दौड़ेंगे, यहाँ बुरी-बुरी बात सीखेंगे, और अपने बुरे आचरण अपने गाँवों में फैलाएँगे, देहातों की लड़कियाँ बहुएँ मँजूरी करने आएँगी और यहाँ पैसे के लोभ में अपना धरम बिगाड़ेंगी।" सूरा जानता है कि सामाजिक इतिहास को रोका नहीं जा सकता, शहीद भी होता है, पर उसके माध्यम से प्रेमचंद नई व्यवस्था के संकटों का भी संकेत करना चाहते हैं, गहराता मानवीय संकट।

सामाजिक गत्यात्मकता के बीच से भारतीय राजनीति को प्रेमचंद ने अपनी रचनाओं में प्रक्षेपित किया है और हम इस क्षेत्र में उन्हें पहला सही राजनीतिक लेखक भी कह सकते हैं। उनकी इस समझ में निरंतर विकास हुआ है और आरंभ की सुधारवादी दृष्टि राजनीतिक यथार्थ को अधिक खुले ढंग से विवेचित कर पाती है। स्वाभाविक है कि गांधीवादी दौर से गुजरते हुए वे उसे नकार नहीं सकते, यहाँ तक कि उसके नैतिक आग्रहों को कई बार स्वीकृति तक देते हैं और प्रेमचंद के पात्रों का हृदयपरिवर्तन इसका सबूत है, कई बार वह आकस्मिक भी लगता है। प्रेमचंद के जीवनकाल में भी इस स्थिति में परिवर्तन हो चुका था और आज़ादी के बाद की स्थितियों को देखते हुए तो ऐसा लगता है कि प्रेमचंद जैसे जागरूक लेखक इस सबका जायज़ा लेते हुए, जैसे भविष्य की ओर संकेत करते हैं और इसे उनकी विकसित यथार्थवादी दृष्टि के संदर्भ में देखा जाना चाहिए। 'रंगभूमि' का ग्राम-समाज लड़ाई हार जाता है, मिठुआ तक उसे कोसता है—"हाकिमों से बैर न ठानते तो उस घर के सौ से कम न मिलते। मुझे तो तुमने मटियामेट कर दिया।" सूर एक कदम आगे, दो कदम पीछे की राजनीति नहीं

सीख पाया और मृत्युशय्या पर पड़े-पड़े बड़बड़ाता है : "तुम जीते, मैं हारा। यह बाज़ी तुम्हारे हाथ रही, मुझसे खेलते नहीं बना। तुम मंजे हुए खिलाड़ी हो। तुम जीते, मैं हारा…।" पर इसी क्रम में उसका अंतिम वक्तव्य है : "हमारा दम उखड़ जाता है, हाँफने लगते हैं, और खिलाड़ियों को मिलाकर नहीं खेलते, आपस में झगड़ते हैं, गाली-गलौज मार-पीट करते हैं। हम हारे तो क्या, मैदान से भागे तो नहीं, रोए तो नहीं, धाँधली तो नहीं की। फिर खेलेंगे जरा दम तो ले लेने दो, हार-हार कर तुम्हीं से खेलना सीखेंगे, एक न एक दिन हमारी जीत होगी।" स्थिति आज भी अपनी जगह कायम है, साधारण-सा ही परिवर्तन आया है, पर अपने युग को अभिव्यक्ति देते हुए प्रेमचंद ने जो बातें कही थीं, उनसे उनकी सजग राजनीतिक-सामाजिक चेतना का पता चलता है। 'गोदान' के अंत में दो दृश्य हैं जिनमें एक ही होरी की दो स्थितियाँ हैं। एक में पं. दातादीन से रुपए लेते हुए उसके हाथ काँपते हैं, उसका सिर ऊपर नहीं उठता, मुँह से एक शब्द भी नहीं निकलता। अपमान के अथाह गड्ढे में गिर पड़ा : "आज तीस साल तक जीवन से लड़ते रहने के बाद वह परास्त हुआ है और ऐसा परास्त हुआ है कि मानों उसे नगर के द्वार पर खड़ा कर दिया गया है और जो आया है उसके मुँह पर थूक देता है। इस देह को चीरकर देखो, इसमें कितना प्राण रह गया है, कितना जख्मों से चूर, कितना ठोकरों से कुचला हुआ। और अब भी जीता है, कायर, लोभी। उसका सारा विश्वास जो अगाध होकर स्थूल और अंधा हो गया था, मानों टूट-टूट उड़ गया है।" यह समय का यथार्थ है, पर प्रेमचंद का रचनाकार इसका अतिक्रमण करता है, आगे बढ़ता है भविष्य पर दृष्टि गड़ाए हुए। इसी के बाद दूसरे होरी का चित्र है : "होरी प्रसन्न था। जीवन के सारे संकट, सारी निराशाएँ मानों चरणों पर लोट रही थीं। कौन कहता है जीवन संग्राम में वह हारा है। यह उल्लास, यह गर्व, यह पुलक क्या हार के लक्षण हैं ? इन्हीं हारों में उसकी विजय है। उसके टूटे-फूटे अस्त्र उसकी विजय पताकाएँ हैं। उसकी छाती फूल उठी है, मुख पर तेज आ गया है।" कहानियों का विकास क्रम— आदर्शवादी सुधारपरक दृष्टि, टूटता सामंतवाद से लेकर भीषण जीवन यथार्थ तक, इसे प्रमाणित करता है कि वे समय-समाज की गतिशीलता को पहचानने की कोशिश करते हैं। यह साधारण मोहभंग नहीं है, यथार्थ की स्वीकृति है। गबन का आरंभिक परिदृश्य मध्यवर्गीय मानसिकता से उपजा है, पर दूसरे दृश्य में वह राजनीतिक रंगमंच को चित्रित करता है। इस विषय में अमृतराय ने 'कलम का सिपाही' (पृ. 417) में तत्कालीन बदलती राजनीतिक स्थितियों के प्रभाव की चर्चा की है। अयोध्यासिंह ने अपनी पुस्तक 'भारत का मुक्तिसंग्राम' में इसे 'राष्ट्रीय आंदोलन की तीसरी उत्ताल तरंग' कहा है। इस प्रकार प्रेमचंद में एक ही कृति में कई परिदृश्य भी सामाजिक-राजनीतिक स्थिति से उपजे हैं।

किसी रचना में युग के परिदृश्य की पहचान का काम आसान नहीं होता, विशेषतया प्रेमचंद जैसे लेखक में जिसमें सामाजिक विकास के कई मोड़ हैं। वे साहित्यिक आदर्शों को किसी राष्ट्र की सबसे मूल्यवान संपत्ति मानते हैं (कुछ विचार, पृ. 87) और इस

प्रकार उनके सामने रचना का साहित्यिक-सांस्कृतिक दायित्व बहुत स्पष्ट है, निर्भ्रान्त। यदि उन्नीसवीं शताब्दी के अंतिम भाग से होकर स्वतंत्रता-पूर्व तक के भारतीय समाज का इतिहास देखेंगे तो प्रेमचंद की रचनाएँ अपने प्रमाणों में हमारी सहायता कर सकती हैं। इस दृष्टि से उनके लेखन का एक ऐसा समाजशास्त्र है, जहाँ समय की महत्त्वपूर्ण स्थितियाँ मौजूद हैं और जिनकी एक विकासकथा भी है, क्योंकि वह ठहरा हुआ दृश्य नहीं है, उसमें परिवर्तन होते हैं। जो लोग इसे प्रेमचंद के कलात्मक विकास, वैचारिक प्रौढ़ता; ऐसे ही किसी सरलीकृत ढंग से देखते हैं, वे निश्चय ही उन जैसे सामाजिक चेतना सम्पन्न लेखक के अधूरे साक्षात्कार से आगे नहीं बढ़ सकते। सामंती व्यवस्था और उसका टूटना, ग्राम की स्वयंसंपूर्ण इकाइयों में बिखराव, गाँव-शहर का द्वंद्व, प्राकपूँजीवादी स्थिति, सामंती गाँव-समाज, जर्जर जाति व्यवस्था, अंधविश्वास, महाजनी सभ्यता, शोषण, दहेज, टूटते संयुक्त परिवार, मध्यवर्ग, साम्राज्यवादी तौर-तरीके और इन प्रश्नों से निपटने में अपर्याप्त अहिंसा अथवा उदारपंथी सुधारवाद— ढेर सारे सवाल प्रेमचंद में आते हैं। 'शतरंज के खिलाड़ी' का सामंती परिवेश, 'सत्याग्रह का गांधीवाद मिजाज', 'हिंसा परमोधर्मः' का मुस्लिम-ईसाई समाज, 'बड़े घर की बेटी' में संयुक्त परिवार का टूटना आदि। प्रेमचंद विकास करते हैं और उन्हें कोई भ्रम नहीं है, कि स्वराज्य आने पर रामराज्य आ जाएगा। वे यह नहीं चाहते हैं कि बस जॉन की जगह गोविन्द गद्दी पर बैठ जाए और 'कर्मभूमि' का डा. शांतिकुमार कहता है— 'पढ़े-लिखे आदमियों ने गरीबों को दबाए रखने के लिए एक संगठन बना लिया है। इसी का नाम गवर्नमेंट है— गरीब और अमीर का फ़र्क मिटा दो और गवर्नमेंट का खात्मा हो जाता है।' प्रेमचंद के कथासाहित्य का शोषक समाज— जमींदार, महाजन, पुरोहित, राजकर्मचारी सब लगभग एकजुट हैं और उसकी तुलना में बिखरा-बिखरा टूट-टूटा सर्वहारा, नेतृत्वहीन, इस मामले में कि वह हार जाता है, कई बार इस समान संघर्ष में लगभग अकेला है, शहीद। उस समय स्थिति यही थी, और आज कितना बदलाव आया है, यह एक अलग बहस का मुद्दा है। 'कर्मभूमि' में मंदिरों में हरिजनों का प्रवेश, सरकारी कमीशन की स्थापना जैसे सुधारवाद की सीमाएँ भी प्रेमचंद ने स्पष्ट की हैं, इसीलिए 'कायाकल्प' का चक्रधर जेल-विद्रोह का समर्थन करता है और 'कर्मभूमि' में लाठी चार्ज के दृश्य हैं।

प्रेमचंद केवल अपने युग का चित्रण करके रह जाते तो वे अपने समय से आगे न बढ़ पाते और उनकी विरासत की बात करने में हमें संकोच होता। चिट्ठी-पत्री तथा विविध प्रसंग आदि से गुजरने पर ज्ञात होता है कि प्रेमचंद सजग सामाजिक-राजनीतिक चेतना सम्पन्न लेखकों में हैं और सचेत पत्रकार के रूप में वे अपने समय के मुद्दों पर टिप्पणी करने में नहीं हिचकते, आगा-पीछा नहीं देखते, अनिर्णय के शिकार नहीं होते। बात सुनने में अजीब लग सकती है पर एम.सी.सी. क्रिकेट दौरे तक पर तीखी टिप्पणी करते हैं। कहते हैं : "फ्रेंच क्रांति के पहले जनता तो भूखों मरती थी और शासक और ज़मींदार और महाजन नाटक और नृत्य में रत रहते थे, वही दृश्य आज हम भारत में देख रहे हैं, देहातों में हाहाकार मचा हुआ है। शहरों में गुलछर्रे उड़ रहे हैं। कहीं

एम.सी.सी. की धूम है, कहीं हवाई जहाजों के मेले की। बड़ी बेदर्दी से रुपए उड़ रहे हैं।'' व्यंग्य है : ''यह दुनियाँ है, कौन किसी के दुख से दुखी होता है। यह सिरफिरों का काम है। संसार उनका है, जो मौज करते हैं। शहर के अंदेशों से मरनेवाले अभागे क़ाजी को मरना ही चाहिए। सुना इस मैच में विजयनगरम टीम जीत गई, बस अब स्वराज्य मिलने में देर नहीं'' (विविध प्रसंग, 3, पृ. 481)। प्रेमचंद अपने समय-समाज से कतराकर नहीं चलते, इसीलिए वे रचना की इतनी सार्थक दूरी तय कर पाते हैं। भारतीय समाज के इतिहास में होने वाले घटनाचक्रों के बीच उनकी रचनाओं का अध्ययन काफी महत्त्वपूर्ण हो सकता है, इस अर्थ में कि वे किस प्रकार उसकी गतिशीलता को देखते-समझते रहे हैं। आरंभिक उपन्यासों में प्रेमचंद का राजनीतिक घटनाचक्र तेज़ी से बढ़ता है जिसमें ज्वाला सिंह नौकरी से त्यागपत्र दे देते हैं, पर आगे के उपन्यासों में यथार्थ अधिकाधिक गहराता जाता है। लेखक की दृष्टि में गुणात्मक विकास होता है, उसके जीवनबोध में भी विस्तार। प्रेमचंद ने समाज के अधिकांश वर्गों-जातियों से पात्र पाने का प्रयास किया है, और जहाँ तक हिंदी कथा साहित्य का प्रश्न है मुस्लिम पात्रों के चित्रण में तो हम उन्हें अप्रतिम तक कह सकते हैं : इस दृष्टि से वे हमारे 'सेक्युलर' लेखक हैं। 'ईदगाह' मार्मिक कहानी है, 'पंचपरमेश्वर' में आखिर फैसला जुम्मन सुनाते हैं और 'रंगभूमि' की नायिका ही सोफ़िया है। समाज के निम्नवर्ग से पाए गए चरित्रों की संख्या प्रेमचंद में सबसे अधिक है, और यह सब काम 'आम आदमी' का नारा लगाए बगैर किया गया है।

प्रेमचंद के समय में राजनीतिक-सामाजिक स्थितियों में जो बदलाव आए हैं, उन्होंने उनके लेखन पर अपना प्रभाव डाला है और इसका प्रमाण यह कि उपन्यासों का कथाचक्र कई बार काफी उलझाव-भरा दिखाई देता है, एक साथ कई कथाओं को लिए हुए। प्रेमचंद केवल अपने समय के इतिहास-लेखक बनकर नहीं रह जाते, वे पूरी संलग्नता के साथ उसमें सम्मिलित होते हैं और इसके मूल में लेखक के रूप में उनकी गहरी मानवीय चिंता है। उनका सजग संवेदन उन्हें अन्य उद्घोषक लेखकों से इस मायने में अलगाता है कि यहाँ प्रेमचंद जीवन-यथार्थ के कई स्तरों से गुजरते हैं, उनकी चेतना उसमें सम्मिलित होती है, और संवेदन कौशल के साथ वे उसे अभिव्यक्ति देते हैं। इसीलिए प्रेमचंद की कृतियों में उनका युग अपनी सारी विसंगतियों, अंतर्विरोधों के साथ उपस्थित है और राष्ट्रीय स्वतंत्रता आंदोलन को अपना समर्थन-सहानुभूति देते हुए भी, वे आगाह करते हैं। 'आहुति' (1931) में रुकमणि का कथन है : ''यदि धन-दौलत की ताकत और शिक्षित वर्गों की सार्थकता, जैसी आज हम देखते हैं, वैसी आज़ादी के बाद बनी रही, तो मैं कहूँगा इससे बेहतर है देश को इस तरह की आज़ादी कभी न मिले। ब्रिटिश पूँजीपतियों की धनलिप्सा और शिक्षित वर्गों का साथ हमें मारे दे रहा है। जिन बुराइयों के विरुद्ध आज हम जान जोखिम में डालकर लड़ रहे हैं, क्या ये लोगों को इसीलिए स्वीकार्य होंगी कि वे तब विदेशी न होकर देशी होगीं ? कम से कम मेरे लिए स्वराज्य का अर्थ यह नहीं है कि जॉन का स्थान गोविन्द ले ले।'' सत्ता

का हस्तानांतरण सामाजिक रूपान्तरण से कितना भिन्न है, उसे प्रेमचंद बखूबी समझते हैं।

प्रेमचंद में एक ओर युग की स्वीकृति है तो दूसरी ओर उसका निषेध भी और हर सार्थक लेखक की तरह वे उसके प्रति गहरा असंतोष व्यक्त करते हुए पाए जाते हैं। समाज के निम्नतम वर्ग यहाँ अपनी दयनीयता में मौजूद हैं—जर्जर समाज-व्यवस्था में दबे-पिसे, वे रूढ़ियों का शव ढोते हैं। 'कायाकल्प' में वस्तुस्थिति की सामंती-स्वीकृति है : ''सरकार ही बाबू चक्रधर सिंह हैं, धन्य भाग्य कि सरकार के आज दर्शन हुए।'' पर 'गोदान' में सिलिया की माँ मातादीन पर हमला करते हुए कहती है : ''हम चमार हैं, इसलिए हमारी कोई इज्ज़त ही नहीं ? तुम बड़े नेमी-धर्मी हो, उसके साथ सोओगे, लेकिन उसके हाथ का पानी न पियोगे।'' इस प्रकार समय के अन्तर्विरोधों से गुजरते हुए प्रेमचंद अपने युग को चुनौती भी देते हैं। पर यह कार्य किसी कल्पित सदिच्छा के रूमानी ढंग से न होकर, सामाजिक इतिहास की विकास प्रक्रिया के माध्यम से होता है और लेखक के रूप में उनका वैशिष्ट्य यह कि वे अपने ही मध्यवर्ग की सीमाओं का अतिक्रमण करते हैं—कम लोग ऐसा कर पाते हैं। मध्यवर्ग में जन्मे प्रेमचंद इस वर्ग के दोमुँहेपन का बेबाक चित्रण करते हैं, पर इसी में से ऐसे पात्र और स्थितियाँ उपजाते हैं जहाँ वे स्वयं को वर्गच्युत करते हैं। अपने से नीचे तबके में आकर मिलते हैं और गहरी मानवीय चिंता के बिना यह संभव नहीं। वर्ग को लाँघकर छोटी-छोटी बिरादरी को अपनी रचनाशीलता का हिस्सा बनाने में वे रचनात्मक पहल करते हैं और इस बारे में लूकाच ने युगांतर यथार्थ का जिक्र करते हुए लिखा है कि यहाँ लेखक अपने पूर्वाग्रहों से मुक्त होकर पात्रों को स्वाभाविक कलात्मक विकास देता है। होरी का मजदूर में रूपांतरण होता है, एक अनिवार्य सामाजिक प्रक्रिया के रूप में और 'पूस की रात' का हल्कू कहता है कि खेती गई तो गई अब रात में मेंड़ पर तो न सोना होगा। 'बासी भात में खुदा का साझा' में दीनानाथ ईश्वर को नकारता है : ''जो मोटे हैं, उनके लिए ईश्वर दयालु होगा, क्योंकि वे दुनिया को लूटते हैं। हम जैसों को तो ईश्वर की दया कहीं नजर नहीं आती। हाँ, भय पग-पग पर ईश्वर को घूरा करता है। आतंकवादी ईश्वर से तो ईश्वर का न रहना अच्छा है। उसे हृदय से निकालकर मैं उसकी दया और दंड दोनों से मुक्त हो जाना चाहता हूँ।''

उन्नीसवीं शताब्दी के अंतिम दशक से लेकर बीसवीं के चौथे दशक तक भारतीय समाज की परिस्थितियों में जो अंतर आया है उसे प्रेमचंद की रचनायात्रा में देखा जा सकता है। असहयोग आंदोलन में उन्होंने सरकारी नौकरी छोड़ी और उनकी जीवनरेखाएँ बताती हैं कि वे निरन्तर संघर्षरत रहे, कई स्तरों पर। गांधी के नैतिक व्यक्तित्व के प्रति जो आरंभिक श्रद्धाभाव था, उसमें भी तबदीली आई जिसे 'महाजनी सभ्यता' के विचारों में देखा जा सकता है। 1930-34 के बीच किसान-मज़दूरों की राजनीतिक सक्रियता ने राष्ट्रीय आंदोलन को एक नई दिशा दी और वह जनसमर्थन पाकर अधिकाधिक प्रखर होता गया। इन स्थितियों ने प्रेमचंद की रचनाशीलता को नए यथार्थवादी आयाम

दिए और उनकी वैचारिक समझ में नया विकास हुआ। इस प्रकार प्रेमचंद का लेखन एक ऐतिहासिक-सामाजिक परिप्रेक्ष्य में विकसित हुआ और उसमें विचार तथा संवेदन की जो रचनात्मक संयोजना है, वह उसे प्रामाणिक, विश्वसनीय और मानवीय बनाती है। यहीं वे उन लेखकों से पृथक् दिखाई देते हैं जिनमें समय की खाना-पूरी भर होती है और जो अपने युग के सही अंतस्संबंधों को गहरे स्तर पर व्यक्त नहीं कर पाते। प्रेमचंद की कला इस तथ्य में भी निहित है कि यहाँ हम आभिजात्य से मुक्ति का प्रयत्न करते हुए एक संवेदनशील लेखक को, जीवन के भीतर से ही अपना मुहावरा तलाशते हुए देखते हैं— युग की प्रामाणिक अभिव्यक्ति के लिए ज़िंदगी के बीच से पाया गया मुहावरा। वर्णन-विवरण के माध्यम से समय का वस्तुपरक चित्रण होता है, कई बार ब्योरेवार, जैसे 'बूढ़ी काकी' आदि कहानियों में, पर प्रेमचंद इस यथार्थ का अतिक्रमण करते हुए जिस रचनाशीलता पर पहुँचना चाहते हैं, वहाँ वे किस्सागोई से बहुत आगे बढ़ते हैं— चरित्रों-स्थितियों के आर-पार देखते हैं, यथार्थ को कलात्मक स्तर पर प्रक्षेपित करते हैं— एक नए सौंदर्यशास्त्र का स्वरूप प्रस्तुत करते हुए। अपने युग की स्थितियों के साथ चलते हुए, उसे कला स्तर पर प्रस्तुत कर सकने की क्षमता में प्रेमचंद आज भी हमारे काम के हैं, आगे भी रहेंगे।

मुक्तिबोध : सृजन-सूत्र

समीक्षा एक ऐसे संतुलन और पूर्वाग्रहरहित विवेचन की माँग करती है जहाँ रचनाकार की ध्रुवी परीक्षा—प्रशंसा और निंदा, दोनों के स्थान पर उसका सही मूल्यांकन हो सके। किसी कृतिकार को ठीक से जानना और उसके सृजन सूत्रों तक पहुँच जाना रचना के साथ न्याय करने के लिए आवश्यक है। संयोगवश मुक्तिबोध जैसे स्रष्टा के साथ यह प्रश्न और भी अनिवार्य रूप से आकर प्रस्तुत होता है क्योंकि प्रथम तार-सप्तक के कवि होते हुए भी वे जीवन के अंतिम क्षणों में ही अपने काव्य संकलन का प्रकाशन देख पाए थे। उनकी कविताएँ इतनी सपाट नहीं कि हम उन्हें सहसा हृदयंगम कर लें। मुक्तिबोध किसी शिविर के आश्रय में विकसित नहीं हुए थे कि उनकी पताका सरलता से लहरा जाती। जीवन संध्या के समय एक ऐसा वातावरण निर्मित हुआ कि उनका कृती व्यक्तितत्व सर्वत्र व्याप्त हो गया और इसके अनन्तर प्रशंसा के असंख्य प्रमाणपत्र। किंतु श्रेष्ठ कृतियाँ तो आन्तरिक शक्ति से जीती हैं और लंबी यात्रा करती हैं।

मुक्तिबोध का कृतित्व जानने के लिए हमें सर्वप्रथम उन सूत्रों को पकड़ना होगा जो हमें उनकी गद्य कृतियों में प्राप्त होते हैं। कामायनी : एक पुनर्विचार, नई कविता का आत्मसंघर्ष, एक साहित्यिक की डायरी, नए साहित्य का सौंदर्यशास्त्र आदि में मुक्तिबोध एक विचारक के रूप में दिखाई देते हैं, जहाँ उनके मौलिक चिंतन में वे सूत्र प्राप्त होते हैं जिससे उनकी सृजनप्रक्रिया को समझने में सहायता मिलती है। कामायनी : एक पुनर्विचार में 'फ़ैंटैसी' उनका प्रिय शब्द है और उन्होंने मनु के चरित्र में दुहरे व्यक्तित्व देखे हैं जिसे वे कवि प्रसाद का ही रूपान्तर मानते हैं : अतृप्त, कुंठित प्रेमभावना तथा ढहती हुई सामंतवादी वैयक्तिक चेतना। मुक्तिबोध को श्रद्धा का चरित्र काल्पनिक और आदर्शवादी प्रतीत होता है। इसकी अपेक्षा वे इड़ा के बुद्धिवादी चरित्र को अधिक आधुनिक और यथार्थवादी स्वीकार कर उससे प्रभावित हैं। व्यावहारिक समीक्षा के क्षेत्र में मुक्तिबोध का यह एक मौलिक प्रयास है। यहाँ बहस का पूरा अवसर है, पर मुक्तिबोध के यथार्थवादी आग्रह और कवि की नितांत वैयक्तिक अनुभूतियों का निषेध की मान्यताएँ सामने आती हैं।

'एक साहित्यिक की डायरी' मुक्तिबोध के व्यक्तितत्व के अनेक पक्षों का उद्घाटन करती है। वे समझौतावाद और ऐसे समर्पण के विरोधी हैं जहाँ रचनाकार को अपनी

चेतना गिरवी रख देनी पड़ती है। विषम जीवन-स्थितियों की ओर उन्होंने संकेत तो किए हैं, पर उनसे पराजित अथवा अभिभूत नहीं हुए हैं। रचनाकार की स्वतंत्र चेतना तथा सांस्कृतिक दायित्व की बात मुक्तिबोध ने बार-बार उठाई है और सामयिक रचनाकारों के समर्पण के प्रति असंतोष भी व्यक्त किया है। मार्क्सवाद में मुक्तिबोध की रुचि उस बिंदु तक पहुँची है जहाँ वे पुनर्सृजन की बात सोच सकते हैं। अर्थात् प्रश्न केवल स्वीकृति का ही नहीं है, वरन उसके प्रति तीव्र मानसिक और बौद्धिक प्रतिक्रियाओं का भी है। जब मुक्तिबोध का काल्पनिक मित्र केशव कहता है कि पिछले बीस वर्षों की सबसे महान घटना है—संयुक्त परिवार का ह्रास, तब वे मार्क्स के उस लेख का संकेत कर रहे हैं जो उन्होंने भारत के विषय में जून 1853 को लिखा था। 'भारत में ब्रिटिश शासन' नामक मार्क्स के इस लेख के दो वाक्य उद्घाटित किए जा सकते हैं। मार्क्स के शब्दों में—'इंग्लैंड ने भारतीय समाज के समस्त ढाँचे को लड़खड़ा दिया है, और इसके पुनर्संगठन के कोई आसार नज़र नहीं आते। उसके पूर्व प्राचीन जगत की यह हानि, और जबकि नए संसार की कोई संभावना भी नहीं, इससे हिंदू कृषक समाज की वर्तमान स्थिति विशेष दयनीय हो गई है। इस प्रकार ब्रिटेन द्वारा शासित हिंदुस्तान अपनी समस्त प्राचीन परंपरा और इतिहास से कट गया है।' यहाँ मुक्तिबोध की रुचि केवल बौद्धिक प्रक्रिया तक सीमित नहीं हैं, वह स्वयं कवि की चिंतना का एक अंग है। उन्होंने उसे अनुभूति के स्तर पर स्वीकार किया, इसीलिए उनके काव्य में वह बाह्यारोपित नहीं दिखाई देता, अग्नि में ताप की भाँति सृजन में विलयित है।

चिंतन और विचारधारा के क्षेत्र में मुक्तिबोध का महत्त्वपूर्ण ग्रन्थ 'नई कविता का आत्मसंघर्ष' है। इसे मार्क्सवादी सौंदर्यशास्त्र की भूमिका भी कहा जा सकता है जिसे 'नए साहित्य का सौंदर्यशास्त्र' में अग्रसर किया गया है। मुक्तिबोध अपनी मान्यताओं को तर्क के साथ प्रस्तुत करते हैं और उनके कतिपय चिंतन-सूत्र विचारणीय हैं। 'एक साहित्यिक की डायरी' में ही कला के तीन क्षणों की विस्तृत चर्चा हुई है : ''जीवन का उत्कट तीव्र अनुभव क्षण, इस अनुभव का कसकते-दुखते हुए मूलों से पृथक् हो जाना और एक ऐसी फ़ैंटैसी का रूप धारण कर लेना, मानों वह फ़ैंटैसी अपनी आँखों के सामने ही खड़ी हो। तीसरा और अंतिम क्षण है इस फ़ैंटैसी के शब्द-बद्ध होने की प्रक्रिया का आरंभ और उस प्रक्रिया की परिपूर्णावस्था तक की गतिमानता।'' 'नई कविता का आत्मसंघर्ष' और 'नए साहित्य का सौंदर्यशास्त्र' में मुक्तिबोध का चिंतन विकास और विस्तार प्राप्त करता है। यहाँ उनकी कतिपय मान्यताओं का संकेत आवश्यक प्रतीत होता है, सृजन के सूत्रधार रूप में उन्हें स्वीकार करते हुए। उनके काव्य को समझने के लिए यह चिंतन उपादेय हो सकता है क्योंकि 'चाँद का मुँह टेढ़ा है' कवि-विचारक के संश्लिष्ट व्यक्तित्व से निर्मित है जिसे 'भूरी-भूरी खाक धूल' में भी देखा जा सकता है।

मुक्तिबोध के लिए कविता एक सांस्कृतिक क्रिया है जिसमें गहन जीवन सम्पृक्ति अपेक्षित है। संस्कृति की बौद्धिक चर्चा रचनाकार के लिए एक पलायनवादी वृत्ति भी

बन सकती है और संस्कृति की प्रवहमान धारा को इस सीमा तक खंडित करके भी देखा जा सकता है, जहाँ वह अनेक स्तरों में विभक्त हो जाए। मुक्तिबोध ने भाव के सामाजीकरण तथा विशिष्ट को सामान्य बनाने का आग्रह किया है। अर्थात् कथ्य जुटाने के लिए सर्वप्रथम रचनाकार को स्वयं को जीवनधार में तैराना होगा। वह झरोखे से, जीवन का, अंदाज़ भर लेकर सृजनरत नहीं हो सकता। किसी न किसी बिंदु पर जीवन और रचनाकार की चेतनाओं का सामीप्य, घनिष्ठ संपर्क आवश्यक है। इसीलिए उन्होंने कला को आभ्यान्तर के बाह्यीकरण का एक रूप माना है— व्यक्ति यथार्थ को समाज यथार्थ से जोड़ना। मुक्तिबोध इस भाव के सामाजीकरण के बावजूद भावजगत को संश्लिष्ट स्वीकार करते हैं, इसीलिए उनके काव्य को किसी सरलीकृत सिद्धांत से जाना नहीं जा सकता। उन्होंने संश्लिष्ट स्थिति की विवेचना करते हुए लिखा है कि संवेदन क्षमता, कल्पना की संश्लेषण शक्ति, बुद्धि विश्लेषण— तीनों का समान अनुपात काव्य-सृष्टि के लिए आवश्यक है। मुक्तिबोध का एक प्रिय शब्द ज्ञान-संवेदन अथवा संवेदन-ज्ञान है जिसका उन्होंने बारम्बार आग्रह किया है। किसी दृश्य अथवा स्थिति के प्रति त्वरित मानसिक तथा किंचित भावुक प्रतिक्रिया काव्य को आवेश, उत्तेजना, आक्रोश, विक्षोभ और यहाँ तक कि प्रलाप से भर देती है, किंतु इससे काव्य का उत्कर्षतम क्षण नहीं आने पाता। छायावादोत्तर गीत सृष्टि, राष्ट्रीयता के नाम पर गढ़े जाने वाले भावावेशी गीत इसके प्रमाण रूप प्रस्तुत किए जा सकते हैं। जीवन-जगत के प्रति समस्त जाग्रत संवेदन और उदार मानवीयता के साथ अपनी प्रतिक्रियाओं को बौद्धिकता से भी सम्पन्न करना होगा, क्योंकि इससे विस्तार और गहराई दोनों का निर्वाह एक साथ हो सकेगा। मुक्तिबोध रचनाकार को एकांत विशिष्ट नहीं मानते पर जब वे कहते हैं कि नई कविता जीवन के प्रति आत्मचेतस् व्यक्ति की संवेदनात्मक अभिव्यक्ति है, तब वे कवि की उस स्वतंत्र चेतना की ओर संकेत करते हैं, जिसका उल्लेख उन्होंने 'चाँद का मुँह टेढ़ा है' की आरंभिक कविता 'भूल-गलती' में किया है— उसको ज़िंदगी की शर्म-की-सी शर्त/नामंजूर/संकल्प-धर्मा चेतना का रक्तप्लावित स्वर। 'नई कविता का आत्मसंघर्ष' में मुक्तिबोध ज्ञान-संवेदन अथवा संवेदन ज्ञान, भाव और विचारणा की समान स्वीकृति, बौद्धिक प्रतिक्रियाओं में आस्था, गहन जीवन सम्पृक्ति को स्वीकारते हैं। वे इतिहास-बोध से परिचालित कवि हैं। मुक्तिबोध का चिंतन दायित्वपूर्ण किंतु साथ ही स्वतंत्र है, इसका एक प्रमाण पर्याप्त होगा। उन्होंने लिखा है कि हिंदी प्रगतिवादी काव्य की एक भूल यह थी कि उसने संपूर्ण जीवन पर दृष्टि नहीं डाली, उसने अपनी सीमाओं से कई ऐसी स्वतंत्र चेतनाओं को निष्काषित करने की भूल की जो दूसरे शिविर में जाकर पथभ्रष्ट हो गईं। 'नई कविता का आत्मसंघर्ष' हिंदी की नई सैद्धांतिक समीक्षा का एक महत्त्वपूर्ण दस्तावेज़ है।

मुक्तिबोध की कृतियों के माध्यम से हमें उनके विचारक को जानने की चेष्टा करनी होगी। लोग शिकायत कर सकते हैं कि इसमें कहीं-कहीं विरोधाभास भी मिलते हैं, पर एक विकासमान व्यक्तित्व, जो अध्यापकीय आलोचनामात्र से संतुष्ट होना नहीं

जानता और जिसने स्वतंत्र चिंतन किया है, इस प्रकार के आक्षेपों से मुक्त ही रखा जाए तो अच्छा होगा। यहाँ मुक्तिबोध की बौद्धिक क्षमता, नैतिक ईमानदारी, बिना दूसरों की दूकानदारी उखाड़ने का हठ किए, अपनी बात सामने रख देने की शक्ति द्रष्टव्य है। निवेदन है कि मुक्तिबोध के चिंतन पक्ष पर विचार किया जाए क्योंकि वह उनके समस्त सृजन की मुख्य पीठिका है। मुक्तिबोध का चिंतक और कवि ऐसे अपार्थक्य पर प्रतिष्ठित हैं, जहाँ उनके काव्य में आरोपण का दोष नहीं लग सकता। उनकी विचारणा पुस्तकीय न होकर जीवनानुशासित है। छायावाद और नई कविता पर तुलनात्मक दृष्टि डालते हुए उन्होंने 'नवक्लासिकवाद' शब्द का उपयोग किया है (नए साहित्य का सौंदर्यशास्त्र)।

मुक्तिबोध के काव्य को समझना सरल नहीं, इसका कारण दुर्बोधता, जटिलता, नितांत वैयक्तिक बिम्ब योजना आदि न होकर, संश्लिष्ट सृजन प्रक्रिया है। ऐसा लगता है कि काव्य के पृष्ठों पर उतरने के पूर्व 'चाँद का मुँह टेढ़ा है' अथवा 'भूरी-भूरी खाक धूल' की कविताएँ एक लंबी प्रसवपीड़ा से गुजरी हैं। वे वमन अथवा आसव नहीं, रस हैं। मुक्तिबोध ने स्वयं कहीं लिखा है कि उनकी कई कविताएँ अधबनी ही रह गईं, अधूरी ही छूट गईं, उनके समाप्त होने का अवसर ही नहीं आया। इसका कारण यही है कि कवि अपने जिस चिंतनक्रम को उस कविता में संवेदन स्तर पर रूपायित करना चाह रहा होगा, वह क्रम अग्रसर होने से रह गया। मुक्तिबोध में वर्ड्सवर्थ के 'स्पॉन्टेनियस ओवरफ़्लो आफ़ पावरफुल इमोशंस' की विपरीत दिशा देखी जा सकती है। यहाँ जीवन कुछ बिंब खंडों के रूप में क्रमशः धीरे-धीरे उभरता है और तब एक संपूर्ण चित्र निर्मित होता है। आश्चर्य तो यह कि कवि की वैचारिक, बौद्धिक प्रतिक्रियाओं के बावजूद काव्य तापरहित नहीं हो जाता, क्योंकि जीवन-सम्पृक्ति वहाँ उसका मूलाधार है। यदि हुल्मे की यह उपपत्ति सामने रखी जाए कि योरप की नई कविता स्वच्छंदतावाद विरोधी अथवा एन्टी रोमाण्टिक है तो मुक्तिबोध का स्वर नए हिंदी काव्य में अकेला-सा दिखाई देगा। नया हिंदी काव्य अपने छायावाद विरोधी अभियान में गैर रूमानी बनने का प्रयत्न करता हुआ, अनजान में स्वयं एक नए स्वच्छंदतावाद अथवा नियोरोमाण्टिसिज़्म में उलझ गया। जबकि मुक्तिबोध का काव्य अस्वच्छंदतावादी कहा जा सकता है, क्योंकि उसके आग्रह यथार्थवादी संवेदन पर है और उसकी दृष्टि वस्तुपरक है जो उनकी कविताओं की मूल रेखा है। यह वस्तुपरकता अनुभूति के स्तर पर प्राप्त की गई है जहाँ कवि ने दृश्यों, स्थितियों का साक्षात्कार चेतना के धरातल पर किया है। 'मुझे याद आते हैं' कविता का एक चित्र ऐसा है जिसे संभव है कवि ने निकट जीवन में प्राप्त किया हो, पर विकसित संवेदन के सहारे उसका उन्नयन किया और इस रूप में उसकी अभिव्यक्ति हुई कि वस्तुपरक-अस्वच्छंदतावादी है:

आँखों में तैरता है चित्र एक
उर में सँभाले दर्द
गर्भवती नारी का

कि जो पानी भरती है वज़नदार घड़ों से,
कपड़ों को धोती है भाड़-भाड़
घर के काम बाहर के काम सब करती है,
अपनी सारी थकान के बावजूद
मजदूरी करती है
घर की गिरस्थी के लिए ही
पुत्रों के भविष्य के लिए सब
उसके पीले अवसाद-भरे कृश मुख पर
जाने किस (धोखे भरी) आशा की दृढ़ता है।

मुक्तिबोध के सामने जीवन चित्रों-बिम्बों के रूप में उपस्थित होता है। वे समस्त दृश्य-खंड उनके मस्तिष्क में संकलित हो जाते हैं और कविता में धीरे-धीरे रील की तरह अनावृत होते हैं। एक विशाल चित्रफलक पर जैसे वे कई दृश्य-खंड प्रस्तुत करना चाहते हैं, जहाँ जीवन का वैविध्य प्रकाशित हो जाए, और वे अपने मंतव्य में सफल हों। लंबी कविताएँ इस प्रकार के अनेक दृश्यों का भार वहन करती हैं, पर 'अँधेरे में' कविता में इनकी संख्या सर्वाधिक है। यहाँ कवि की वस्तुवर्णन क्षमता केवल द्रष्टा के रूप में ही हमारे सामने नहीं आती। उसका इतिहास-बोध भी जाग्रत है, जो उसे दृश्यों के आर-पार देखकर उनमें एक क्रम-स्थापन की क्षमता भी प्रदान करता है। वह तीनों कालखंडों में एक अनुक्रम स्थापित करता है। इस कविता में 'तेजो प्रभावमय ललाट वाला रहस्यमय व्यक्ति' है। मृतदल की शोभायात्रा, रात का जुलूस, भयंकर बरगद, तिलक, गांधी के चित्र खंड हैं, जिनके माध्यम से कवि सामयिक परिवेश और उस विषम स्थिति में रचनाकार की विवशता को व्यक्त करता है। नई कविता आधुनिकता का आग्रह करती है और स्टीफ़ेन स्पेन्डर ने तो अपने ग्रंथ 'आधुनिक का संघर्ष' (द स्ट्रगल आफ़ द मार्डन) में नई स्लेट पर नई कविता लिखने की बात की है, पर मुक्तिबोध के काव्य में जितना सजग सामयिक बोध है, उतना अन्यत्र कठिनाई से प्राप्त होगा। लगता है जैसे उन्होंने वर्तमान को आत्मसात कर लिया है। सामयिक जीवन के संश्लिष्ट चित्र उनकी कविताओं में प्राप्त हो जाएँगे : समाचारपत्रों के पतियों के स्थूल मुख, गढ़ी जाती समीक्षा, टिप्पणी, संवाद, नपुंसक श्रद्धा, चुप साहित्यिक, निर्वाक् कविजन— और इन समस्त दयनीय परिस्थितियों के मध्य गांधी की प्रतिमा कवि से नए शिशु की ओर संकेत करती कहती है : मेरे पास चुपचाप सोया हुआ यह था/सँभालना इसको, सुरक्षित रखना। और उनका व्यंग्य है : बहुत-बहुत ज्यादा लिया/दिया बहुत-बहुत कम/मर गया देश, अरे, जीवित रह गए तुम।

मुक्तिबोध की अपने समय से इतनी गहरी संपृक्ति है कि वह उन्हें आदर्शवादी काल्पनिक पगडंडियों में नहीं भटकाती। जहाँ तक सामयिक चेतना का प्रश्न है 'चाँद का मुँह टेढ़ा है' के संदर्भ में किसी संदेह के लिए अवसर नहीं। यहाँ अनेक ऐसे प्रतीकों का प्रयोग किया गया है, जिनका संबंध आधुनिक वैज्ञानिक शब्दावली से है :

रेडियो ऐक्टिव रत्नकण, नैब्यूला, दिक्काल थियोरम, ओरांग उटांग। वे सामयिक जीवन की विविधताओं में अपने संवेदन के साथ प्रवेश करने वाले व्यक्ति हैं, और उन्होंने उसके सक्षम संकेत दिए हैं। मुक्तिबोध के सामयिक बोध पर विचार करना आवश्यक है, क्योंकि वहाँ हमारा वर्तमान सिमटकर आया है। पर इसे कला-स्तर पर व्यक्त करने का प्रयत्न हुआ है।

मुक्तिबोध विचित्र प्रकार के मानसिक तनावों से गुजरते हुए रचनाकार हैं, और कवि के सांस्कृतिक दायित्व का निर्वाह भी करना चाहते हैं। जहाँ तक वैयक्तिक समस्याओं का प्रश्न है उन्होंने इसका समाधान पा लिया था क्योंकि वे लिख चुके हैं कि अपने व्यक्तिगत दर्द को दुनिया के बीच फेंक देना, उससे मुक्त हो जाना है। पर उन्होंने जीवन-जगत के विषय में स्वयं को तीव्र मानसिक प्रतिक्रियाओं से गुज़ारा था। हरिशंकर परसाई ने अपने संस्मरणों में इसका उल्लेख किया है, विशेषतया 'तनाव' का। मानों वे विद्युत शक्ति से सचेतन हों— चार्ज्ड हों। एक मानसिक प्रश्नाकुलता, मानवीय व्यग्रता, चिंतक की परेशानी उनमें दिखाई देती है, जो उनके काव्य के मूल उद्देश्य को गहराइयों में उतार देती है जहाँ वह सतह पर रखा हुआ, सपाट नहीं रह जाता। 'मेरे सहचर मित्र' में आदि से अंत तक मुक्तिबोध की यह मानवीय आकुलता व्याप्त है। 'अँधेरे में' कविता का पागल 'जागरित बुद्धि का प्राणी' है। 'इस नगरी में' पागल की चिंताएँ हैं। मुक्तिबोध में जीवन में गहरे उतर जाने और दूर तक घूम आने की लालसा, उनकी कविताओं को लंबा बनाती है, आक्षेप किया जा सकता है कि एक बिखराव देती है। पर जीवन के प्रश्नों से जूझने, समाधान पाने का उनका प्रयास उनमें तनाव भरता है, और कविताएँ पाठक के विवेक की परीक्षा भी लेती हैं। वे अनुरंजन कम करती हैं, चुनौती देकर उसे विचारने के लिए बाध्य अधिक करती हैं। यदि बुद्धि, विवेक, चिंतन को रस के स्तर पर पहुँचाने की बात कही जा सकती है तो मुक्तिबोध की कविताएँ उसका साक्ष्य हैं। 'ओ काव्यात्मन् फणिधर' कविता में कवि ने अपने दायित्व का स्पष्टीकरण किया है :

> ओ नागात्मन्
> संक्रमण काल में धीर धरो
> ईमान न जाने दो
> तुम भटक चलो
> इन अंधकार मैदानों में सरसर करते
> खोदो, जड़ मिट्टी को खोदो
> ओ भूगर्भशास्त्री
> भीतर का बाहर का
> व्यापक सर्वेक्षण कर डालो।

वस्तुपरक सामयिकता के संदर्भ में कहा जा सकता है कि ये प्रवृत्तियाँ नए कवियों में अपने-अपने ढंग से आई हैं। पर मुक्तिबोध केवल चरम दयनीयता का अंकन कर

संतुष्ट हो जाने वाले कवि नहीं हैं क्योंकि नग्न यथार्थवाद ज़ोला की राह भी जा सकता है। मुक्तिबोध पुनर्सृजन की क्षमता रखने वाले विचारक कवि हैं। यहाँ काव्य के अंत में आरोपित वक्तव्यप्रधान पंक्तियाँ अथवा काल्पनिक स्वच्छंदतावादी सदिच्छाएँ कम हैं, किन्हीं संकल्पों के सहारे कुछ नया पाने की आकांक्षा अधिक है। पुनर्सृजन की यह क्षमता मुक्तिबोध को वैशिष्ट्य देती है। हिंदी में मानवमूल्यों की चर्चा तो बहुत हुई किंतु निराला और मुक्तिबोध की तरह कम हैं जो उसे विचार के साथ आचरण का दर्जा दें। इन विद्रोही चेतनाओं में साम्य और समानता के कुछ स्थल खोजे जा सकते हैं। निराला का काव्य हिंदी प्रगतिवादी काव्य की भूमिका है और जो नई कविता लिखी गई उसकी आरंभिक सूचना भी मुक्तिबोध ने दी। प्रतिभाएँ अपने समय में रहकर, उसका अतिक्रमण करने की सामर्थ्य भी रखती हैं, यह इसका प्रमाण है।

मुक्तिबोध अपने सृजन में अपरम्परावादी कहे जा सकते हैं, क्योंकि नई पथरेखा पर चलने की चेष्टा की। मूर्तिभंजन में समय गँवाने की अपेक्षा उन्होंने नई राह बनाने में अधिक श्रम किया। सर्जनरत मुक्तिबोध इसीलिए सामाजिक यथार्थ से गहन सम्पृक्ति रखकर भी, व्यंग्य और प्रहार करने में प्रखर नहीं हैं। संभवत: यह उनके स्वभाव के प्रतिकूल था। वे औपन्यासिक कविताओं के स्रष्टा कहे जा सकते हैं क्योंकि इन लंबी कविताओं में जीवम खंड संयोजित हैं। मुक्तिबोध सरल कवि नहीं हैं और लोकप्रियता के दावेदार भी नहीं, पर उनके काव्य का आशय कालजयी है, जीवनरस से आप्लावित, मानवीय चिंता से सम्पन्न, मूल्यों का आग्रही। इसलिए हर समय में उसके कुछ पाठक होंगे, और यही श्रेष्ठ कविता है। हम स्वीकार करते हैं कि कतिपय विवश परिस्थितियों के कारण मुक्तिबोध का काव्य एक संपूर्ण समापन नहीं प्राप्त कर सका और उसमें संग्रथन शैथिल्य भी है, किंतु वे उन रचनाकारों में हैं जो सृजन को दायित्वपूर्ण कर्म मानते हैं— मात्र लेखन नहीं। 'मालव निर्झर की झर-झर कंचन रेखा' की पंक्तियाँ हैं : संतापग्रस्त जीवन की दुर्निवार औषधि लानी होगी/यों मर-मर कर ज़िंदगी यहाँ पानी होगी।

मुक्तिबोध का रचनाशास्त्र

मुक्तिबोध ने अपनी पुस्तक 'नई कविता का आत्मसंघर्ष तथा अन्य निबंध' में कहा है कि "मैं मुख्यत: विचारक न होकर, केवल कवि हूँ। किंतु आज का युग ऐसा है कि विभिन्न विषयों पर उसे भी मनोमन्थन करना पड़ता है। अपने काव्य-जीवन की यात्रा में मुझे जो चिंतन करना पड़ा, वह विज्ञ पाठकों के सम्मुख प्रस्तुत कर रहा हूँ।" इससे एक बात स्पष्ट है कि मुक्तिबोध ने रूमानी कवियों की तरह 'आत्मरक्षा' के लिए भूमिकाओं का उपयोग नहीं किया वरन् जीवन-जगत के साथ रचना के विभिन्न पक्षों पर स्वतंत्र ढंग से विचार किया है। हम स्वीकारते हैं कि उन्होंने रचनाशास्त्र के कुछ महत्त्वपूर्ण सूत्र हमें दिए हैं, और उन्हें इतना अवसर नहीं मिला कि इन सबको वे पूर्णता पर पहुँचा पाते, अथवा तार्किक समापन दे सकते। पर जो भी विचार उपलब्ध हैं, उनसे मुक्तिबोध की ईमानदार मौलिक चिंतन क्षमता का प्रमाण मिलता है। उन्होंने रचनाशास्त्र पर सोच-विचार करते हुए, अकादमिक-पुस्तकीय सीमाओं का अतिक्रमण किया है, और उनके समक्ष समय-समाज के द्वंद्व भी उपस्थित रहे हैं। 'तारसप्तक' के वक्तव्य में मुक्तिबोध ने स्वीकार किया है : "मैं कलाकार की स्थानान्तर प्रवृत्ति (माइग्रेशन इंस्टिंक्ट) पर बहुत ज़ोर देता हूँ। आज के वैविध्यमय, उलझन से भरे, रंग-बिरंगे जीवन को यदि देखना है, तो अपने वैयक्तिक क्षेत्र से एक बार तो उड़कर बाहर आना ही होगा।" यहाँ रचना की सार्थक दीर्घ आयु के लिए आत्मविस्तार का जो संकेत किया गया है, वह एक सजग प्रयत्न है, और मुक्तिबोध के रचनाशास्त्र का प्रमुख प्रस्थान है। पर यह प्रक्रिया पर्याप्त संश्लिष्ट है और मुक्तिबोध ने इसके कुछ पक्षों पर गंभीरतापूर्वक विचार करते हुए, नए साहित्य के समाजशास्त्र के साथ, उसका सौंदर्यशास्त्र बनाने की भी चेष्टा की है।

मुक्तिबोध की रचनाशास्त्र संबंधी अवधारणाओं पर विचार करते हुए प्राय: कला के तीन क्षणों का उल्लेख किया जाता है जो रचना-प्रक्रिया को समझने का एक महत्त्वपूर्ण प्रयत्न है। इन्हें मुक्तिबोध ने 'एक साहित्यिक की डायरी' में 'तीसरा क्षण' शीर्षक निबंध में विस्तार से विवेचित किया है। आरंभ में कला के तीन क्षणों का उल्लेख है, फिर विस्तृत विवेचन। जीवन का उत्कट तीव्र अनुभव क्षण, इस अनुभव का अपने कसकते-दुखते हुए मूलों से पृथक् हो जाना और एक फ़ैंटैसी का रूप धारण कर लेना मानो वह फ़ैंटैसी अपनी आँखों के सामने खड़ी हो। तीसरा और अंतिम क्षण है इस

फ़ैंटैसी के शब्द-बद्ध होने की प्रक्रिया का आरंभ और उस प्रक्रिया की परिपूर्णावस्था तक की गतिमानता। रचना-प्रक्रिया की संश्लिष्टता पर विचार करते हुए मुक्तिबोध उसे जीवन से घनिष्ठ रूप में संबद्ध करके देखते हैं। उन्हीं के शब्द हैं : "शब्द-बद्ध होने की प्रक्रिया के भीतर जो प्रवाह बहता रहता है, वह समस्त व्यक्तित्व और जीवन का प्रवाह होता है।" मुक्तिबोध के लिए रचनाशास्त्र कोई बुद्धिविलास अथवा जड़ तर्कशास्त्र नहीं है, वरन् वह जीवन से घनिष्ठ रूप में संबद्ध है।

अकारण नहीं कि फ़ैंटैसी मुक्तिबोध का प्रिय विषय है और उन्होंने कई प्रसंगों में इसकी चर्चा की है। फ़ैंटैसी अनुभूत यथार्थ का अतिक्रमण करती हुई एक ऐसे मनोजगत का निर्माण करने का प्रयत्न है, जिसमें सृजनात्मक कल्पना की भूमिका गैर रूमानी ढंग से होती है। इस माध्यम से लेखक समय-समाज के विषय में सार्थक टिप्पणी करना चाहता है। मुक्तिबोध फ़ैंटैसी को 'अनुभव की कन्या' मानते हैं, पर उसका अपना स्वतंत्र व्यक्तित्व भी स्वीकारते हैं। 'वह अनुभव से प्रसूत है, इसलिए वह इससे स्वतंत्र है।' फ़ैंटैसी विकास-परिवर्तन की प्रक्रिया से गुज़र कर नया रूप ग्रहण करती है और ज़ाहिर है कि इसमें रचनाकार का व्यक्तित्व अपनी समग्रता में प्रस्तुत होगा। वह जितना ऊर्जावान होगा, फ़ैंटैसी की निर्मिति भी उतनी ही प्रभावी होगी। इसमें कल्पना की जो भूमिका होती है, उसे मुक्तिबोध रोमांटिकों से भिन्न रूप में देखते हैं। रोमांटिकों में कल्पना का मुक्त प्रवाह होता है, कई बार भावावेग के सहारे अग्रसर होता हुआ। पर मुक्तिबोध फ़ैंटैसी के संदर्भ में ज्ञानात्मक संवेदन और संवेदनात्मक ज्ञान शब्दों का प्रयोग करते हैं जिसमें भाव और विचार के प्रचलित मुहावरे में गुणात्मक सुधार किया गया है। विचार-संपत्ति संवेदन में विलयित होकर ही रचना में उपयोगी बनती है और विचार वायवी नहीं हो सकते, उन्हें हमारे संवेदन-संसार से संबद्ध होना होगा। इसीलिए मुक्तिबोध भाषा को सामाजिक निधि मानते हुए फ़ैंटैसी के कलात्मक रूप धारण करने की प्रक्रिया का संकेत करते हैं। इसे वे 'शब्द-साधना' कहते हैं, गहरे सामाजिक अर्थ में और यहाँ वे निश्चित ही अज्ञेय से भिन्न भूमि पर उपस्थित हैं। अज्ञेय का शब्द-संसार रचना के आत्मसंघर्ष को बरा जाता है, पर मुक्तिबोध का रचनाशास्त्र रचनाकार के इसी संघर्ष को रेखांकित करता है। जब मुक्तिबोध ने 'अभिव्यक्ति के सारे खतरे उठाने' की बात की है, तब वे रचना को उसकी समग्रता में देखते हैं, खंड-खंड नहीं। यथार्थ की भूमि पर स्थिति कवि का एक संवेदन-स्वप्न है : "पहुँचना होगा दुर्गम पहाड़ी के उस पार/तब कहीं देखने मिलेंगी बाहें/जिसमें कि प्रतिपल काँपता रहता/अरुण कमल एक/ले जाने उसको धँसना ही होगा/झील के हिम-शीत सुनील-जल में" (अँधेरे में)।

कला के तीन क्षण, फ़ैंटैसी आदि मुक्तिबोध के रचनाशास्त्र के प्रमुख प्रस्थान हैं, इसमें संदेह नहीं। पर उन्होंने अपने समय के कुछ महत्त्वपूर्ण प्रश्न उठाए जैसे वस्तु और रूप की समस्या। यथार्थवादी दबावों में वस्तु का आग्रह बढ़ रहा था, पर इसी के विरोध में एक नए प्रकार का कलावाद भी उपस्थित था। कला जीवन के लिए अथवा

कला, कला के लिए की विचारधाराएँ राजनीतिक मतों से लैस एक दूसरे से संघर्ष की मुद्रा में थीं। मुक्तिबोध ने इस स्थिति को एक सजग रचनाकार की तरह पहचाना और अपने विचार प्रस्तुत किए। वस्तु और रूप की चर्चा करते हुए उन्होंने नए कवि के तीन प्रमुख संघर्षों का उल्लेख किया है— तत्त्व अथवा वास्तविकता, सक्षम अभिव्यक्ति अथवा चित्रण-सामर्थ्य और दृष्टि-विकास जिसे वे विश्व दृष्टि से जोड़कर देखते हैं। मुक्तिबोध व्यर्थ के रेजिमेन्टेशन और 'सेंसर्स' को रचना के लिए घातक मानते हैं। वे वस्तु को काव्य विषय से अलगाते हुए कहते हैं कि 'वस्तु तत्त्व वह मनस्तत्त्व है जो कलाभिव्यक्ति के लिए आतुर रहता है।' विषय अतिरिक्त व्यापक हो सकता है, पर वस्तु की अपनी सीमा है जिसे कलारूप तक पहुँचाया जाता है।

वस्तु और रूप के द्वैत को मुक्तिबोध इस रूप में स्वीकार करते हैं कि उनके सही संयोजन से महान रचना का जन्म होता है। यदि काव्य तत्त्व मनस्तत्त्व है तो कला आभ्यंतर के बाह्यीकरण का एक रूप है और आभ्यंतीकरण भी बाह्य जीवन-जगत का होता है। इसके लिए कवि को आत्मबद्धता अथवा व्यक्तिबद्धता से बाहर निकलकर अहं से इदं होना पड़ेगा। मुक्तिबोध कला के वस्तु तत्त्व को अन्तर्तत्त्व व्यवस्था का ही एक भाग मानते हुए लिखते हैं : "बाह्य जीवन-जगत के प्रत्याघात से विचलित होकर जब अंतर्तत्त्व व्यवस्था का अंगभूत कोई मनस्तत्त्व, एक तीव्र लहर के रूप में प्रस्थित होकर, मन की आँखों के सामने तरंगायित, उद्घाटित और आलोकित होते हुए अभिव्यक्ति के लिए आतुर हो उठता है, तब वह कला के वस्तु तत्त्व के रूप में प्रस्तुत हो जाता है।" मुक्तिबोध ने इसे कला के आत्मसंघर्ष के रूप में देखा है जिसके चार प्रमुख चरण हैं : तरंगायित, उद्घाटित, आलोकित, अभिव्यक्ति के लिए आतुर।

मुक्तिबोध ने कला के तीन क्षणों के लगभग समानान्तर कला-वस्तु के ये चार उपादान प्रस्तुत किए हैं जो रचनाशास्त्र-संबंधी उनकी अवधारणा को गति देते हैं। यहाँ वे विशेष रूप से अभिव्यक्ति के दीर्घ संघर्ष का विवेचन करते हैं। इस प्रक्रिया में रचनाकार "जब उन रूपों या रूपक्रम को अभिव्यक्त करने लगता है, तब वे रूप बहुत कुछ बदल जाते हैं। परिणामतः पूर्ण की हुई कविता, पूर्ण की हुई कलाकृति, अपनी पूर्वगत तत्त्वानुभूति की वास्तविकता से बहुत कुछ भिन्न हो जाती है।" इस प्रकार कला में वस्तु तत्त्व का एक नया कलात्मक रूपान्तरण होता है। पर मुक्तिबोध के लिए यह विशिष्ट का सामान्य होना भी है, इस अर्थ में कि किसी स्तर पर वैयक्तिक अनुभव सार्वजनीनता प्राप्त करते हैं। प्राचीन भारतीय काव्यशास्त्र के प्रतिभा, प्रयत्न, अभ्यास के उपादान स्वीकारते हुए मुक्तिबोध उन्हें नया विन्यास देते हैं। वे संवेदन-क्षमता, कल्पना की संश्लेषण शक्ति और बुद्धि की विश्लेषण शक्ति के साथ अभिव्यक्ति सामर्थ्य पर भी बल देते हैं। इनके संयोजन से महान कलाकृति का जन्म होता है। विशिष्ट के सामान्य होने के लिए जीवनमूल्य और जीवन दृष्टियों की अपेक्षा होती है जिससे कला को एक वैचारिक धरातल मिलता है। पर यह सब आना चाहिए, कला-रूप बनकर। मुक्तिबोध स्पष्ट कहते हैं कि कवि का आत्मोद्घाटन उतना विश्वसनीय

नहीं, जितनी कि उसकी सामान्य भूमि। इसे उन्होंने व्यक्ति संवेदन और समाज संवेदन की मैत्री रूप में भी देखा है जिसे समर्थ रचनाकार सजग भाव से एक उत्कृष्ट कलाकृति का रूप देता है, उसे मार्मिकता प्रदान करता है ताकि वह प्रभावी हो।

मुक्तिबोध के रचनाशास्त्र का सर्वाधिक महत्त्वपूर्ण प्रदेय रचना-प्रक्रिया पर गंभीरता से विचार करते हुए साहित्य के सौंदर्यशास्त्र की तलाश का प्रयत्न है। उनके लिए कविता एक सांस्कृतिक प्रक्रिया है और रूप तथा तत्त्व दोनों अविच्छिन्न रूप से जीवन से संबद्ध होते हैं। वे शैलीकरण को कला मानने से इंकार करते हैं और किसी भी प्रकार की जड़ीभूत सौंदर्याभिरुचि का विरोध करते हैं। अपने समय के प्रचलित कुछ प्रभावी ज्ञान-निकायों को वे रचना के लिए अधूरी जीवन-दृष्टि कहते हैं। विशुद्ध मनोविज्ञान, तथाकथित अध्यात्मवाद और यांत्रिक समाजशास्त्र को वे अपूर्ण दर्शन मानते हैं और कहते हैं कि किसी वाद के अतिरिक्त आरोपण से जीवन की ताज़गी, प्रवाह-संगीत लुप्त हो जाते हैं। जीवन की चेतना से पूर्ण वाद को ही वे काव्य के लिए काम्य मानते हैं। रचना के सौंदर्यशास्त्र पर विचार करते हुए, मुक्तिबोध अपने समय की परिस्थितियों से बहुत संतुष्ट नहीं हैं। वे लिखते हैं कि 'आलोचक का धर्म साहित्यिक नेतागिरी करना नहीं है, वरन् जीवन का मर्मज्ञ बनना और उसी विशेषता की सहायता से कला-समीक्षा करना भी है।' यह टिप्पणी उन्होंने मार्क्सवादी साहित्य के सौंदर्य पक्ष पर विचार करते हुए की है। इस क्रम में उनका तीखा वक्तव्य है : "यदि वह मौलिक तथा विशिष्ट प्रतिभा के नाम पर पनपने वाला मात्र एक साहित्यिक अहंवाद है, तो इतिहास उसके साथ वैसा व्यवहार करेगा।"

नए साहित्य के सौंदर्यशास्त्र की तलाश करने के मूल में मुक्तिबोध की कई प्रेरणाएँ सक्रिय प्रतीत होती हैं, जिनमें प्रमुख यह कि एक ओर वस्तु/विषय को समाजशास्त्रीय पक्ष तक सीमित रखने की भूल और दूसरी ओर कला की यह अभिधारणा कि सौंदर्य की विशिष्ट भंगिमाएँ ही रचना में ग्राह्य होती हैं। मुक्तिबोध की दृष्टि समग्र जीवन और उसकी कलात्मक अभिव्यक्ति पर है। इसमें जीवन की नानाविधि छवियाँ आ जाती हैं— जिसमें यथार्थ अपने किसी भी रूप में आ सकता है, बशर्ते उसे कला का मार्मिक स्वरूप दिया जा सके। सौंदर्यशास्त्र बनाते हुए मुक्तिबोध उसे मूलतः एक 'मूल्यशास्त्र' मानते हैं, आदर्श शास्त्र। समय-समाज के साथ उसमें ऐसे परिवर्तन होते हैं जो कला को नया विन्यास देते हैं। सौंदर्यशास्त्र की अवधारणाओं में समयगत परिवर्तन एक ओर रचना के विविध रूपों को प्रभावित करता है, दूसरी ओर उसके मूल्यांकन को भी। मुक्तिबोध को अपने समय की जटिलताओं, उलझनों का एहसास है और इसे वे रचनाकार के समक्ष एक बड़ी चुनौती के रूप में देखते हैं। वे रचना के गंतव्य पर विचार करते हुए कहते हैं कि 'रसोद्रेक के उद्देश्य से मनुष्य अधिकाधिक मानवीय बनता है।' उनका विचार है कि संवेदनात्मक उद्देश्य किसी रचना का महत्त्वपूर्ण प्रस्थान है। उन्हीं के शब्दों में : "संवेदनात्मक उद्देश्यों का कार्य प्रारंभ से लेकर अंत तक अंतर्व्यक्तित्व की विशेषताओं और उसकी हलचलों से लेकर अभिव्यक्ति के अंतिम पैटर्न तक होता है।

यह संवेदनात्मक उद्देश्य अंतर्व्यक्तित्व और आभ्यन्तरीकृत जगत का प्रतिनिधित्व करते हुए जाग्रत और संकलित अनुभवों को मनस्पटल पर एक के बाद एक मूर्तिमान करते हुए आगे बढ़ चलता है।''

नए साहित्य के सौंदर्यशास्त्र पर विचार करते हुए मुक्तिबोध सौंदर्य-प्रतीति और सामाजिक दृष्टि में एक संयोजन स्थापित करना चाहते हैं। सौंदर्य के विषय में वे कई प्राचीन और नई रूढ़ियों को तोड़ते हैं, जैसे देहवाद और आभिजात्य के प्रसंग। रचना का सौंदर्यशास्त्र मुक्तिबोध के लिए जीवन का कलात्मक अनुभव है और इस दृष्टि से सौंदर्यानुभूति और जीवन में संयोजन होना चाहिए। पर मुख्य प्रश्न यह कि आखिर कौन-सा सौंदर्य ? मुक्तिबोध की कविताओं में प्रकृति के सुन्दरतम रूप के साथ सूनी बावड़ी, जंगली हरी-कच्ची गंध, तेज़ दुपहर, भीमाकार पुल, अँधियारे सूने मैदान, मुफ़्लिसी के टूटे-फूटे घर, कचरे के ढेर, ऊँचे टीले, जंगल में सियार, चट्टान-टीले, पठार, तपती रेत आदि खुरदुरे रूपों का उपयोग हुआ है। यहाँ तक कि विज्ञान से भी शब्दावली प्राप्त की गई है। इससे मुक्तिबोध एक ओर अपने संवेदन-संसार का विस्तार करते हुए समय-यथार्थ को प्रामाणिक अभिव्यक्ति देना चाहते हैं, दूसरी ओर वे सामान्यजन का सौंदर्यशास्त्र रचते हैं। 'ओ काव्यात्मन् फणिधर' कविता में कवि के सांस्कृतिक दायित्व का संवेदनात्मक उद्देश्य है। यहाँ वे आधुनिक सभ्यता के संकट का उल्लेख एक पागल दरिद्र युवती के माध्यम से करते हुए कहते हैं : नीचे उतरो, खुरदुरा अँधेरा सभी ओर/वह बड़ा तना, मोटी डालें/अधजले फिके कंडे व राख/ नीचे तल में।

मुक्तिबोध मानते हैं कि साहित्य में जीवन की पुनर्रचना होती है, पर वे इस संदर्भ में कलात्मक चेतना का महत्त्वपूर्ण प्रश्न उठाते हुए कहते हैं : ''कलात्मक चेतना मनुष्य के हृदय की वह मूलबद्ध दृष्टि है, जो अन्तर्बाह्य जीवन क्षेत्र में पाए हुए अनुभवों-अनुरोधों को कल्पना द्वारा मूर्त-उद्दीप्त करती, उसकी आत्मा में जीवन-रस का संचार करती है।'' अर्थात् कलात्मक चेतना का विस्तार जीवन-जगत में विचरण करते हुए होता है और कलाकृति के निर्माण में रचनाकार का संपूर्ण व्यक्तित्व सम्मिलित/सक्रिय होना चाहिए, न कि केवल मन का एक अंश। 'यह व्यक्तित्व यदि सौंदर्यानुभूतियों से सम्पन्न हो तो वह कला समृद्धि प्राप्त करेगी।' इस प्रकार मुक्तिबोध सौंदर्यशास्त्र में खंड-खंड विवेचन की मूल्यांकन प्रक्रिया को अस्वीकार कर देते हैं जिसमें बिम्ब, प्रतीक, भाषा-शिल्प आदि की चर्चा की जाती है। वे तो यहाँ तक मानते हैं कि कई बार कलात्मक अनुभव के लिए जीवन दृष्टि बदलनी पड़ती है। यह वक्तव्य विचारोत्तेजक है, मुक्तिबोध के कुछ अन्य विचार सूत्रों की तरह। पर 'साहित्य में जीवन की पुनर्रचना' को स्वीकारते हुए वे उसकी विशद व्याख्या के सिलसिले में कुछ महत्त्वपूर्ण सूत्र देते हैं, जैसे जीवन की पुनर्रचना का कलाकृति बनना, विधायक कल्पना की भूमिका, जिया-भोगा गया जीवन और जीवन की पुनर्रचना, विशिष्ट और सामान्य का अंतर, संवेदनात्मक उद्देश्य, बुद्धि-कल्पना-भावना का सहयोग आदि।

अपनी संघर्ष-यात्रा के दौरान, सृजन करते हुए मुक्तिबोध ने रचना-शास्त्र के कुछ

महत्त्वपूर्ण सूत्र दिए हैं जो समय की टकराहट से जन्मे हैं। सराहनीय यह कि वे व्यक्ति रूप में प्रायः अनुपस्थित रहकर, 'स्व' से 'पर' की ओर संचरित करने का प्रयत्न करते हैं, संवेदनात्मक-वैचारिक उद्देश्य के साथ। इसके लिए कभी वे डायरी का शिल्प अपनाते हैं तो कभी कथा का। यहाँ तक कि कविता में कुछ सूत्र तलाशे जा सकते हैं। मुक्तिबोध सजग आत्मचेतस् लेखक के रूप में अपने समय के प्रश्नों से टकराते हैं और यह मानते हुए कि हर युग अपने लिए नई जीवन दृष्टि और उसकी अभिव्यक्ति के लिए समर्थ माध्यम की खोज करता है, हमें रचना के कुछ ऐसे सूत्र देते हैं जिन्हें हम हिंदी के नए रचनाशास्त्र की प्रशस्त भूमिका कह सकते हैं।

नागार्जुन : एक रेखाचित्र

भारतीय रचनाकार अपने विषय में प्राय: मौन रहे हैं और उनकी जीवन-रेखाओं की तलाश के लिए हमें उनकी कृतियों के भीतर अंतरंगता के साथ प्रवेश करना पड़ता है। स्थिति यह कि महाकवि कालिदास का समय निश्चित करने में भी विद्वान एकमत नहीं हो पाते। आधुनिक हिंदी साहित्य से हम अभी बहुत दूर नहीं आए हैं, पर अधिकांश रचनाकारों की कोई प्रामाणिक जीवनी उपलब्ध नहीं। इस दिशा में डा. रामविलास शर्मा का प्रयत्न सराहनीय कि उन्होंने महाकवि निराला की संघर्षगाथा को प्रस्तुत करने में निष्ठावान श्रम किया। जीवनियाँ रचनाकार के कुछ अनछुए प्रसंगों को समझने में हमारी सहायता करती हैं और यदि हम पूर्वाग्रहरहित होकर देखें तो रचना को अर्थ-विस्तार भी मिलता है। रचना और जीवन का एक द्वंद्वात्मक संबंध है जहाँ रचनाकार उपस्थित होकर भी, अनुपस्थित है, इस अर्थ में कि उसके वृहत्तर अनुभव-संसार में सब सम्मिलित होते हैं।

नागार्जुन में हिंदी रचना की परंपरा का विकास पाती है— श्रेष्ठ कवि— कबीर, तुलसीदास, निराला का आधुनिक स्वर। ठक्कन मिसर, वैद्यनाथ मिश्र, यात्री, नागार्जुन, बाबा एक सार्थक रचनाकार के केवल विभिन्न नाम नहीं हैं, उसकी अनवरत संघर्षगाथा के कई रूप भी हैं। नागार्जुन के बेटे शोभाकांत ने अपने संघर्षशील पिता का रेखाचित्र बनाते हुए उनके इन कई रूपों को सामने रखा है, जो संयोजित होकर एक विराट व्यक्तित्व का रूप लेते हैं— फक्कड़, यायावर, जुझारू, सामाजिक संघर्ष में संलग्न और इन सबसे आगे बढ़कर सहज उदार मनुष्य जिसे हम हर महत्त्वपूर्ण सृजन का मूलाधार कहते हैं। मनुष्य नहीं होगा तो रचना क्या होगी ? स्वयं नागार्जुन के शब्द हैं : लाख लाख मुखड़ों के तरुण हुलास में/आबद्ध हूँ, जी हाँ, शतधा आबद्ध हूँ।

'नागार्जुन : मेरे बाबूजी' पुस्तक में शोभाकान्त ने छ: निबंधों में अपने पिताश्री का रेखांकन किया है : मेरे बाबूजी, गाँव-घर, कौलिक परिस्थिति और परंपरा, वैद्यनाथ मिश्र— नागार्जुन : पिताश्री बनाम बाबूजी, श्रम ही जिसकी अपनी पूँजी और राजनीति, साहित्य सभी कुछ। मिथिलांचल के गाँव में जन्मे नागार्जुन में 'घुमक्कड़ी का अणु जो बाल्यकाल में ही शरीर के अंदर प्रवेश पा गया, वह रचना-धर्म की तरह ही विकसित और पुष्ट होता गया।' यह घुमक्कड़ी, यायावरी किसी भी कर्मवान व्यक्तित्व को गति और दिशा देती है। संतों में बुद्धदेव से लेकर गुरु नानक तक यह परंपरा है। राहुल

सांकृत्यायन घुमक्कड़शास्त्र को महत्त्व देते हैं और यहाँ तक कि अज्ञेय भी 'बहता पानी निर्मला' की बात करते हैं। नागार्जुन की इस यायावरी को शोभाकांत ने एक नाम 'पारिवारिक बनजारापन अथवा अस्थिरता' भी दिया है— घुमंतू जीवन। परिणाम यह हुआ कि जिसे घर-गृहस्थी कहते हैं जिसमें संतान के भविष्य की चिंता से लेकर मकान की छत तक आ जाते हैं, उसका जुगाड़ कवि नागार्जुन नहीं कर पाए। शोभाकांत ने अपने पिता के इस द्वंद्व को, परिवार के मुखिया और रचनाकार के अंत:संघर्ष को उभारने में सफलता पाई है, इसमें संदेह नहीं। मुक्तिबोध के शब्दों में : पिस गया वह भीतर औ बाहरी दो कठिन पाटों बीच। पर नागार्जुन की रचना-जिजीविषा यह कि वे अपने अभावों को रौंदते हुए आगे निकलते हैं, वृहत्तर जीवन संघर्ष में सम्मिलित होते हैं— भारतीय स्वतंत्रता आंदोलन से लेकर अनेक जनमोर्चों तक में। इस प्रकार वे अनुभवसमृद्ध होते हैं और कविता की नागरिकता का सही-सार्थक निर्वाह करते हैं। शोभाकांत के शब्दों में : "किसानों-मजदूरों पर अत्याचार, नागरिक छात्रों पर प्रहार, देश-विदेश की कोई घटना, जिससे शांति-प्रगति के लिए संघर्षरत मानव समाज आहत हो, बाबूजी की मानसिक बेचैनी और उद्विग्नता बढ़ा जाती है। जब तक उस घटना पर आक्रोश व्यक्त नहीं करते, तब तक उनमें छटपटाहट बनी रहती है।" कवि की यह ईमानदार व्याकुलता उसे नए जीवन संदर्भों से जोड़ती है, सर्जनरत रखती है। इसीलिए नागार्जुन की कविता में जीवन की ऊष्मा और ताप हैं, यहाँ तक कि प्रेम के रागात्मक़ भाव में भी : कर गई चाक तिमिर का सीना/जोत की फाँक वह तुम थीं।

नागार्जुन की घुमक्कड़ी ने उन्हें बौद्ध बनाया, लंका से लेकर तिब्बत तक की यात्राएँ हुईं, पर कई वर्षों के प्रवासी जीवन के बाद वे पुन: अपने परिवार में लौटे। शोभाकांत ने इस संदर्भ में सही ही 'प्रत्यावर्तन' कविता की मार्मिक पंक्तियाँ उद्धृत की हैं जिससे पत्नी अपराजिता के प्रति उनके सम्मान भाव का बोध होता है : हृदय में पीड़ा, दृगों में लिए पानी/देखते पथ काट दी सारी जवानी/मात्र मेरी भावना ही रात-दिन थी/देवि, तेरी साधना कितनी कठिन थी। शोभाकांत ने पिता के साथ अपनी माँ का भी सादर स्मरण किया है : "जिस प्रकार माँ ने बाबूजी के घुमंतू जीवन में दखल नहीं दी या फक्कड़पनी के लिए टोका तक नहीं, उसी तरह बाबूजी ने भी माँ की जीवन-प्रणाली में कभी हस्तक्षेप नहीं किया," एक पारिवारिक सौमनस्य। नागार्जुन के पारिवारिक चित्र बनाते हुए शोभाकांत ने एक पुत्र की इस व्यथा को व्यक्त किया है कि परिवार व्यवस्थित नहीं हो पाया। पर इसका कारण है नागार्जुन का वह 'मनुष्य' जो समझौता करने से इंकार करता है। इस विचित्र समय में रचना धर्म का निर्वाह कितना कठिन है— असिधावन है। शोभाकांत ने बाबूजी के अंतरंग चित्र बनाते हुए, उस परिवेश को बराबर ध्यान में रखा है जिसमें उनका संघर्षरत जीवन अग्रसर हुआ। मिथिलांचल का ग्रामजीवन अपनी दयनीयता में यहाँ उभरता है— एक ओर मिथिला का पांडित्य, दूसरी ओर सामंती प्रहार झेलते ग्रामजन। वास्तव में मिथिला के चित्र बनाते हुए तो शोभाकांत स्वयं कुशल रेखाकार जैसे दिखाई देते हैं। नागार्जुन का तरौनी गाँव : "पुरवइया हवा

पोखरे के शीतल जल का स्पर्श पाकर इस टोले को गर्मी के मौसम में तरावट दे जाती है। भगवान भास्कर का प्रथम-प्रथम स्वागत हम गाँव की ओर से यहीं करते हैं।'' नागार्जुन देश की माटी से जुड़े हुए लेखक हैं, उनकी रचना का सम्पन्न देशज चरित्र है। रचनाओं के प्रासंगिक उद्धरणों से शोभाकांत ने इसे प्रमाणित किया है।

इस पुस्तक का सबसे उल्लेखनीय पक्ष है, शोभाकांत का पिता और रचनाकार के द्वंद्व को उभारते हुए, उन्हें साथ-साथ लेकर चल सकने का कौशल। बहुआयामी व्यक्तित्व की कई दिशाएँ होती हैं, वह उनमें संयोजन का प्रयत्न भी कर सकता है, रचना-स्तर पर : ''नागार्जुन यात्री के अत्यधिक दबाव के बावजूद वैद्यनाथ मिश्र का अस्तित्व खत्म नहीं हो पाया।'' और शोभाकांत ने इस द्वंद्व को एक नई अर्थवत्ता के रूप में देखा है : ''वैद्यनाथ मिश्र आज के यथार्थवादी समय में नागार्जुन से पीछे ही नहीं रहे अपितु परास्त हो गए। बाबूजी आज मेरे लिए अत्यधिक प्रासंगिक हैं जबकि वैद्यनाथ मिश्र मात्र होते तो प्रासंगिक होना दूर की बात, युगीन भी नहीं हो पाते।'' यह है विराट व्यक्तित्व की स्वीकृति। इस द्वंद्व को आगे बढ़ाते हुए शोभाकांत ने नागार्जुन के जीवन के दो संघर्षों का विशेष उल्लेख किया है— साहित्यिक और राजनीतिक। इस संदर्भ में उन्होंने प्रकाशकों के व्यवहार की चर्चा करते हुए कहा है कि प्रकाशकों ने भी उन्हें कम सताया नहीं है। पुस्तकें विलम्ब से आईं, पुनर्मुद्रण नहीं हुए, कई बार 'सामग्री विशेष' की माँग हुई। इस सिलसिले में मुक्तिबोध की बात याद आती है कि किसी ने कहा कविता का समय बीत गया, गद्य लिखो तो उनका उत्तर था कि कुछ लोग शायद लेखक को यांत्रिक जीव समझते हैं कि जो चाहें लिखवा लें। जहाँ तक प्रकाशन की बुरी स्थिति का प्रश्न है, यह तो हिंदीभाषी क्षेत्र के पिछड़ेपन से जुड़ा है जहाँ प्राय: हर ईमानदार लेखक को संघर्ष से गुजरना है। पर नागार्जुन आज एक ऐसे सर्वस्वीकृत रचनाकार हैं जिन्हें पाने के लिए हर प्रकाशक लालायित रहता है, यश और अर्थ की संगति का प्रश्न अलग।

शोभाकांत 'नागार्जुन : मेरे बाबूजी' में नागार्जुन का वह मानवीय पक्ष उभारने में सफल हैं जो प्राय: यशस्वी रचनाकार के जीवन में अनदिखा रह जाता है और इस प्रयत्न में वे अपने पिता की सामाजिक पीठिका भी अनजाने ही बता जाते हैं— ग्राम-समाज, कुल-देवता, धर्म की स्थिति, सामंती ढाँचा, कुलीन संस्कार, ललकारता दारिद्र्य, राजनीतिक परिवेश, अनेक प्रकार के शोषण। इन सबके बीच से कोई मध्य मार्ग खोज लेना भी सरल नहीं। शोभाकांत माता-पिता का रेखांकन करते हुए उन्हें प्राय: दो अलग आस्थाओं के व्यक्ति के रूप में देखते हैं— परंपराबद्ध माँ और लगभग मूर्तिभंजक पिता। फिर भी दोनों का संयोजन बना रहा क्योंकि उन्होंने एक-दूसरे के प्रति लोकतांत्रिक रुख अपनाया, हस्तक्षेप नहीं किया। ग्राम-केंद्रित माँ और यायावर पिता की दो दिशाएँ— एक पारिवारिक दायित्व में स्वयं को पूर्णतया विसर्जित करती हुई भारतीय नारी और दूसरा विचार तथा आचरण की दूरी मिटाता क्रांतिधर्मी पिता। पारिवारिक परिवेश को उभारते हुए शोभाकांत मानते हैं कि मुखिया का दायित्व वे न निभा सके और यह कार्य माँ ने

किया। पर 'नागार्जुन की संतान होने का गौरव ही क्या कम बड़ी बात है, अपने आप में ?' वे अपने पिता की विराटता स्वीकारते हैं : "वैद्यनाथ मिश्र के वंशज होकर हम भौतिक सुख-सुविधा से परिपूर्ण होते लेकिन सीमित और क्षुद्र होते। एक खास लक्ष्मण रेखा के भीतर ही रहते। नागार्जुन की संतान होकर हम जिस शानदार ढंग से फाकेमस्ती करते हैं और इस युग में बिना जेब गरम रहे घूमते रहते हैं— यह शायद न हो पाता, हिम्मत ही न बटोर सकते। बाबूजी के विशाल परिवार से जितना स्नेह और अपनापन मिला, वह पिताश्री पंडित वैद्यनाथ मिश्र की ज़मींदारी से कभी नसीब भी न हो पाता।" यह है नागार्जुन के सामाजिक व्यक्तित्व की ससम्मान स्वीकृति।

शोभाकांत ने नागार्जुन को मसिजीवी, श्रम के देवता रूप में देखा है, जो सामान्यजन के बीच सुख पाता है और वे ही जिसकी रचना के आधार हैं। नागार्जुन के उपन्यासों के वे ही कथानायक हैं— साधारण सामान्य मनुष्य। 'बाबूजी ने शुरू से अब तक संपन्न खास बनने के बजाय महज सामान्य आम आदमी बनना चाहा।' इस संदर्भ में डा. रामविलास शर्मा को लिखा गया उनका एक पत्र याद आता है जिसमें नागार्जुन ने विनम्रता के साथ लिखा था कि मैं तो केवल मनुष्य बनना चाहता था, और कुछ नहीं, पर वह भी कहाँ बन पाया। शोभाकांत ने स्वीकार किया है कि 'विद्रोह का जो संस्कार जीवन के शुरुआती दौर में ग्रहण किया था, वह अभी तक समाप्त नहीं हुआ है। प्रारंभ से ही बड़ी से बड़ी ताकतों को ललकारने में नहीं हिचके।' एक प्रतिबद्ध रचनाकार, पर भारत पर चीनी आक्रमण के समय उनका आक्रोश फूट ही पड़ा, किसी की चिंता नहीं। राजनीति नागार्जुन के लिए रचनाकर्म से जुड़ा हुआ कर्त्तव्य है, सत्ता के गलियारे में प्रवेश करने की राह नहीं। लालबहादुर शास्त्री को वे शांति दूत रूप में देखते हैं : अपनी मिट्टी की महिमा का वह कलाकार/वह अति साधारण, अति महान/वह ओज-तेज का कीर्तिमान/सादगी विनय से पूर-पूर/वह आडम्बर से दूर-दूर/वह परम अकिंचन, कर्मवीर, वह सत्य-संध/वह बारूदी बदबू पर ताज़ी मलय गंध। नागार्जुन की प्रतिबद्धता दर्शन और व्यवहार, विचार और आचरण से निर्मित है, इसलिए उसकी अपनी विश्वसनीयता है। उनका तीखा मारक व्यंग्य हरिशंकर परसाई की तरह उनकी भीतरी अकुलाहट से उपजता है : लगता है/प्रजातंत्र का रथ उतर गया है पटरी से। अपने उपन्यासों में भी नागार्जुन ने देश के बिगड़ते माहौल को केंद्र में रक्खा है जहाँ सामान्य जन संघर्षरत हैं और उच्चवर्ग के मस्त नेतृत्व पर नागार्जुन का व्यंग्य है : हो गए हैं विगत क्षण अभिशाप के/लाइए मैं चरण चूमूँ आपके/थक गए हैं हाथ गोबर थाप के। पुस्तक के समापन अंश में शोभाकांत ने मूलभूत प्रश्न उठाया है : क्या रचनाकार अपना भाग्योदय कर रहा है या सामूहिक संघर्ष के यथार्थ को यथार्थवादी दिशा दे रहा है ? रचनाकार का सोच या सृजन सामाजिक विकास के लिए है अथवा अपनी भौतिक सम्पन्नता के लिए ? भारत जैसे समाजों में रचनाकार की महत्त्वपूर्ण भूमिका उसके सामाजिक-सांस्कृतिक रूपान्तरण में है, जिसके एक सार्थक हस्ताक्षर हैं नागार्जुन और जिनके अनेक आयामी व्यक्तित्व को उभारने में शोभाकांत को सफलता मिली है। "यात्री की जीवन-यात्रा

इतनी अद्‌भुत और विविधताओं से भरी है कि इसको देखने-परखने के लिए भी वैसी ही दृष्टि चाहिए जो दृष्टि देश की मिट्टी और लोगों को पहचानने के लिए नागार्जुन के पास है।'' यदि शोभाकांत का यह प्रयत्न अन्य भारतीय रचनाकारों की समग्र जीवन रेखाएँ उभारने के लिए हमें उकसा सके, तो यह इस पुस्तक की एक बड़ी सार्थकता होगी। इससे रचना-यात्रा की हमारी समझ में विस्तार होता है और पिताश्री नागार्जुन के प्रति तटस्थ भाव से लिख पाना इस जीवनी का कौशल है।

नागार्जुन : राजनीति और रचना

नागार्जुन जैसे जुझारू, प्रतिबद्ध लेखक के संदर्भ में रचना और राजनीति का प्रश्न उठना प्रासंगिक है, विशेषतया जब इसे लेकर कई प्रकार के विवाद खड़े किए गए हैं। जीवन-साहित्य, समाज-रचना, दर्शन-विचारधारा और लेखन को लेकर पहले भी सवाल उठाए जाते रहे हैं। पर आज राजनीति इतनी प्रभावी है कि लेखन उसे नकार नहीं सकता और किसी न किसी रूप में उसे स्वीकारने के लिए विवश है। उत्तर मध्यकाल में राजतंत्र और सामंती समाज में रचना प्रकारांतर से ही सही, पर प्राय: राजाश्रय को स्वीकार करती थी। रचनाकार की ऊर्जा पर निर्भर था कि वह सामंती सीमाओं से आगे बढ़कर स्वयं को किस प्रकार वृहत्तर जीवन-संसार से जोड़ने का प्रयत्न करे। जिन्होंने राजाश्रय का निषेध किया, वे बड़ी लकीरें बना सके, जैसे भक्तिकाव्य। परिवेश की स्वीकृति और उसके निषेध की द्वंद्वात्मकता से सही रचना अग्रसर होती है। समय का अस्वीकार संभव नहीं क्योंकि रचना उसी में साँस लेती है, पर संपूर्ण स्वीकृति और बिना आलोचना के स्वीकार, रचना को दुर्बल बनाते हैं। इसीलिए सार्थक रचनाएँ अपने समय को ललकारती भी हैं, उसके विरोध में तैरने का माद्दा रखती हैं और इस दृष्टि से महान रचना एक सार्थक मूल्य-चिंता भी है। महान लेखक के पास एक 'विज़न' अथवा दिवास्वप्न भी होता है जो रचना में प्रक्षेपित होता है।

नागार्जुन के रचना-संसार में रचना और राजनीति की ऐसी मिली-जुली स्थिति है कि उन्हें अलगा पाने का काम सरल नहीं। नागार्जुन की स्वयं की संघर्षगाथा है, पर उसका रूप सामाजिक है। यहाँ व्यक्तिगत दु:ख-सुख सामाजिक प्रवाह में विलयित हो जाते हैं और रचना में नितान्त वैयक्तिक प्रक्षेपण की गुंजायश कम रह जाती है। उन्नीस सौ ग्यारह में मिथिला के ग्राम अंचल में जन्मे नागार्जुन ने उस सामंती समाज को देखा जो साम्राज्यवादियों द्वारा भारत में अपनी सुविधा के लिए, प्राक्पूँजीवादी लाने के प्रयत्न के बावजूद, यथास्थिति में जीना चाहता है। जनता में प्रतिरोध की क्षमता नहीं तथा सामंती शिकंजा और जकड़ता चला जाता है। कई बार सामंतवाद, साम्राज्यवाद का शोषण-भरा गठबंधन। मेरा विचार कि जहाँ तक रचना में राजनीति के प्रवेश का प्रश्न है नागार्जुन के लिए यह ग्रामसमाज प्रस्थानबिंदु तो है ही, वह उनका मुख्य प्रेरक उपकरण भी है, प्रकृति, मनुष्य, समाज, राजनीति आदि से अन्तर्भुक्त। यह ग्रामसमाज नागार्जुन की चेतना पर इतना हावी है कि वह कई बार पूर्वस्मृति के रूप में उनमें बार-

बार लौटता है। प्रेमचंद की तरह नागार्जुन जीवन का साक्षात्कार संवेदन के स्तर पर करते हैं और यह संवेदनशीलता गहरे धरातल पर प्रतिष्ठित है, किसी भी दुर्बल भावुकता का निषेध करती हुई।

ग्राम-समाज को रचना के प्रस्थानबिंदु रूप में स्वीकारते हुए और उपन्यासों में मिथिला अंचल को उरेहते हुए भी नागार्जुन को केवल आंचलिक कथाकार के रूप में संबोधित नहीं किया जा सकता। यही बात प्रेमचंद के विषय में कही जाती है। आंचलिक कथावस्तु के माध्यम से किसी वृहत्तर का बोध कराना इन दोनों कथाकारों का उद्देश्य प्रतीत होता है, और इस बिंदु पर उनमें एक समग्र मानवीय दृष्टि देखी जा सकती है। नागार्जुन के 'बाबा बटेसरनाथ' में कथा दो स्तरों पर चलती है। एक ग्राम की वह व्यथाकथा है जो बटेसरनाथ के माध्यम से कही गई है जो कई पीढ़ियों का द्रष्टा है। कथा के प्रमुख श्रोता जैकिसुन के परदादा ने यह वटवृक्ष रोपा था। मौजा रुपहली किसी भी ग्राम अंचल का प्रतिनिधित्व कर सकता है क्योंकि यहाँ लेखक भारतीय समाज के विकास का संकेत करता चलता है— 1857 का प्रथम स्वतंत्रता संग्राम, भीषण अकाल, साम्राज्यवादी अत्याचार, महायुद्ध की विभीषिका, सशस्त्र क्रांति के प्रयत्न, किसान आंदोलन, असहयोग, गांधी आदि। इसके बाद स्वतंत्रता और उससे मोहभंग का भी संकेत लेखक ने किया है। 'बाबा बटेसरनाथ' नागार्जुन की राजनीतिक दृष्टि और इतिहास-बोध से निर्मित उपन्यास है। मोहभंग की स्थिति है : "किस उमंग से दयानाथ नागपुर गया था, झंडा सत्याग्रह में शामिल होने। किस उत्साह से उसने नमक कानून तोड़ा था। उछलता हुआ कैसा दिल लेकर वह दोनों बार जेल के अंदर पहुँचा था। हजारों और लाखों आदमी उसी की तरह जेल गए। सैकड़ों फाँसी पर झूले। हजारों के परिवार टूटे— तब आकर यह आज़ादी हासिल हुई है...। आज़ादी ! छिः ! आज़ादी मिली है हमारे उग्रमोहन बाबू को, हुलानन्ददास को। उसकी यह धारणा पक्की हो गई कि राजनीति ग़रीबों और मूर्खों के लिए नहीं हुआ करती, वह तो बस खाते-पीते सयानों की चौपड़ है।" (पृ. 119)।

राजनीति की एक पुरानी परिभाषा में इसे लुच्चे-लफंगों का अंतिम आश्रय कहा गया। पर शुद्ध साहित्य, राजनीतिरहित रचना की चतुराई भी हो सकता है, और अपने रचनात्मक उत्कर्ष, समृद्ध कलाशिल्प के बावजूद, भय यह कि वह उच्च वर्ग की इच्छाओं की पूर्ति का साधन बने। आज जब राजनीति का वर्चस्व है, प्रश्न है कि रचना-राजनीति के संबंध क्या हों ? नागार्जुन ने सक्रिय राजनीति में निरंतर भाग लिया। स्वतंत्रता संघर्ष में जेल गए, पर उन्होंने इसे भुनाया नहीं। आज़ादी से उनका मोहभंग उनकी रचनाओं में खुलकर आया है। कई जन आंदोलनों में उन्होंने जुझारू ढंग से हिस्सा लिया, जेल गए। सत्ता की राजनीति का विरोध करते हुए नागार्जुन चिरंतन प्रतिपक्ष की राह पर चलते हैं जबकि कई तथाकथित बुद्धिजीवी कथनी-करनी में संगति को अनिवार्य न मानते हुए चुपचाप समझौता भी कर लेना जानते हैं। कई बार रणनीति, व्यूहरचना या किसी ऐसे ही शब्द के सहारे वे स्वयं को जायज़ ठहरना चाहते हैं,

आत्मछल से गुजरते हुए। सब जानते हैं कि कोई सत्ता इतनी भोली नहीं होती कि बिना स्वार्थ के अपना उपयोग होने दे। सत्ता की राजनीति का सबसे बड़ा संकट यह कि वह तात्कालिकताओं पर जीती है और उसमें सुबह-शाम की भाषा बदल जाती है। राजनीति यदि किसी सिद्धांत, विचारधारा पर चलती है तो वह समाज में बेहतर मूल्यों की स्थापना में अग्रसर होती है और इस मुद्दे पर सही रचना और सही राजनीति एक-दूसरे की समीपी हैं। पर यह एक आदर्श स्थिति है और पिछड़े समाजों में प्राय: ऐसा हो नहीं पाता। जहाँ तक पूँजीवादी राजनीति का प्रश्न है उनका एकमात्र उद्देश्य है— अपने माल की खपत के लिए बाज़ारों की तलाश। तनाव बने रहें, युद्ध के बादल मँडराते रहें तो माल बिकता रहेगा। एक पूरी औद्योगिक सभ्यता का प्रचार-प्रसार होता है, उपभोक्ताओं को लुभाते हुए। नागार्जुन के पास सजग राजनीतिक चेतना है जो उन्हें हर संघर्ष में उतार देती है, बिना खतरों की चिंता किए हुए। निराला की संघर्षगाथा लिखते हुए नागार्जुन कहते हैं : ''वे कवियों के कवि थे, संतों के संत। उनका अवधूतपन सार्वजनिक था। उन्हें समझने के लिए हमें अपनी परंपरा को समझना होगा। उनकी दुर्गति हमारी अपनी दुर्दशा थी।'' इसे वे 'आत्म-प्रतिष्ठा का संघर्ष' मानते हैं और पीड़ा के साथ कहते हैं : ''साहित्य क्या राजनीति के आगे फटी जूती भी नहीं है ? साहित्य क्या अशोकचक्र वाली त्रिवर्ण पताका के समक्ष घूरे पर का चिथड़ा भी नहीं है ?'' व्यंग्य है : ''अक्खड़, अवधूत, स्वाधीनचेता साहित्यकार यदि अपने जीवन काल में किसी महाप्रभु के सामने नहीं झुकेगा तो मृत्यु के बाद उसकी प्रतिमा से यह काम राजनीतिक करवा लेंगे'' (एक व्यक्ति : एक युग, पृ. 14-15)।

नागार्जुन रचनाकार की स्वतंत्र चेतना को पूरे सामाजिक दायित्व के साथ स्वीकार करते हैं, 'अंतर्गुहावास' के लिए अवसर नहीं है। वहाँ सब कुछ जीवन के खुले मंच पर है, बिना किसी छल-छद्म, फ़रेब-तिकड़म, लुका-छिपी के। नागार्जुन मानते हैं कि मुक्ति यदि है तो स्वयं से बाहर है— समवेत मुक्ति ही मुक्ति है, शेष पलायन। यह प्रासंगिक है कि नागार्जुन संस्कृत-पालि-प्राकृत-अपभ्रंश, भारतीय दर्शन की जिस परंपरा से होकर आए हैं, उसमें आशंका थी कि वे पुरातनपंथी हो जाते। पर उनके चिंतन-मनन का मूलाधार एक सजग, संवेदनशील मानवीयता है जो उन्हें आस-पास के जीवन से जोड़ती है— प्रकृति से लेकर हरिजन समाज और युवा मंडली तक। यही संवेदन जब आहत होता है तो उनमें तीखी प्रतिक्रियाएँ जागती हैं। वे लगभग तिलमिला उठते हैं और हरिशंकर परसाई की तरह व्यंग्य का सहारा लेते हैं। परसाई में वैचारिकता के कारण सामाजिक विश्लेषण की बौद्धिक प्रक्रिया प्रधान हो जाती है, आक्रोश किंचित संयमित होता है, वे भावावेश में नहीं आते। पर नागार्जुन में कई बार भावुक, त्वरित प्रतिक्रियाएँ जन्म लेती हैं जैसे कोई विस्फोट हुआ है। कुछ लोग ऐसी कविताओं को लेकर प्रश्न करते हैं कि इन्हें कविता की परिधि में लिया भी जाय, अथवा नहीं। मेरा विचार है कि नागार्जुन की प्रतिक्रियाओं की ईमानदारी पर किसी संदेह की गुंजाइश नहीं है। वे एक निश्छल मन की सहज भावुक अभिव्यक्तियाँ हैं जिन्हें बिना किसी लागलपेट

के रख दिया गया है, वहाँ आक्रोश प्रधान है। इससे अधिक का दावा स्वयं कवि भी नहीं करना चाहता क्योंकि उसका मुख्य आशय अपनी बात जनता तक पहुँचाना है, कबीरी ढंग से। उन्होंने कई हिंदी-मैथिली बुकलेट छपवाए हैं और उन्हें ट्रेन में या गाँव-गाँव घूमकर स्वयं प्रचारित किया है— बुढ़वर, विलाप, चित्रा (मैथिली), शपथ, चनाजोर गरम, युगधारा, खून और शोले, प्रेत का बयान, अब तो बंद करो हे देवी, यह चुनाव का प्रहसन (हिंदी) आदि। वे ऐसी भी पंक्तियाँ लिख सकते हैं : 'डांगे हो जाते राज्यपाल।'

राजनीतिक आक्रोश के बीच भी नागार्जुन की ऐसी कविताएँ हैं जहाँ वे गहरे संवेदन और राजनीतिक समझ के साथ आगे बढ़ते हैं। उनकी सूक्ष्म निरीक्षण-क्षमता दृश्यों, स्थितियों, पात्रों के आर-पार देख लेती है। बिना किसी अतिरिक्त बौद्धिकता के दावे के, अधिकांश उपन्यासों में यह राजनीतिक समझ देखी जा सकती है। सबसे पहले तो नागार्जुन तथाकथित नायक अथवा हीरो की सामंती मूर्ति तोड़ते हैं, जिसे 'विशिष्ट' बना दिया जाता था। उनके उपन्यासों में स्त्री, पुरुष दोनों ही प्रमुख पात्र बनकर आए हैं पर उनका जीवन समाज के साथ प्रवाहित होता है, यहाँ वैयक्तिक इकाइयाँ टूटती हैं। धार के साथ तैरते हुए नागार्जुन के पात्र जैसे स्वयं एक समय प्रवाह बन जाते हैं, यथार्थ से लड़ते-झगड़ते, इस विश्वास में अडिग कि सूर्योदय आएगा। दुखमोचन अलख जगाना चाहता है, संघर्ष से गुजरता गाँव में नई चेतना लाने के लिए कृतसंकल्प है। गाँव में आग लगी है : "मैं महसूस करता हूँ कि अपने गाँव के एक-एक व्यक्ति की सुरक्षा का दायित्व हम पर है। अभी यह नहीं देखना है कि फलाँ दौलतमंद है और फलाँ गरीब है, फलाँ हमें गालियाँ देता है और फलाँ हमारा नाम लेकर सुबह-शाम शंख फूँकता है— अभी एक-एक व्यक्ति हमारा अपना आदमी है" (दुखमोचन, पृ. 30)। दुखमोचन के इस वक्तव्य को लेकर कहा जा सकता है कि यह गांधीवादी या सर्वोदयी ढंग है और वर्गसंघर्ष के प्रति सही रवैया नहीं है। पर सारा गाँव अग्निकांड में फँसा है, इसे ध्यान में रखते हुए दुखमोचन का दृष्टिकोण सही है। नागार्जुन ने 'वरुण के बेटे' में मछुआरों के संघर्ष के लिए मोहन मांझी जैसा पात्र खड़ा किया और एक पूरी जमात को मोर्चा लेने के लिए तैयार किया : "सटकर पाँचों एक ही बेंच पर बैठे, सभी के चेहरे सड़क की तरफ थे। मधुरी, मंगल, जलेसर, कन्हाई और नकछेदी। अधिकारियों को जिसकी आशा नहीं थी, यह कैसा वाकया था। मछुओं ने कोई आश्वासन नहीं दिया और हँसी-खुशी गिरफतार हो गए" (वरुण के बेटे)।

वर्गसंघर्ष का चित्रण प्रतिबद्ध साहित्य के पहले दौर में किया गया और तबसे समाजवादी समाजों के रचना-संसार में काफ़ी परिवर्तन हुए हैं। उनके सोच-विचार में एक व्यापक उदारता आई और अब तो दृश्य ही बदल गया। 1905 में लेनिन ने 'स्वतंत्र साहित्य' की व्याख्या करते हुए लिखा था कि "वह स्वतंत्र साहित्य इसलिए होगा कि लालच या स्वार्थजीविता से नहीं, बल्कि समाजवाद के विचार और मेहनतकशों के प्रति समवेदना से उसकी पाँतों को नित नूतन शक्ति प्राप्त होगी" (संकलित रचनाएँ, खंड

एक, पृ. 235)। सांस्कृतिक नीति बनाते हुए उन्होंने आग्रह किया कि परंपरा का सर्वोत्तम सुरक्षित रखा जाना चाहिए। लेनिन ने गोर्की को कई पत्र लिखे हैं जिनसे दोनों के वैचारिक मतभेद का पता चलता है (लेनिन : ऑन लिटरेचर एंड आर्ट), पर जीवन के अंतिम महीनों में वे गोर्की के 'मेरे विश्वविद्यालय' से गुज़र रहे थे। सामाजिक क्रांति को कई दौर पार करने होते हैं और इस सिलसिले में उन्होंने 'एक कदम आगे दो कदम पीछे' जैसी पुस्तक लिखी। अक्टूबर क्रांति के बाद 1922 में उन्होंने 'जुझारू भौतिकवाद' का महत्त्व प्रतिपादित करते हुए लिखा : "यह धारणा कि मानों क्रांति केवल क्रांतिकारियों के हाथों ही सम्पन्न हो सकती है, कम्युनिस्टों की एक सबसे बड़ी और सबसे अधिक खतरनाक गलती है। सरगर्मियों के विभिन्न क्षेत्रों में गैर कम्युनिस्टों के साथ मेल के बिना किसी भी सफल रचनात्मक कम्युनिस्ट काम का कोई सवाल ही नहीं हो सकता" (संकलित रचनाएँ, भाग चार, पृ. 246)। समकालीन समाजवादी साहित्य में रचना क्रांति की आरंभिक स्थिति से आगे बढ़ी है। वह हर दृष्टि से वयस्क हुई है और आज उसकी चिंता में सम्पूर्ण मानव संसार है। पुराने सोवियत संघ की क्षेत्रीय इकाइयों और चीन में कविता की एक ऐसी निजता देखी जा सकती है जिसमें आस-पास की प्रकृति, पारिवारिक संबंध, निजी दुःख-सुख, यहाँ तक कि रोमांटिक संवेदन भी मौजूद हैं, पर सब कुछ वृहत्तर मानवीय संदर्भों में घटित होता है और रचना का एक उदार परिवेश उभरकर आया है।

नागार्जुन में कई बार तेज़ प्रतिक्रियाएँ उपजती हैं जिसके चलते उन्हें विवाद के कटघरे में खड़ा करने की कोशिश की जाती है। भारत पर चीनी आक्रमण के समय उन्होंने अपने आक्रोश को कविताओं में व्यक्त किया और साम्यवादी दल से उनका मतभेद हुआ। पर इस प्रकार के प्रसंग नागार्जुन जैसे ईमानदार संवेदनशील कवि के जीवन में कई बार आए हैं। राष्ट्रीय स्वतंत्रता संग्राम में भाग लेते हुए वे मुख्य रूप से किसान-मज़दूर आंदोलन से जुड़े। विवाह के बाद बौद्धभिक्षु हुए, पर 1941 में घर वापिस आए जिसे उन्होंने 'प्रत्यावर्तन' जैसी कविताओं में व्यक्त किया है : पर असंभव था हृदय का भार ढोना/भूल जाना तुम्हें फिर निश्चिंत होना/लगा नीरस अकेले धूनी रमाना/बुद्धि का शासन हृदय ने जब न माना/कल्पना के पंख सुंदर तोड़ डाले/भूमि पर चलने लगा तो पड़े छाले/ हो सका मुझको न अब तक ज्ञात उस दिन/तुम उठा लाईं कि मैं ही स्वयं आया/आज तेरी गोद में विश्राम पाया (हजार हजार बाँहों वाली)। नागार्जुन ने कालिदास, रवीन्द्र, भारतेंदु, प्रेमचंद, निराला, राजकमल चौधरी, लालबहादुर शास्त्री आदि पर कविताएँ लिखीं, जिनका पार्टी से नाता-रिश्ता नहीं, पर जिनके व्यक्तित्व के किसी पक्ष ने कवि को आंदोलित किया। इन्हें सहज भावना के रूप में देखना उचित होगा। निराला उनके प्रिय कवि हैं—जीवन संघर्ष में प्रेरणा पुरुष। 'एक व्यक्ति : एक युग' में नागार्जुन ने निराला की संघर्षगाथा का वर्णन करते हुए उसे सही सामाजिक परिप्रेक्ष्य में प्रस्तुत किया : "राष्ट्रीय आंदोलन में निरालाजी ने अपने गाँव के ज़मींदारों के अत्याचारों के विरुद्ध बहुत बड़ा आंदोलन चलाया। मीटिंग पर मीटिंग करवाते रहे"

(पृ. 94)। इसका उल्लेख डा. रामविलास शर्मा और आचार्य नन्ददुलारे वाजपेयी ने भी किया है। निराला को समर्पित काव्य पंक्तियाँ हैं : ''रह गए प्रतीक्षा में सारे दिक्‌पाल किंतु तुम नहीं झुके/तुम कड़ी साधना में दधीचि को जीत चुके/कोई आए तुमसे सीखे/ वह द्वापरवाली शरशय्या की चुभन आज/आए कोई तुमसे सीखे/युग-युग का हालाहल पीना/आए कोई तुमसे सीखे, यह रक्तदान/आए कोई तुमसे सीखे यह स्वाभिमान'' (प्यासी पथराई आँखें)। कालिदास की परपीड़ा, रवीन्द्र की अनुपम प्रतिभा, भारतेंदु का सरल स्वभाव, निराला का स्वाभिमान, छेदी जगन का ओज, केदार अग्रवाल का निश्छल-निर्मल भाईचारा, लालबहादुर शास्त्री की शांतिप्रियता, राजकमल चौधरी का आत्मदाह, गोर्की का प्रदीप्त आशावाद नागार्जुन को भीतर से मथते हैं, तब कविता का जन्म होता है। नागार्जुन ने स्वयं को नई पीढ़ी से जोड़ा और उनके उपन्यासों में युवा पात्रों की बहुलता है। 'नई पौध' में वे 'बम पार्टी' को समर्थन देते हैं और बिसेसरी को उसका सदस्य बनाते हैं (पृ. 36)। अपनी रचनाओं में उन्होंने सशस्त्र क्रांति, गदर पार्टी, फारवर्ड ब्लाक, नक्सलवादी आंदोलन का पक्ष लिया है। 'वह कौन था' कविता का अंत है : ''सर्वहारा वर्ग के नीललोहित फूल, तुम बहुतेरा फलो/हे अपरिचित भूमिगत, अज्ञातवासी/ नाम गोत्रहीन प्रिय 'आज़ाद छापेमार' टुकड़ी के बहादुर बंधु !/निष्कंटक करो इस कंटकावृत्त भूमि को/अपनी परिधि का करो तुम विस्तार/हे नवशक्ति'' (नागार्जुन : चुनी हुई रचनाएँ-2, पृ. 50)। इस प्रकार नागार्जुन की संवेदनशीलता कई दिशाओं में जाती है।

किसी भी ईमानदार रचनाकार की हर अभिव्यक्ति का तार्किक आधार खोज निकालना कोई बाध्यता नहीं। कई बार प्रगतिशील दृष्टि रखते हुए भी लेखक हर प्रकार के छद्म पर आक्रमण करना चाहता है और इसमें स्वयं को भी सम्मिलित करता है। निराला की 'मास्को डायलाग्स' छद्म पर आक्रमण है, जिसका उल्लेख नागार्जुन ने किया है। मुक्तिबोध और हरिशंकर परसाई जैसे प्रतिबद्ध लेखक हर प्रकार के कठमुल्लेपन का विरोध करते हैं। रचना, सार्थक रचना एक व्यापक, उदार मानवीय दृष्टि की माँग करती है और नागार्जुन की राजनीति को इसी संदर्भ में देखा-समझा जाना चाहिए। ऐसा नहीं कि वे सर्वोदयी हैं कि सब कुछ ठीक-ठाक है। इसके विपरीत वर्गसंघर्ष में उनकी आस्था है, पर वे प्रतिभा को ईमानदारी के साथ स्वीकारते हैं। रेणु को अपना सगा छोटा भाई कहते हैं, अपने से छोटों को भावुक पत्र लिखते हैं : ''परंतु यह तो निश्चित ही समझो कि जिस प्रकार आचार्य किशोरीदास वाजपेयी जी अपने जीवन का अंतिम चरण कनखल (हरिद्वार) में गुजार गए हैं, उसी प्रकार मैं तुम्हारे स्थान पर अपनी शेष आयु ...तिवाहित करूँगा...तुम तीनों जहाँ-जहाँ रहोगे, वहीं-वहीं स्थान मेरे लिए 'सर्वोत्तम पुण्यतीर्थ' हुआ करेंगे'' (पत्र, श्रीमती शकुन्तला वाचस्पति के नाम, 22.11.81)। प्रश्न किया जा सकता है कि नागार्जुन जैसे प्रतिबद्ध लेखक अपनी 'बिरादरी' या 'गिरोह' के बाहर के लोगों को क्यों स्वीकारते हैं ? ज़ाहिर है कि वे उनमें कोई प्रतिभावान पाते हैं और उसे ईमानदारी से स्वीकार करते हैं। यहाँ तक कि गिरजाकुमार माथुर को मूर्धन्य कवियों में मानते हैं, टेकनीक की दृष्टि से (डा. नंदकिशोर नवल को पत्र

4.5.55)। रचना-राजनीति के संबंधों पर विचार करते हुए नागार्जुन राजनीति को व्यापक सामाजिक परिवेश के भीतर स्वीकार करते हैं। पर रचना को निश्चित ही उससे अधिक महत्त्वपूर्ण स्थान पर रखते हैं। राहुल सांकृत्यायन उनके बहुत निकट थे। उनकी संघर्षगाथा का ज़िक्र करते हुए नागार्जुन ने रचना और राजनीति का प्रश्न उठाया है : "राहुलजी राजनीति में अपनी 'सक्रिय भूमिका' कहाँ निभा सके। उन जैसा सरल, निश्छल और मस्तमौला फक्कड़ पॉलिटिक्स के मैदान में भला कैसे जम पाता। वह वैष्णव रहे, वह आर्य समाजी रहे, वह कांग्रेसी रहे, वह बौद्ध रहे, वह कम्युनिस्ट हैं—लेकिन, इनमें से क्या किसी भी जमात के अंदर क्षमताशाली नेतृत्व राहुल कभी हासिल कर पाए ? उन्हें नेतृत्व से नफ़रत थी। वह तो संत स्वभाव के व्यक्ति थे, ऐसा कह देना या मान लेना व्यक्तित्व की अंधूपूजा के दायरे में भी आ जाएगा" (चुनी हुई रचनाएँ-3, पृ. 176)।

नागार्जुन की राजनीति विचारधारा, संवेदन, मूल्यगत चिंता से जुड़ी हुई है और वहाँ कर्मभरे जुझारू जीवन की माँग की गई है। लेखक केवल सोच-विचार पर नहीं जी सकता, उसे जीवन में शिरकत करनी होगी। यह राजनीति लेखक की समझ बढ़ाती है और उसे जीवनप्रवाह से जोड़ती है क्योंकि वह व्यापक मानवजीवन का अंश बनकर आती है। पर दल और रचना की राजनीति के गणित भिन्न हैं और लेखक के लिए उनसे संगति बिठा पाने का काम कठिन। नागार्जुन सही मायने में एक प्रतिबद्ध लेखक हैं, दल से भी जुड़े रहे हैं, संघर्ष किया है, जेल गए हैं। पर अपने एक इंटरव्यू में वे तल्खी के साथ कहते हैं : "मुझे बॉस क्यों कहते हो ? तुम लोग पार्टी मेम्बर की हैसियत से मुझ पर रोब मत लो। मुझे प्रगतिशील समझो, कम्युनिस्ट नहीं। और कुछ कहलवाना चाहते हो ? तुम ये सारे सवाल पार्टी के नेताओं से क्यों नहीं पूछते जो रोज वक्तव्य बदलते रहते हैं ?" (वही, पृ. 302)। ज़ाहिर है नागार्जुन 'कथनी-करनी' के अंतर को सहन नहीं कर पाते और तात्कालिकताओं का विरोध करते हैं। उनके लिए राजनीति किन्हीं सिद्धांतों, मूल्यों का समुच्चय है, केवल साधारण रणनीति अथवा व्यूहरचना नहीं। जब लेनिन से 'कम्युनिस्ट नैतिकता' के बारे में सवाल किया गया तो उन्होंने ज़ोर देकर कहा था कि कौन कहता है कि कम्युनिस्टों की कोई नैतिकता नहीं होती, होती है और ज़रूर होती है। यह नैतिकता नागार्जुन के जीवन और रचना की आधारभूमि है। डा. रामविलास शर्मा को लिखे गए एक पत्र में नागार्जुन कहते हैं : "मैं कवि तो हूँ नहीं, मामूली साहित्यकार भी नहीं। हाँ, आदमी बनने की कोशिश ज़रूर है, शायद वह भी नहीं बन सकूँगा" (11.8.59)। राजनीति के केंद्र में है, वह मनुष्य जिसमें उपन्यास के ढेरों सर्वहारा पात्रों से लेकर कविता में 'हरिजनगाथा' तक मौजूद है। यह प्रतिबद्ध मानवीयता ही नागार्जुन का 'जनवाद' है और उसे उनकी रचना में प्रक्षेपित देखा जा सकता है। नागार्जुन कई प्रलोभनों का निषेध भी करते हैं। 'राज्याश्रय और साहित्य जीविका' शीर्षक अपने लेख का आरंभ ही यों करते हैं : "मौजूदा शासन के अंदर सर्वांशतः राज्याश्रय सच्चे साहित्यकार के लिए ठण्डी कब्र है, यानी प्राणशोषक समाधि।"

युग-निर्माता साहित्यिक जब आज के आरामतलब और चापलूस आफिसरों के दर्म्यान जा पहुँचता है तो उस पर 'यह गति साँप छूछूंदर केरी' वाली कहावत लागू हो जाती है। धीरे-धीरे उसके अंदर का युगशिल्पी मर जाता है, फिर विमूढ़ और पतित इसकी चोंच का पहला शिकार सरस्वती की खुद वीणा ही होती है।'' इसी लेख में उन्होंने साहित्यकार और उसकी जीविका का दिलचस्प चार्ट बनाया है— होलटाइमर, पार्टटाइमर से लेकर हरफनमौला, अवधूत, रीडरबाज, सिने-साहित्यकार तक। उन्होंने राज्याश्रय और लोकाश्रय के विभिन्न रूप बताए हैं। इसी लेख में वे जनसाधारण पाठक वर्ग को अपना अन्नदाता कहते हैं। नागार्जुन के लिए राजनीति कोई व्यवसाय नहीं है, जिसे वे भुनाएँ, वह उनकी सामाजिक चेतना का एक अंग है।

नागार्जुन की राजनीति जिस बड़ी सामाजिकता का हिस्सा है, उसकी कई दिशाएँ हैं। उनका एक आक्रोशी रूप है जो चीनी आक्रमण के समय की कविताओं में व्यक्त होता है। आपातकाल में वे जनांदोलन में भाग लेते हैं, पर उनका मोहभंग होता है और उन्हें 'खिचड़ी विप्लव देखा हमने' का अहसास होता है। कई लोग इस आकस्मिक परिवर्तन पर आश्चर्य भी कर सकते हैं। पर नागार्जुन की नेकनीयती पर संदेह करना उनके साथ अन्याय होगा। आपातकाल के पूर्व भी नागार्जुन प्रतिपक्ष की कविताएँ लिखते रहे हैं और उनके सामने 'सामान्यजन' मौजूद रहा है। सच्चाई यह है कि निराला के बाद अभिजात्य के विरुद्ध सबसे प्रबल लड़ाई नागार्जुन ने लड़ी और उसका मूल्य भी चुकाया है। उनका दर्द है— मानव अधिकारों का हनन, प्रजातंत्र की हत्या और इसे वे अपनी कविताओं में पूरे आक्रोश से व्यक्त करते हैं : प्रजातंत्र का होम, फैल गया है दिव्यमंत्र का लवण सरोवर, 26 जनवरी, 15 अगस्त, तीन दिन-तीन रात, अब तो बंद करो हे देवी यह चुनाव का प्रहसन (तुमने कहा था); धज्जी-धज्जी उड़ा दी छोकरों ने इमरजेंसी की, क्रांति सुगबुगाई है, वो सब क्या था आखिर, सत्य, काश क्रांति उतनी आसानी से हुआ करती (खिचड़ी विप्लव देखा हमने)। इस संकलन की 'वो सब क्या था आखिर' कविता के अंत में नागार्जुन ने स्वयं को 'तरल आवेगों वाला, अति भावुक, हृदयधर्मी जनकवि' कहा है। और उनकी प्रतिक्रियाओं को इसी संदर्भ में देखा-समझा जाना चाहिए। उनमें कई बार उलझन हो सकती है, पर वे हमारे सबसे ईमानदार, कर्मठ, जुझारू रचनाकारों में हैं। इस दृष्टि से उनका सबसे सबल पक्ष है, उनकी रचना की लोकधर्मिता जो उनकी राजनीति को भी परिभाषित करती है और व्यंग्य इसे व्यक्त करने का एक सशक्त साधन है।

हिंदी में तथाकथित आधुनिकतावादी दौर भी आया था, तरह-तरह की माँगें की गईं— रचना की स्वायत्तता से लेकर कलाकारी तक। वह अराजनीतिकरण की ओट में एक प्रतिगामी दौर था। ऐसी स्थितियों में नागार्जुन जैसे रचनाकारों ने रचना की लोकधर्मिता को पूरी शक्ति, निष्ठा से अपनाया और हिंदी की जातीय परंपरा को अग्रसर किया। नागार्जुन की रचना का देशज चरित्र सबल है और उसकी जड़ें अपनी ज़मीन में गहरे तक धँसी हुई हैं। यह अकारण नहीं कि नागार्जुन के प्रिय कवि कालिदास, विद्यापति,

कबीर, भारतेंदु, रवीन्द्र, निराला आदि हैं— हमारी जातीय अस्मिता का बोध कराते हुए। 'मेघदूत' का अनुवाद करते हुए अपनी लंबी भूमिका में नागार्जुन ने कहा है कि "आंचलिक विशेषताओं का सन्निवेश जिस हद तक हम कालिदास की रचनाओं में पाते हैं, उतना अन्यत्र नहीं। या हिमालय का जो रूप कवि ने हमें दिखलाया, वह अद्‌भुत है। यथार्थ और कल्पना का ऐसा अपूर्व समन्वय अन्यत्र दुर्लभ है। 'कुमारसम्भव' का आरंभ ही हिमालय की चर्चा से हुआ है, शुरू के 17 श्लोक हिमालय के विषय में हैं। कवि ने कैसी विराट भूमिका बाँधी है। यह कोई मामूली स्तुति नहीं थी, भारतीय कवि के द्वारा अपने महान हिमालय के राष्ट्रीय वैशिष्ट्य की प्रथम घोषणा थी वह।" नागार्जुन ने कालिदास को सामन्ती रचनाकार के रूप में नहीं देखा, जातीय कवि के रूप में पहचाना। मेघदूत को 'देश का कवित्वमय भूगोल' कहा और मेघ की नई व्याख्या करते हुए उसे 'अनुकम्पा का प्रतीक' बताया। नागार्जुन के लिए कालिदास भारतीयता के प्रतीक हैं और उनके प्रकृतिदृश्य इसका प्रमाण। नागार्जुन स्वयं को जातीय परंपरा से जोड़ते हैं, पर अपने समय को समग्रता में स्वीकार करते हुए। उनके लिए आस-पास के जीवन में कथ्य ही कथ्य है, जिसे वे समेटते चलते हैं, अपनी सजग सामाजिक चेतना, राजनीतिक सूझ-बूझ और गहरे संवेदन के सहारे। अनगढ़ कबीर उन्हें प्रभावित करते हैं और तुलसी की 'विशाल आत्मा' को स्वीकारते हुए भी वे उनकी प्रतिगामी पंक्तियों का विरोध करते हैं।

नागार्जुन के उपन्यासों में संघर्षगाथा है, सामान्यजन की यातना भी, पर निराशा का भाव नहीं। एक अदम्य आस्था-विश्वास से नागार्जुन की रचनाएँ परिचालित हैं, उन्हें आनेवाले कल पर भरोसा है। उनके पात्र जुझारू जीवन जीते हैं, जिसे मुक्तिबोध ने 'खतरे की ज़िंदगी' कहा है। बलचनमा अपनी संघर्षयात्रा के आरंभ में ही बताता है : "अपने जीवन की सबसे पहली घटना जो मुझे याद है, वह खूब साफ़ नहीं है⋯मालिक के दरवाजे पर मेरे बाप को एक खंभेली के सहारे कसकर बाँध दिया गया है। जाँघ, चूतर, पीठ और बाँह सभी पर बाँस की हरी कैली के निशान उभर आए हैं। चोट से कहीं-कहीं खाल उधड़ गई और आँखों से बहते आँसुओं के टंघार गाल और छाती पर से सूखते नीचे चले गए हैं— चेहरा काला पड़ गया है। होंठ सूख रहे हैं। अलग कुछ दूर छोटी चौकी पर यमराज की भाँति मझले मालिक बैठे हुए हैं।" बलचनमा के ग़रीब बाप की भूल यह कि पेट की आग बुझाने के लिए ज़मींदार के बगीचे से दो किसुनभोग आम तोड़ लाया था। बाप की मृत्यु के बाद बलचनमा मालिक के यहाँ चरवाहा बनने को विवश है। पर नागार्जुन बलचनमा को साहस, शक्ति देते हैं। उपन्यास के बीच में वह मालिक को ललकारता है : "उस राक्षस को ललकारते हुए मैं बोल उठा— बेशक, मैं ग़रीब हूँ। तेरे पास अपार सम्पदा है— मेरे पास कुछ नहीं है। मगर आखिरी दम तक मैं तेरे खिलाफ़ डटा रहूँगा। अपनी सारी ताकत को तेरे विरोध में लगा दूँगा। माँ और बहन को ज़हर दे दूँगा लेकिन उन्हें तू अपनी रखेली बनाने का सपना कभी पूरा न कर सकेगा।" पर प्रतिबद्ध नागार्जुन जानते हैं कि इस व्यवस्था में अकेला आदमी सिर्फ

शहीद हो सकता है, इसलिए वे सर्वहारा को संगठित करते हैं। बखूबी जानते हैं कि मध्यवर्ग छली-कपटी है, बातें क्रांति-विद्रोह की करता है, पर है मूलतः सुविधाभोगी, मौकापरस्त। ऐन निर्णायक क्षण में वह सर्वहारा के साथ छल कर जाता है। इसलिए नागार्जुन ने ज़ोर देकर कहा कि सही नेतृत्व तब बनेगा जब वह उसी सर्वहारा वर्ग से आएगा। उपन्यास के अंत में बलचनमा का संगठन है : ''आसरम में छिपाकर हम एक गंडासा रखते थे। मालिक की खूनी निगाहों से हम नावाकिफ नहीं थे। बच्चू, बंभोल, रामखेलावन, अब्दुल और मैं— हम पाँचों को पुलिस भी फँसाना चाहती थी, मालिक भी हमें घायल करके अपंग बना डालने के मनसूबे बाँध रहे थे। उनका ख्याल था कि बस रामपुर में पाँच आदमी हैं जिनको काबू में करने की ज़रूरत है।'' यहाँ नागार्जुन वर्गसंघर्ष को प्रेमचंद से आगे ले जाते हैं। दोनों में सामंती समाज के अत्याचार, शोषण के प्रामाणिक दृश्य हैं, पर नागार्जुन अपने पात्रों को जुझारू बनाते हैं— लड़ाई के लिए। नागार्जुन की रचनाओं में वर्गसंघर्ष की भूमिका को देखने से उनकी राजनीतिक पक्षधरता को सही संदर्भ में समझा जा सकता है। अन्य कविताओं को छोड़ भी दें तो 'हरिजनगाथा' कविता में जैसे 'बलचनमा' का ही वर्गसंघर्ष काव्यात्मक अभिव्यक्ति पाता है। यह लंबी कविता हरिजनों की संघर्षगाथा है, उनकी यातनाकथा, पर भविष्य के प्रति आशान्वित। यही नागार्जुन की साहसी दृष्टि है— सब कुछ के बीच अपराजेय। कविता का आरंभ है, वास्तविकता और नंगे यथार्थ से : ''ऐसा तो कभी नहीं हुआ था कि/एक नहीं, दो नहीं, तीन नहीं/तेरह के तेरह अभागे/अकिंचन मनुपुत्र जिंदा झोंक दिए गए हों/प्रचण्ड अग्नि की विकराल लपटों में/साधन सम्पन्न ऊँची जातियों वाले/सौ-सौ मनुपुत्रों द्वारा।'' फिर विस्तृत संकेत हैं नरसंहार की तैयारी के। ऐसे में कोख में आता है भूमिहीन बंधुआ मजदूरों के यहाँ गरीब हरिजन। नागार्जुन कविता को यथार्थ से गुजारते हुए, उसे एक दिवास्वप्न तक ले जाते हैं— कवि का 'विज़न' : ''दिल ने कहा— अरे यह बालक/निम्न वर्ग का नायक होगा/नई ऋचाओं का निर्माता/नए वेद का गायक होगा/होंगे इसके सौ-सौ योद्धा/लाख-लाख जन अनुचर होंगे।'' बदले परिवेश में जब कई लेखक लगभग किंकर्तव्यविमूढ़ हैं, तब भी नागार्जुन का संवेदन-संसार भविष्य के प्रति आशान्वित है।

नागार्जुन की राजनीति में आलोचनात्मक, तार्किक अथवा तथाकथित बौद्धिक धरातल की माँग करना उचित नहीं होगा। अपने विचारों में वे अडिग हैं, दृष्टि से ईमानदार पर उनकी रचना का मुख्य प्रस्थानबिंदु संवेदन है— उदार, जाग्रत, सामाजिक चेतना-सम्पन्न मानवीय संवेदन। इसीलिए उनकी रचनाएँ केवल राजनीति अथवा सामाजिक यथार्थ तक सीमित नहीं हैं। इस दृष्टि से वे हमारे बहुआयामी लेखक हैं— कई दिशाओं में जाते हुए। नागार्जुन ने सघन प्रकृति-चित्र बनाए हैं जिनकी संख्या काफ़ी है : बादल को घिरते देखा है, सजीले प्रिय देवदार, हेमंती बादल, फिसल रही चाँदनी, हरे-हरे नए-नए पात, वसंत की अगवानी, महामना मेघराज, लो यह उमड़-उमड़ आया, हजार बाँहों वाली शिशिर, फूले कदम्ब, धूप में खिले पात, घन कुरंग, हिम-कुसुमों का चंचरीक,

अब के इस मौसम में, झुक आए कजरारे मेघ आदि आदि। पर यह प्रकृति खुले जीवन का बोध कराती है, इसके माध्यम से नागार्जुन जीवन-दृश्यों को प्रस्तुत करते हैं, उसे जीवंत बनाते हैं, समाज-सम्पृक्त। प्रकृति और जीवन के दृश्य उरेहते हुए इस सजग कवि की दृष्टि खुरदरी ज़िंदगी पर जाती है— बिवाइयों वाले पैर, रँभाती गायें, फटे खुर, गंवई-गाँव की मड़ैया, पोखर-तालाब सभी कुछ। इस दृष्टि से त्रिलोचन ने भी गंवई-गाँव के जीवन को कविता में उतारा है। नागार्जुन ने प्रेम कविताएँ लिखी हैं, पर उनका प्रेम पौरुषवान, ऊर्जामय है— प्रेरणा बनकर। हिंदी में ऐसी सघन, संश्लिष्ट प्रेम कविताएँ इधर कम लिखी गई हैं : कर गई चाक/तिमिर का सीना जोत की फाँक/यह तुम थीं/सिकुड़ गई रग-रग/झुलस गया अंग-अंग/बनाकर ठूँठ छोड़ गया पतझर/उलंग असगुन-सा खड़ा रहा कचनार/अचानक उमगी डालों की संधि में/छरहरी टहनी/पोर-पोर में गसे थे टेसू/यह तुम थीं/झुका रहा डालें फैलाकर/कगार पर खड़ा कोढ़ी गूलर/ऊपर उठ आई भादों की तलइया/जुड़ा गया बौने की छाल का रेशा-रेशा/यह तुम थीं।

नागार्जुन की रचनाएँ हमें अवसर देती हैं कि हम आज के संदर्भ में रचना-राजनीति के प्रश्न पर खुलकर विचार करें। दुहराने की ज़रूरत नहीं कि राजनीति से पलायन एक आत्मछल है, लगभग गद्दारी और परसाईजी के शब्दों में कहा जाए तो 'राजनीति न करने की राजनीति है', जो बहुत खतरनाक, घातक। पर राजनीति को व्यापक सामाजिक संदर्भ और जीवन-प्रवाह का हिस्सा बनाकर ही रचना में खपाया जा सकता है, उसे सही सर्जनात्मकता दी जा सकती है। इस दृष्टि से नागार्जुन की रचना का एक पक्ष है, उसका प्रतिबद्ध समाजशास्त्र और दूसरा है विकसित सौंदर्यशास्त्र जहाँ सौंदर्य-संबंधी जड़ीभूत मान्यताएँ टूटती हैं। श्रोता समाज के लिए नागार्जुन ने वाचिक परंपरा का उपयोग किया और 'बुकलेटों' का प्रचार-प्रसार किया। नागार्जुन का वैशिष्ट्य यह कि उनके पाठक भी हैं और श्रोता भी जिससे उनकी रचना की सामाजिकता का पता चलता है। सामाजिक यथार्थ को कविता में बसाने का काम कठिन होता है, क्योंकि यहाँ केवल विवरण-वृतांत से काम नहीं चलता, संवेदनयात्रा करनी होती है। नागार्जुन अपनी रचनाओं में सम्मिलित हैं, संलग्न हैं, तटस्थ द्रष्टा का भ्रम नहीं पालते, इसलिए वे अपनी बात संवेदन के स्तर पर कह लेते हैं, स्वयं को प्रामाणिक और विश्वसनीय बनाते हुए। 'अकाल' जैसी अनेक मर्मस्पर्शी कविताएँ हैं उनकी। उनकी ईमानदारी का बड़ा सबूत उनकी स्वयं की आत्मस्वीकृति के अतिरिक्त क्या हो सकता है ? 'पछाड़ दिया मेरे आस्तिक ने' कविता में ग्राम-प्रकृति पर मुग्ध होते हैं। बहुत दिनों के बाद ऐसा शरद का बालरवि देखा है। शहरी समाज में प्रकृति का खुला रूप मयस्सर कहाँ ? साथ में है नौजवान रत्नेश्वर। कवि सूर्य को संस्कृत ऋचाओं में प्रणाम देता है और उसकी ईमानदार स्वीकृति है : ''पछाड़ दिया है आज मेरे आस्तिक ने मेरे नास्तिक को/साक्षी रहा तुम्हारे जैसा नौजवान पोस्टग्रेजुएट/मेरे इस 'डेविएशन' का।'' रचना में ऐसी आत्मस्वीकृति नागार्जुन की ईमानदारी बताती है।

व्यंग्य की सामाजिकता

रचना में व्यंग्य की एक मिली-जुली स्थिति रही है और हास्य (ह्यूमर) के अतिरिक्त वाग्वैदग्ध्य (विट), वक्रोक्ति (आयरनी), प्रहसन (फ़ार्स) विनोद आदि को उसमें प्रवेश मिलता रहा है। व्यंग्य के साथ हास्य का तो ऐसा घालमेल हुआ कि उन्हें अलगा पाने में कठिनाई होती है और वे लगभग एक साथ प्रयुक्त होते रहे हैं। व्यंग्य का तत्त्व काफ़ी पुराना है और यूनानी-रोमन साहित्य में एरिस्टोफ़ेन्स, होरेस आदि ने इसका प्रयोग किया। आगे चलकर मध्यकाल में वाल्टेयर ने इसे विकसित किया और अठारहवीं शती के अंग्रेजी साहित्य में लगभग सभी विधाओं में व्यंग्य का उपयोग किया गया। ड्राइडन, एडिसन, स्विफ़्ट, फ़ील्डिंग जैसे नामों का उल्लेख प्रायः इस संदर्भ में किया जाता है। बीसवीं शती में जार्ज बर्नार्ड शा जैसे लेखकों ने व्यंग्य को नया सामाजिक आशय दिया और उसे लोकप्रिय विधा के रूप में स्थापित किया। भारतीय साहित्य में भी हास्य-व्यंग्य के तत्त्व रचना में क्रियाशील रहे हैं और नाटकों में विदूषक आदि का माध्यम अपनाया गया। लोक साहित्य में, सामान्य जनजीवन की अधिक निकटता के कारण, हास्य-व्यंग्य का अधिक खुला उपयोग किया जाता रहा है। आधुनिक हिंदी साहित्य में सुधारवादी सदिच्छा को लेकर, भारतेंदु युग के लेखकों ने इसका सहारा लिया जिसका एक पक्ष, निबंधों में विशेष रूप से देखा जा सकता है। स्वच्छंदतावाद के रूमानी दौर में इस विधा की गति शिथिल हुई, पर निराला जैसे सामाजिक यथार्थ से सम्पन्न लेखकों ने इसे नए आयाम दिए और आगे चलकर हरिशंकेर परसाई, नागार्जुन आदि ने उसे प्रतिबद्धता से जोड़ा।

आधुनिक युग में व्यंग्य विधा को एक नई प्रयोजनशीलता मिली क्योंकि रचना पर सामाजिक यथार्थ के दबाव निरंतर बढ़ते रहे हैं। काव्य, नाटक, कथा-साहित्य के माध्यम से प्रक्षेपित होने वाले व्यंग्य तत्त्व को एक स्वतंत्र विधा के रूप में विकसित किया गया। हास्य-विनोद आदि का विकास सामंती परिवेश में हुआ था, इसलिए उन्हें मनोरंजन के तौर पर इस्तेमाल किया जाता था और कई बार भोड़े ढंग का भदेसपन भी दिखाई देता था। पर आज व्यंग्य, जिसमें हास्य के तत्त्व भी अन्तर्भुक्त हो गए हैं, सामाजिक यथार्थ के प्रक्षेपण से ही संतुष्ट नहीं होता, वह अपने परिवेश से क्षुब्ध है और उस पर निर्मम ढंग से आक्रमण भी करता है। आर्थर पोलार्ड 'सटायर' नामक अपनी चर्चित पुस्तक में कहता है : ''व्यंग्य वस्तुस्थिति की आलोचना मात्र करके नहीं

रह जाता, अपितु उसकी आदर्श स्थिति का भी निर्देश करता है।'' इस प्रकार व्यंग्य का आशय सामाजिक संरचना में लेखन की शिरकत से सीधे ही संबद्ध हो जाता है और लेखक से सामाजिक प्रतिबद्धता की माँग करता है।

व्यंग्य की सामाजिकता सामंती हास्य-विनोद-मनोरंजन से अलगाकर उसे सामाजिक यथार्थ से जोड़ती है। यथार्थ की यह पकड़ जितनी गहरी होगी, व्यंग्य उतना ही प्रभावी होगा, क्योंकि कई बार हम उसे ऊपर-ऊपर छूकर रह जाते हैं— वर्णन-विवरण से आगे नहीं जाते। पहले सुविधा थी कि नायक के माध्यम से हास्य-व्यंग्य को व्यक्त करते हुए, एक दर्शक-समाज हमारे सामने उपस्थित रहता था और प्रेषणीयता का प्रश्न किसी सीमा तक अपने आप हल हो जाता था, पर व्यंग्य का स्वतंत्र विधा के रूप में विकास लेखक के सामने कई चुनौतियाँ प्रस्तुत करता है। आज का व्यंग्यकार अपने पाठक को केवल गुदगुदाकर नहीं रह जाता, जो कार्य सामंती अथवा बुर्जुआ परिवेश में बतौर मनोरंजन किया गया। विपरीत इसके वह अपेक्षाकृत आक्रोशी मुद्रा में है और अपने समय-समाज से असंतुष्ट होकर, उस पर तीखे आक्रमण करता है। उसका आशय पाठक की चेतना को झकझोरना है ताकि वह सामाजिक पुनर्निर्माण की दिशा में सोच सके। इस प्रकार श्रेष्ठ व्यंग्य रचनाएँ गहरी मानवीय संलग्नता से उपजती हैं और आक्रामक मुद्राओं के बावजूद, उनका लक्ष्य एक बेहतर मानव समाज की परिकल्पना है। व्यंग्य की प्रतिबद्ध सामाजिक सोद्देश्यता उसे आज एक गंभीर विधा के रूप में स्थापित करती है। उसके साथ बहुत सपाटे से दौड़कर काम नहीं चलाया जा सकता, उसे अधिक सावधानी के साथ समझने की आवश्यकता है।

मानवीय संलग्नता के कारण व्यंग्य अपनी आक्रामकता में भी संवेदनशील है, इसे जाने बिना इस विधा के साथ कई तरह की भ्रांतियाँ उपस्थित हुई हैं। जब हम वैयक्तिक स्तर पर उपहासात्मक होते हैं तब वह क्षुद्र वृत्तियों का प्रकाशन होता है, पर व्यंग्य की निर्वैयक्तिकता उसे रचना की क्षमताओं से सम्पन्न बनाती है। तब वस्तु-पात्र-स्थितियाँ अपने सामाजिक संदर्भों में प्रस्तुत होते हैं और उन्हें लगभग प्रतीकत्व मिल जाता है, क्योंकि वे समाज के विभिन्न वर्गों का प्रतिनिधित्व करने लगते हैं। प्रेमचंद के 'गोदान' के आरंभ में ही ढहते सामंतवाद के प्रतीक राय साहब होरी के सामने खुद को खोलते हुए कहते हैं : ''हम भी दान देते हैं, धर्म करते हैं। लेकिन जानते हो क्यों ? केवल अपने बराबर वालों को नीचा दिखाने के लिए। हमारा दान और धर्म कोरा अहंकार है, विशुद्ध अहंकार।'' जो स्वयं पर व्यंग्य कर सकने की क्षमता रखता है, वह निर्वैयक्तिक भी है और इसी क्रम में श्रेष्ठ व्यंग्य रचनाएँ उपजती हैं। इस तटस्थता में व्यंग्य विधा विकसित होकर अधिकाधिक वस्तुपरक बनती है और समाज के अंतर्विरोधों/द्वंद्वों को ठीक से पहचानती है। इसके लिए व्यंग्य में एक स्पष्ट वैचारिकता का होना भी आवश्यक है जो जीवन के प्रति आलोचनात्मक दृष्टि से जन्म लेती है। इसे हम व्यर्थ की भावुकता से मुक्ति का क्षण कह सकते हैं, क्योंकि उसके पास कोरी सहानुभूति तो हो सकती है, पर निरंतर जटिल होते जाने वाले जीवन के प्रश्नों का समाधान नहीं। व्यंग्य समाज

की असंगति, विद्रूप, अंतर्विरोध, छद्म के मूल तक जाता है और स्पष्ट वैचारिक दृष्टि के बिना यह विश्लेषण संभव नहीं। इसीलिए जो व्यंग्यकार केवल विक्रेता के रूप में अपने माल को खपाना चाहते हैं, वे प्राय: लंबी यात्रा नहीं कर पाते, कुछ समय बाद चुक जाते हैं। अधिक से अधिक वे स्वयं को दुहराते रहते हैं और लेखन में रीढ़ की हड्डी के न होने से, पाठक को गहरे स्तर पर आंदोलित नहीं कर पाते।

व्यंग्य को यदि केवल आक्रामक विधा कह कर संतोष कर लिया जाए तो यह अधूरा साक्षात्कार होगा। इसके मूल में जो मानवीय संलग्नता और सामाजिक सदाशयता है, वह इसे नकारात्मक होकर नहीं रह जाने देती—प्रहार के पीछे सर्जन का भाव विद्यमान है। कबीर जब जर्जर सामंती व्यवस्था पर तीखे आक्रमण करते हैं, तो वे सामाजिक-सांस्कृतिक पुनर्निर्माण की भावना से परिचालित हैं। इसका प्रमाण यह कि एक ओर उनमें प्रहारात्मक स्वर है, दूसरी ओर वे प्रेमाध्यात्मक पदों को राग-रागनियों में बाँधते हैं। गंतव्य प्रेम-भरे सौमनस्यपूर्ण समाज की कल्पना है, पर दो अलग-अलग रास्ते लगभग एक ही स्थल पर पहुँचना चाहते हैं। श्रेष्ठ व्यंग्य के मूल में जो गहरी संवेदना होती है, उसकी पहचान इसलिए भी उपयोगी कि हम व्यंग्यकार को केवल नकारात्मक लेखक मानने की भूल न करें और यह समझें कि इसमें उसकी सकारात्मक दृष्टि मौजूद है। आधुनिक युग के मार्क्सवादी, फ़ेबियन समाजवादी लेखकों में इसे देखा-परखा जा सकता है। चेखव (1860-1904) का व्यंग्य कई बार हमारी पकड़ में नहीं आता क्योंकि लेखक ने उसे संवेदन के गहरे स्तर पर पाया और प्रक्षेपित किया है। 'नकाब' कहानी में तथाकथित बुद्धिजीवियों पर व्यंग्य करते हुए चेखव एक क्लब में एक पात्र से कहलाता है : "आप अपने अखबार रख दें—बहुत पढ़ चुके आप लोग और यह पढ़ाई काफ़ी है। वैसे ही आप लोग बहुत काबिल हैं। इसके अलावा ज्यादा पढ़ने से आप लोगों की आँखें खराब हो जाएँगी।" कहानी के अंत में टिप्पणी है : "कोई कलाकार, कोई अत्यंत प्रतिभाशाली व्यक्ति ही इस सबका ऐसा मज़ाक उड़ा सकता था।" पूरी कहानी व्यंग्य-आधारित है, पर करुणा और संवेदन वहाँ अंत:सलिला की तरह मौजूद हैं। सहानुभूति, करुणा, मानवीयता से व्यंग्य ऊपर उठता है।

व्यंग्य वास्तव में तभी ऊँचाई पर उठता है जब उसके मूल में मानवीय संवेदन गहरे स्तर पर मौजूद रहते हैं और ऐसा करते हुए लेखक को अपने गंतव्य का एहसास हो। कई बार हम व्यंग्यकार को एकाधिक दिशाओं में जाते हुए देखते हैं—आक्रामक मुद्रा से लेकर सहज करुणाभाव तक और यह सब केवल किसी अंतर्विरोध के कारण नहीं, बल्कि एक मानवीय चिंता के अंतर्गत होता है, जिसे हम सार्थक लेखन का मूलाधार मानते हैं। यही वह बिंदु है जहाँ हम एक साधारण हास्य-प्रसंग को श्रेष्ठ व्यंग्य रचना से अलगा सकते हैं। सार्थक व्यंग्य पात्र-स्थिति आदि के माध्यम से अपने समाज-समय को उजागर करता है, वृहत्तर सामाजिक संदर्भों में देखने की क्षमता रखता है। अपने समय के आमानुषीकरण पर व्यंग्य करते हुए परसाई 'ठंडा शरीफ़ आदमी' में लिखते हैं : "अपने को भावनात्मक रूप से किसी भी व्यक्ति से जोड़े बिना सब

निभाता जाता है। जो उसके लिए उतना ही निर्जीव है जितना पत्थर, उससे रोज़ जाकर घर मिलेगा, अगर वह उसे कोई फ़ायदा पहुँचा सकता है। ठंडी औपचारिकता में जब वह भावना की गर्मी भरने का नाट्य करता है, तब बहुत घृणास्पद हो जाता है। तब उसे सहा नहीं जा सकता'' (बोलती रेखाएँ)।

आधुनिक व्यंग्य एक प्रकार से हमारी रचना के सामाजीकरण अथवा लोकतांत्रीकरण की प्रक्रिया है और जिस गति से इस विधा का विकास हुआ है, उससे उसकी प्रयोजनशीलता का संकेत मिलता है। प्रतिबद्धताएँ और प्राथमिकताएँ अलग-अलग हो सकती हैं, पर औद्योगिक समाज की बढ़ती जटिलताओं और विश्व में निरंतर गहराती अमानुषीकरण की प्रक्रिया में व्यंग्यकार का लक्ष्य स्पष्ट है— बेहतर मानव समाज की स्थापना। राजनीति के दबाव रचना पर तेज़ी से बढ़े हैं और हम रंगभूमि-कर्मभूमि से काफ़ी आगे निकल आए हैं। फणीश्वरनाथ रेणु, नागार्जुन, श्रीलाल शुक्ल, राही मासूम रज़ा, बदीउज्ज़मा आदि के उपन्यास सामाजिक संदर्भों पर व्यंग्य करते हुए कथा को अग्रसर करते हैं और यहाँ निहित आशय कई बार इतने सूक्ष्म हैं कि उन्हें सावधानी से पहचानना पड़ता है। इस दिशा में हम आचार्य हजारीप्रसाद द्विवेदी का नाम ले सकते हैं, जो गहरे संवेदन के सांस्कृतिक लेखक हैं और चीज़ों को वृहत्तर मानवीय संदर्भों में रखकर देखते हैं। 'अशोक के फूल' के बारे में लिखते हुए वे कहते हैं : ''अशोक का फूल तो उसी मस्ती से हँस रहा है। पुराने चित्त से इसको देखने वाला उदास होता है। वह अपने को पंडित समझता है। पंडिताई भी एक बोझ है— जितनी ही भारी होती है उतनी ही तेज़ी से डुबोती है। जब वह जीवन का अंग बन जाती है तो सहज हो जाती है। तब वह बोझ नहीं रहती। वह उस अवस्था में उदास भी नहीं करती।''

व्यंग्य वैचारिकता तथा संवेदन के संयोजन से समृद्ध होता है और एक ऐसी रचनात्मक ऊँचाई प्राप्त करता है कि उसका निषेध करना, उसे नकार पाना लगभग असंभव हो जाता है। इस स्थिति में वह कथन-भंगिमा, अदाओं आदि को पीछे छोड़ देता है— एक प्रकार से सहज, निरायास हो जाता है। कई बार व्यंग्य बहुत मारक अथवा विध्वंसात्मक नहीं हो पाता और उसमें शालीनता दिखाई देती है जैसे आचार्य द्विवेदी में, पर समाज के प्रति विक्षोभ के भाव में वहाँ भी कमी नहीं होती। कबीर की परंपरा में निराला, नागार्जुन अथवा हरिशंकर परसाई अपने व्यंग्यों में बेमुरौवत दिखाई देते हैं और अपनी बात को अधिक तीक्ष्ण या नुकीला बनाने के लिए वे देसी मुहावरा सीधे ही जनसामान्य को ज़िंदगी से उठा लेते हैं। व्यंग्य की चर्चा करते हुए, उसके मुहावरे का प्रश्न भी प्रासंगिक है, क्योंकि सही मुहावरे के अभाव में व्यंग्य भोथरा हो जाता है— प्रभावहीन। यह प्रश्न केवल चीख-चिल्लाहट का नहीं है, वरन् उस प्रसंगानुरूप सार्थक शब्दराशि, प्रतीक आदि की तलाश का है जो व्यंग्य को मार्मिकता देते हैं और वह काफ़ी समय तक पाठक को मथता रहता है। प्राय: निराला के 'कुकुरमुत्ता' का उल्लेख किया जाता है जहाँ कवि अभिजात समाज पर तीखे आक्रमण करता है, पर 'नए पत्ते' में व्यंग्य के साथ करुणा-सहानुभूति के जो तत्त्व संयोजित हैं, वे निराला की संवेदनशीलता से उपजे

हैं। 'कुत्ता भौंकने लगा' कविता की अंतिम पंक्तियाँ हैं : ''कौड़े से कुछ हटकर/लोगों के साथ कुत्ता खेतिहर का बैठा था/चलते सिपाही को देखकर खड़ा हुआ/और भौंकने लगा/करुणा से बंधु खेतिहर को देख-देखकर।''

सामाजिक यथार्थ के बढ़ते दबाव, पूँजीवादी औद्योगिक समाज की प्रतिक्रिया है और इन स्थितियों में व्यंग्य का विकास स्वाभाविक है। इसीलिए अधिकाधिक मात्रा में राजनीतिक रचनाएँ लिखी जा रही हैं जिनमें सामयिक संदर्भ कई बार बहुत हावी हो गए हैं। पर लेखक को यह एहसास भी है कि 'तत्काल' की चर्चा करते हुए, उसे अपने समय को इतिहास-प्रवाह में रखकर देखना होगा। रघुवीर सहाय का कविता संकलन 'आत्महत्या के विरुद्ध' राजनीतिक कविता के तौर पर प्रायः उद्धृत किया जाता है, पर नागार्जुन ने इस क्षेत्र को लगभग पूरी तरह अपना लिया है। उनका व्यंग्य मारक है, पर जहाँ कहीं वह सामयिक राजनीति से ऊपर उठकर, संवेदन के स्तर पर व्यक्त होता है, वहाँ वह निश्चय ही मार्मिक है, जैसे 'जयति नखरंजनी' में : ''बात थी जरा-सी बस काले निशान की/तीन वोट रह गए फ़ैशन के नाम पर'' (तालाब की मछलियाँ) अथवा निराला के संदर्भ में : कोई आए तुमसे सीखे/वह द्वापर वाली शरशय्या की चुभन आज (प्यासी पथराई आँखें)। भवानीप्रसाद मिश्र के 'गीत फ़रोश' में 'मैं गीत बेचता हूँ' आज के रचनाकर्म पर तीखी टिप्पणी है। रचना पर सामाजिक यथार्थ के बढ़ते दबाव व्यंग्य विधा को गति देते हैं और उसे एक समर्थ माध्यम के रूप में स्वीकारा गया है। इसका प्रमाण यह कि व्यंग्य साहित्य लेखन के अतिरिक्त रचनाशीलता के अन्य माध्यमों— रेखांकन, चलचित्र आदि में भी प्रवेश कर गया है। अभी तक व्यंग्य अन्य विधाओं में सम्मिलित रहा है, पर अब उसका स्वतंत्र व्यक्तित्व तथा रचनातंत्र बनने की संभावनाएँ भी हैं, बशर्ते लेखक की सामाजिक सदाशयता, गहरी मानवीय चिंता तथा संलग्नता विचार और संवेदन की संग्रथित भूमि पर संस्थित हों। इसके लिए उसे व्यापक जीवन को निरन्तर अपने संवेदन में बसाए रखना होगा, जो हर सार्थक रचना का गंतव्य है। नए साहित्य में इसका प्रयत्न है।

व्यंग्य का उपयोग आज 'सटायर' के समानार्थी रूप में किया जाता है, और बदलते सामाजिक परिवेश में यह तेज़ी के साथ विकसित हुआ और उसने एक प्रभावकारी स्वतंत्र व्यक्तित्व बनाया। कई शब्द हैं जो इसके आसपास उपयोग में लाए जाते हैं और स्थिति भी यही है कि ये सब कमोवेश मात्रा में उपस्थित रहते हैं। इनमें से कुछ पूर्ववर्ती भी हैं, पर व्यंग्य की लंबी यात्रा का एक कारण यह कि समाज की गतिशीलता के अनुरूप स्वयं को ढालने का प्रयत्न, वह निरंतर करता रहा है। संस्कृत में हास्य-व्यंग्य-विनोद की सम्मिलित स्थिति रही है और ऐसे प्रसंगों का उपयोग किया जाता रहा है जहाँ कवि-नाटककार का आशय मनोरंजन की सृष्टि करना है। सामंती परिवेश में व्यंग्य का मुख्य आधार हास्य-विनोद होते हैं क्योंकि कई कारणों से रचना की सीमा-रेखाएँ बन जाती हैं। जो रचनाकार प्रायः राजाश्रय से जुड़े हैं, वे अभिजन समाज को संबोधित करना चाहते हैं। वहाँ कथन की एक भंगिमा है जिससे हास्य की सृष्टि होती

है, पर उसका आशय मनोरंजन के माध्यम से मानसिक तुष्टि है।

हिंदी साहित्य में व्यंग्य के प्रजातांत्रीकरण की प्रक्रिया देवभाषा का वर्चस्व टूटने के साथ आरंभ हुई। सिद्ध-नाथ साहित्य में अपने समय के प्रति तीव्र असंतोष व्याप्त है और उसमें धर्माडम्बर, रूढ़िप्रियता, अंधविश्वास आदि पर सीधे आक्रमण हैं। ये कवि कविता को खुली भूमि पर ले आए और इन्होंने जनता को सीधे ही, उन्हीं की भाषा में संबोधित करने का प्रयत्न किया। यहाँ कला-शिल्प का बना-बनाया ढाँचा सामाजिक-सांस्कृतिक दबावों में टूटता-बिखरता है और व्यंग्य एक सामाजिक आशय से जुड़ जाता है। पूर्ववर्ती हास्य की सीमा थी कि वह अधिक से अधिक पाठक अथवा दर्शक को एक क्षण के लिए गुदगुदाता-हँसाता था। पर भाषाओं के देसी स्वरूप की प्रक्रिया ज्यों-ज्यों विकास पाती गई, व्यंग्य जनसामान्य के संवेदन का अधिकाधिक प्रतिनिधित्व करता गया। इस दृष्टि से व्यंग्य सामाजिक प्रजातांत्रीकरण की प्रक्रिया से जुड़ी हुई विधा है जिससे हास्य आदि को नए सामाजिक संदर्भ मिलते हैं। यह प्रासंगिक है कि आधुनिक युग के पूर्व भी जब-जब रचनाकारों को अपने सामाजिक असंतोष-विक्षोभ को अभिव्यक्ति देनी थी तब उन्होंने व्यंग्य का सहारा लिया। तुलसी, जिनकी सजग सामाजिक चेतना शालीनता के साथ, स्वयं को प्रक्षेपित करती है और रामचरित की मर्यादावादी नैतिक रेखाएँ उसकी सीमा भी निर्धारित करती हैं, वहाँ भी व्यंग्य के अवसर मिल जाते हैं। सीता-हरण के उपरांत का करुण प्रसंग है, जहाँ तुलसी लिखते हैं : ''बिरही इव प्रभु करत विषादा।'' इसी क्रम में वे लक्ष्मण से कहते हैं : ''हमहिं देखि मृग निकर पराहीं/ मृगी कहहिं तुम्ह कहं भय नाहीं/तुम्ह आनंद करहु मृग जाए/कंचन मृग खोजन ए आए।'' यहाँ मृगी का व्यंग्य कि इन्हें स्वर्णमृग की तलाश है, करुणा की पृष्ठभूमि से मिल कर आया है। इसलिए वह मार्मिक तो है, पर उसमें जुझारूपन का अभाव है, जिसके लिए कबीर को याद किया जाता है, सिद्धों-नाथों की सामाजिक सदाशयता की अगली कड़ी के रूप में।

यदि व्यंग्य को अपनी सामाजिक सोद्देश्यता स्पष्ट रखनी है तो उसे शालीनता के आच्छदों से स्वयं को मुक्त करना होगा। कबीर ने इसे बखूबी समझा और निडर होकर इस अस्त्र का बेलौस उपयोग किया। इसीलिए व्यंग्य की चर्चा करते हुए हम कबीर को आदि विद्रोही कवि के रूप में स्वीकारते हैं और उनकी जुझारू प्रवृत्ति को प्रासंगिक मानते हैं। कबीर ने अपना सामाजिक आशय व्यक्त करने के लिए दोटूक भाषा को अपनाया और आभिजात्य के अलंकरण निरर्थक, अप्रासंगिक मानकर त्याग दिए। इसीलिए कई बार पंडित वर्ग ने उन्हें कविता के इतिहास में हाशिए पर डालने का प्रयत्न भी किया, पर निरंतर बढ़ते सामाजिक दबावों में यह फक्कड़ कवि हमारे अधिकाधिक निकट आता गया, क्योंकि सामाजिक यथार्थ से आँख मिलाने और उस पर आक्रमण कर सकने का साहस इस कवि के पास है। आचार्य हजारीप्रसाद द्विवेदी ने कबीर को फक्कड़, मौजी के रूप में विवेचित करते हुए उनकी रचनात्मक अस्वीकृति और निषेध को रेखांकित किया है : ''सब बाहरी धर्माचारों को अस्वीकार करने का

अपार साहस लेकर कबीर साधना के क्षेत्र में अवतीर्ण हुए। केवल अस्वीकार करना कोई महत्त्व की बात नहीं। हर कोई हर किसी को अस्वीकार कर सकता है। पर किसी बड़े लक्ष्य के लिए बाधाओं को अस्वीकार करना सचमुच साहस का काम है। बिना उद्देश्य का विद्रोह विनाशक है, पर साधु उद्देश्य से प्रणोदित विद्रोह शूर का धर्म है।'' या ''वे समस्त बाह्याचारों के जंजालों और संस्कारों को विध्वंस करने वाले क्रांतिकारी थे। समझौता उनका रास्ता नहीं था। इतने बड़े जंजाल को नाहीं कर सकने की क्षमता मामूली आदमी में नहीं हो सकती। कमजोर स्नायु का आदमी इतना भार बर्दाश्त नहीं कर सकता। जिसे अपने मिशन पर अखंड विश्वास नहीं है वह इतना असम साहसी हो ही नहीं सकता।''

आधुनिक समय में जिन परिस्थितियों में हिंदी साहित्य रचा गया, उसमें कई प्रकार की सीमाएँ थीं, जिनमें हास्य-व्यंग्य की विधा विकसित हुई। उन्नीसवीं-बीसवीं शताब्दी के संधि-स्थल पर राष्ट्रवाद-सुधारवाद की प्रवृत्तियाँ सक्रिय थीं और उन्होंने उस समय के लेखन को एक प्रकार से स्थापित किया। भारतेंदु और उनके समकालीन लेखकों में वर्तमान समाज के प्रति असंतोष का भाव तो है पर सीधे-सीधे उस पर आक्रमण कर सकने की सुविधा नहीं। भारतेंदु का प्रहसन 'अंधेर नगरी चौपट राजा' जो संकेत छोड़ जाता है वह अपने समय-समाज पर, जहाँ तक राजनीतिक स्थिति का प्रश्न है, भली भाँति लागू होता है। न्याय व्यवस्था के मानदंड चरमरा गए हैं, ज्ञान-विवेक की परंपरा लुप्त होती जा रही है आदि। यह प्रहसन भारतेंदु की सामाजिक सजगता तथा प्रश्नाकुलता से उपजा है और तत्कालीन भारतीय समाज उनके सामने रहा है। पर यदि आज हम इसी कथा-तंतु के माध्यम से अपनी बात कहना चाहें, तो निश्चय ही हमें अधिक आक्रामक होना होगा। भारतेंदु के समकालीन प्रतापनारायण मिश्र, बालकृष्ण भट्ट आदि में हास्य अग्रगामी है और उसमें निहित व्यंग्य उसका अनुचर। इसका कारण यह है कि जिन राजनीतिक परिस्थितियों में ये सभी लेखक अपनी रचनाएँ प्रस्तुत कर रहे थे, वहाँ अभिव्यक्ति की स्वतंत्रता लगभग नगण्य थी। इस विवशता को ध्यान में रखकर जब हम भारतेंदु युग की व्यंग्यधर्मिता का मूल्यांकन करते हैं तो हमें इन लेखकों के सामाजिक उद्देश्य को सराहना पड़ता है।

रचना ज्यों-ज्यों समाजोन्मुख होती जाती है लेखक का यह एहसास गहराता है कि उसे लेखन का उपयोग सामाजिक यथार्थ के प्रक्षेपण में करना है। एक कदम आगे बढ़कर रचना सामाजिक हिस्सेदारी के रूप में स्वीकारी जाती है और लेखक सामाजिक पुनर्निर्माण में अपनी भूमिका का निर्वाह करना चाहता है। हिंदी में रचना के रूमानी स्वच्छंदतावादी दौर में व्यंग्य की धार कुंठित हो गई पर कबीर की परंपरा से जुड़े निराला ने इस एकरसता को तोड़ा और कविता को सामाजिक यथार्थ से जोड़ा। बीसवीं शताब्दी के चौथे दशक में निराला ने अपनी व्यंग्य रचनाएँ प्रस्तुत कीं तो यह एक प्रकार से उस पूर्ववर्ती रूमानी अवधारणा की असमर्थता का संकेत भी था जो सामाजिक यथार्थ के साथ न्याय करने में सक्षम नहीं थी। सामयिक संदर्भों से उपजी कविताओं में

निराला भाषा और उसके मुहावरे को सीधे ही जीवन के बीच से उठा लेते हैं। 'अणिमा' में रोटी, ज़मीन, भूख की चर्चा, बनिया, गुड़, महफ़िल आदि के देसी ताने-बाने से कविताएँ निर्मित हुई हैं। इसी क्रम में चतुरी चमार, बिल्हेसुर बकरिहा और कुल्लीभाट जैसी सामाजिक यथार्थ की गद्य कृतियाँ प्रस्तुत हुईं। 1941 ई. के 'हंस' के मई अंक में जब 'कुकुरमुत्ता' के प्रथम खंड का प्रकाशन हुआ तो व्यंग्य को निराला के माध्यम से एक नई अर्थवत्ता मिली। इसे हम हिंदी स्वच्छंदतावादी काव्य की रूमानी बनावट से मुक्ति का चरण कह सकते हैं। इस कविता का पूरा ढाँचा ही व्यंग्य से निर्मित है। यहाँ आभिजात्य का प्रतीक गुलाब, सर्वहारा कुकुरमुत्ता की चुनौती सुनने के लिए विवश जैसा है। कुकुरमुत्ता कहता है : "अबे सुन बे गुलाब/भूल मत जो पाई खुशबू रंगो आब/खून चूसा खाद का तूने अशिष्ट/डाल पर इतराता है कैपिटलिस्ट।" और अपने बारे में कहता है : "देख मुझको मैं बढ़ा/डेढ़ बालिश्त और ऊँचे पर चढ़ा/ और अपने से उगा मैं/बिना दाने का चुगा मैं/कलम मेरा नहीं लगता/मेरा जीवन आप जगता।" कुकुरमुत्ता, बेला, नए पत्ते आदि रचनाओं का व्यंग्य सामाजिक चेतना से परिचालित है। कुकुरमुत्ता का समापन प्रमाणित करता है कि निराला व्यंग्य को रचना के सार्थक सामाजिक दायित्व के तौर पर स्वीकारते हैं और इसलिए वे नवाब खानदान का रूपांतरण करा देते हैं।

निराला ने अपनी रचनाओं में जिस व्यंग्य को सामाजिक एहसास की अभिव्यक्ति के लिए अपनाया, वह आगे चलकर नए साहित्य में विकसित हुआ क्योंकि उसमें यथार्थ की गहरी पकड़ का आग्रह है। उदाहरण के लिए हम 'नए पत्ते' में संग्रहीत, निराला की एक कविता 'कुत्ता भौंकने लगा' को ले सकते हैं। गाँव में डिप्टी साहब आते हैं जो नौकरशाही शोषण के प्रतीक हैं और बेचारा किसान असहाय है। ऐसी स्थिति में उसका कुत्ता अधिक साहस का परिचय देता है। नए साहित्य के आरंभिक दौर में सामाजिक यथार्थ के आग्रह बढ़ रहे थे, पर एक तबका ऐसा भी था जो प्रयोगधर्मिता को प्राथमिकता देकर, वास्तविक मुद्दे से हटकर रचना को दूसरी दिशा में ले जाना चाहता था। इसीलिए यदि प्रयोगधर्मियों ने कभी व्यंग्य का उपयोग किया भी तो वह अधिक प्रभावी नहीं हो सका क्योंकि उसकी धार ही कुंठित थी। इस दृष्टि से हमें निराला के साथ-साथ प्रेमचंद का भी उल्लेख करना होगा। प्रेमचंद का सामाजिक आशय निरंतर विकसित होता गया और उसे गहन अर्थवत्ता प्राप्त हुई। 'पूस की रात' और 'कफन' जैसी कहानियाँ प्रमाणित करती हैं कि प्रेमचंद व्यंग्य को संवेदन के गहरे स्तर पर प्रक्षेपित कर रहे हैं। पूस की रात में ठिठुरता हुआ हलकू अपने कुत्ते जबरा को शरीर से सटाकर सेंकता है। नीली गायें खेत को बर्बाद कर जाती हैं। यहाँ लेखक मुन्नी और हल्कू की प्रतिक्रियाओं को अलग-अलग ढंग से पेश करता है। मुन्नी नंगे यथार्थ को सामने देखकर डर जाती है कि जब मजूरी करके मालगुजारी भरनी पड़ेगी, पर हल्कू का वाकय हमारी व्यवस्था पर सीधी चोट करता है। वह कहता है— 'अब रात की ठंड में यहाँ सोना तो न पड़ेगा।' इसी प्रकार 'कफ़न' कहानी महाजनी सभ्यता

में निरंतर बढ़ने वाली अमानवीयता का संकेत करती है। बाप-बेटे के भावुक संबंध भी पेट की ज्वाला में झुलस जाते हैं। घीसू-माधव इसलिए अलाव की ओर आँख लगाए बैठे हैं कि कहीं एक-दूसरे से ज्यादा आलू न खा जाएँ। बुधिया कराहती रहती है पर वे दोनों बड़े अजगर की तरह गेडुलियाँ मार कर पड़ जाते हैं यहाँ तक कि कफ़न के लिए जो पैसा मिलता है उसे भी हजम कर जाते हैं। 'कफ़न' कहानी के संवाद में निहित व्यंग्य महाजनी व्यवस्था पर जो चोट करता है उसमें अमानुषीकरण के कई संदर्भ उभरते हैं। जैसे "तो चलो, कोई हल्का सा कफ़न लें, हाँ और क्या लाश उठते-उठते रात हो जाएगी। रात को कफ़न कौन देखता है। कफ़न लाश के साथ जल ही तो जाता है।" प्रेमचंद का व्यंग्य संवेदन के स्तर पर पाया गया है और वह कबीर की तरह आक्रामक न होकर भी, अपने सामाजिक उद्देश्य में स्पष्ट है। राय साहब स्वयं अपने पर व्यंग्य करते हुए कहते हैं : "तुम हमें बड़ा आदमी समझते हो ? हमारे नाम बड़े हैं पर दर्शन थोड़े। गरीबों में अगर ईर्ष्या या बैर है तो स्वार्थ के लिए या पेट के लिए। ऐसी ईर्ष्या और बैर को मैं क्षम्य समझता हूँ।"

नए साहित्य में जो व्यंग्य उभरा उसकी सही शुरुआत प्रेमचंद अथवा निराला में देखनी होगी। यह भी सच है कि हम व्यंग्य को संसार की रचनाशीलता के एक वृहत्तर संदर्भ में रखकर ही देखते हैं। 18वीं शताब्दी में कॉमेडी के माध्यम से हास्य को प्रधानता दी गई। साथ ही यह प्रयत्न भी किया गया कि सामाजिक परिवेश पर कुछ फब्तियाँ कसी जाएँ। ड्राइडन, स्विफ्ट, एडिसन, स्टील, पोप आदि ने अठारहवीं शताब्दी में यही किया। पर बीसवीं शताब्दी में जार्ज बर्नार्ड शा जैसे लेखकों ने मध्यकाल से चले आते हुए हास्य को व्यंग्य का अनुवर्ती बनाया। शा फ़ेबियन समाजवाद से जुड़े हुए लेखक हैं और वे समाज की विसंगतियों पर आक्रोशी मुद्रा में आक्रमण करते हैं। दर्शक को सामने उपस्थित मानकर वे पात्रों के संवादों के द्वारा व्यंग्य को काफी नुकीले ढंग से प्रस्तुत करना चाहते हैं। सर्वेन्टीस, वाल्टेयर, फील्डिग, आस्ट्रिन, प्रेक्टे आदि ने उपन्यासों के माध्यम से यही काम किया।

व्यंग्य की अवधारणा मार्क्सवादी लेखकों में अधिक प्रखरता के साथ अभिव्यक्ति पाती है और हिंदी रचनाशीलता उससे निश्चित प्रेरणा पाती आई है। प्रेमचंद ने गोर्की, चेखव को विशेष रूप से सराहा है। समाजवादी यथार्थ, सामाजिक यथार्थ का अगला चरण है और सामाजिक बदलाव में रचना की जो भूमिका होनी चाहिए, उस पर इन लेखकों का आग्रह रहा है। गोर्की अपनी मानवीय संलग्नता के कारण यथार्थ को संवेदन के स्तर पर पकड़ते और व्यक्त करते हैं। पर उन्हें जहाँ कहीं अवसर मिलता है वे सामाजिक विद्रूप की ओर भी हमारा ध्यान आकृष्ट करना चाहते हैं। पर चेखव का व्यंग्य, लगभग बेमुरौवत है। वे छोटी-छोटी कहानियों में समाज को बेनकाब करते हुए चलते हैं और कई बार उसमें निहित व्यंग्य को यदि सावधानी से न पकड़ा जाए तो वह हमारी पकड़ में नहीं आता। उनकी एक कहानी 'क्लर्क की मौत' का अन्त इस प्रकार होता है : "चेख्यकोव को लगा जैसे उसके भीतर कुछ टूट-सा गया हो। लड़खड़ाते

हुए पीछे चलकर वह दरवाजे तक पहुँचा, दरवाजे से बाहर आया और सड़क पर चलने लगा। वह न कुछ देख रहा था, न सुन रहा था··संज्ञाशून्य, यंत्रचालित-सा वह सड़क पर बढ़ता गया, घर पहुँचकर वह बिना वर्दी उतारे, जैसे का तैसा सोफ़े पर लेट गया और··मर गया।'' यथार्थ के बढ़ते दबाव में व्यंग्य का विकास एक अधिकाधिक प्रासंगिक विधा के रूप में होता गया क्योंकि लेखकों ने सामाजिक यथार्थ की अभिव्यक्ति के लिए उसे सशक्त माध्यम माना। यह स्वीकार कर लेने पर कि सामाजिक बदलाव में रचना की भूमिका होनी चाहिए, लेखक वर्तमान परिवेश में इस निष्कर्ष पर पहुँचता है कि सामाजिक व्यवस्था यों ही नहीं बदलती, उस पर सीधा आक्रमण करना होगा। शालीनता की औपचारिकताएँ यहाँ नकार दी जाती हैं और उसके स्थान पर रचना को जीवन से एक सीधी मुठभेड़ के तौर पर इस्तेमाल किया जाता है।

नई रचनाशीलता में सामाजिक चेतना से सम्पन्न रचनाकार व्यंग्य को अपनाने के लिए विवश है क्योंकि इस प्रक्रिया में वे अपने समय के यथार्थ को उसकी द्वंद्वात्मकता में पकड़ते हैं, साथ ही उसमें अपनी रचनात्मक हिस्सेदारी भी प्रमाणित करते हैं। जहाँ तक कविता का प्रश्न है, नागार्जुन एक ऐसे कवि हैं जिन्होंने व्यंग्य को लगभग संपूर्ण विधा के रूप में स्वीकार किया है। युगधारा तथा सतरंगे पंखोंवाली से लेकर तालाब की मछलियाँ, खिचड़ी विप्लव देखा हमने तथा तुमने कहा था तक नागार्जुन व्यंग्य का सहारा लेते हैं। राजनीतिक-सामाजिक व्यंग्य की मिली-जुली स्थिति उनमें देखी जा सकती है। कई बार ऐसा लगता है जैसे नागार्जुन में त्वरित प्रतिक्रियाएँ जागती हैं और वे तत्काल अपनी बात कह देना चाहते हैं। उनके राजनीतिक व्यंग्य इन्हीं सामयिक संदर्भों की उपज हैं। यहाँ वे आक्रामक हैं और निर्भीक ढंग से अपनी बात कहते हैं। उनके कविता-संकलन 'खिचड़ी विप्लव देखा हमने' और 'तुमने कहा था' राजनीतिक व्यंग्य से परिचालित हैं। इन्हें राजनीतिक कविताओं के उस क्रम से थोड़ा हटाकर देखना होगा जिसके लिए रघुवीर सहाय के कविता-संकलन 'आत्महत्या के विरुद्ध' का उल्लेख किया जाता है। नागार्जुन के व्यंग्य के दो छोर हैं : एक वह पक्ष जो अपने समय-समाज से विक्षुब्ध है और परिवर्तनकामी है। यहाँ कवि का संवेदन मानवीय संलग्नता से परिचालित है और दृश्यों को चित्र की तरह बाँध देता है। इसके लिए प्राय: 'अकाल और उसके बाद' जैसी कविताओं को उद्धृत किया जाता है। 'सतरंगे पंखों वाली' तथा 'प्यासी पथराई आँखें' काव्य-संकलन में इस प्रकार की कई कविताएँ हैं। पर राजनीतिक कविताओं में नागार्जुन सीधा प्रहार करते हैं चाहे वह किसी प्रकार की तानाशाही हो अथवा खिचड़ी विप्लव। कई बार इस प्रकार के व्यंग्य लिखते हुए नागार्जुन कबीर की उल्टवासी शैली का सहारा लेते हैं, व्यंग्य की आक्रामकता बढ़ाने के लिए : हाँ पानी में आग लगाओ/नदियाँ बदला ले ही लेंगी। 'क्रांति सुगबुगाई है' में वे कहते हैं : ''क्रांति सुगबुगाई थी जरूर/लेकिन करवट बदल कर/उसने फिर उसी दीवार की ओर/मुँह फेर लिया है/मोटे सलाखों वाली काली दीवार की ओर।'' अपने उपन्यासों में नागार्जुन सामाजिक यथार्थ के प्रक्षेपण तथा प्रामाणीकरण में अधिक रुचि

लेते हैं और व्यंग्य उसी के भीतर सन्निहित हो जाता है। फणीश्वरनाथ 'रेणु' ऐसे पात्र और स्थितियों का निर्माण करते हैं जिनके माध्यम से हास्य-व्यंग्य की सृष्टि हो सके, जैसे भिम्मल मामा और गरुड़-ध्वज झा आदि।

नए गद्य साहित्य में व्यंग्य को नया विकास मिला और कई लेखक उभर कर सामने आए। इनमें हरिशंकर परसाई शीर्ष पर दिखाई देते हैं। 'व्यंग्य क्यों, कैसे और किसलिए' की भूमिका में परसाई ने व्यंग्य के विषय में कुछ महत्त्वपूर्ण बातें कहीं हैं, और उसे एक गंभीर कर्म के रूप में प्रतिपादित किया है। 'तिरछी रेखाएँ' की भूमिका में वे कहते हैं : "सच्चा व्यंग्य जीवन की समीक्षा होता है। वह मनुष्य को सोचने के लिए बाध्य करता है। अपने से साक्षात्कार करता है, चेतना में हलचल पैदा करता है।" परसाई अपने आसपास की दुनिया से गहरे रूप में जुड़े हुए हैं और उसके प्रति बहुत सचेत दृष्टि रखते हैं। लेखन की सामग्री उन्हें आसपास से मिल जाती है और उनकी सजग संवेदनशील दृष्टि उसे तत्काल पकड़ लेती है। निरीक्षण शक्ति, चीज़ों के आर-पार देख सकने की क्षमता, गहरी अन्तर्दृष्टि और गहन मानवीय सरोकार परसाई के व्यंग्य को ऊपर उठाते हैं। उन्होंने हिंदी व्यंग्य को नए सामाजिक संदर्भ दिए और उसे नई अर्थवत्ता दी। कुल मिलाकर इस विधा ने अपनी महत्तम ऊँचाई प्राप्त की। राजनीतिक लेखन की बात छोड़ दें तो परसाई का व्यंग्य तत्काल हमारी पकड़ में नहीं आता, जब तक हम थोड़ा गहरे जाकर उसमें प्रवेश करने की चेष्टा न करें। समाजवाद की चर्चा करते हुए वे सभी राजनीतिक दलों पर फबती कसते हैं। इसी प्रकार 'ठंडा शरीफ आदमी' के लगभग अंत में वे लिखते हैं : "सोचता हूँ किस साधना से आदमी ऐसा ठंडा हो जाता है ? ज़िंदगी में इतनी तरह की आगें हैं, कहीं कोई गर्मी इसे महसूस क्यों नहीं होती ? ज़िंदगी की जटिलता को सुलझाकर इसने किस तरह सीधा और सपाट कर लिया है। पर उसे देखकर मैं परेशान हो जाता हूँ, लगता है बर्फ़ की चट्टान मेरी तरफ लुढ़कती हुई आ रही है।" व्यंग्य के मूल में निहित संवेदनशीलता को जाने बिना परसाई के व्यंग्य का मानवीय आशय समझ में आ नहीं सकता। 'सदाचार का ताबीज़' की भूमिका 'कैफ़ियत' में परसाई ने स्वयं लिखा है कि "अच्छा व्यंग्य सहानुभूति का सबसे उत्कृष्ट उदाहरण है।" 'बोलती रेखाएँ' संकलन के रेखाचित्रों से इसे समझा जा सकता है। मनीषीजी के बारे में वे कहते हैं : "यह किस स्रोत से जीवन रस सींचता है कि सदा हरा-भरा रहता है। किस अमृत घट से इतने घूँट पी लिया है कि संसार का ज़हर उस पर चढ़ता ही नहीं।"

व्यंग्य में शरद जोशी, रवीन्द्र त्यागी, श्रीलाल शुक्ल, भारतभूषण अग्रवाल आदि कई नाम हैं जिन्होंने अपने लेखन में सामाजिक स्थितियों के विश्लेषण के लिए इस विधा को अपनाया है। शरद जोशी हास्य-व्यंग्य को साथ लेकर चलते हैं और उनमें बौद्धिकता का विशेष गुण है। वे उस मुद्दे पर कई बार इतने तटस्थ दिखाई देते हैं कि लगता है जैसे रचना में अनुपस्थित हो गए हैं। इस दृष्टि से श्रीलाल शुक्ल अधिक प्रभावी हैं जैसे 'रागदरबारी' उपन्यास। भारतभूषण अग्रवाल के तुक्तक लोकप्रिय रहे

हैं और उनकी अन्य कविताओं में निहित व्यंग्य से गुजरने पर ज्ञात होता है कि वे इसे यथार्थ की अभिव्यक्ति का माध्यम बनाते हैं। स्थिति यह कि यदि हम नई रचनाशीलता पर दृष्टि डालें तो यह तथ्य सामने आता है कि लगभग सभी विधाओं में व्यंग्य अपनी सक्रियता के साथ मौजूद है। नए हिंदी कथा साहित्य में भी इसे देखा जा सकता है। इसका कारण है, रचना पर निरंतर बढ़ते हुए सामाजिक यथार्थ के दबाव और लेखक का यह एहसास कि उसे अपने समय-समाज को सही अभिव्यक्ति देनी है। उसकी भूमिका केवल तटस्थ द्रष्टा की नहीं हो सकती, बल्कि उसे पूरी संलग्नता के साथ उपस्थित रहना है और सामाजिक पुनर्निर्माण में भी रचना की भूमिका है।

हरिशंकर परसाई : प्रतिबद्ध व्यक्तित्व

ऐसे व्यक्तित्व कम होते हैं, जो अपने ही समय में 'गाथा' बन जाएँ। पिछड़े समाजों में तो यह और भी कठिन क्योंकि जनता की सामाजिक-सांस्कृतिक चेतना को सही विकास देने के प्रयत्न नहीं किए जाते क्योंकि ऐसा करना सत्ता के निहित स्वार्थों के ही विरुद्ध होगा। संचार-प्रचार माध्यमों पर इसी विशिष्ट वर्ग का अधिकार और सही स्वर का, सामान्यजन तक पहुँचना भी सरल नहीं होता। ऐसी संक्रांतिकालीन स्थिति में हरिशंकर परसाई का एक सामाजिक अर्थ भी है और ज्यों-ज्यों समाज अधिक जागरूक होगा इसकी नई-नई छवियाँ खुलती जाएँगी, जैसे गोर्की सोवियत समाज के प्रतिनिधि तो हैं ही, वे अन्तर्राष्ट्रीय धरातल पर भी स्वीकृत हैं।

रचनाकार की एक सामाजिक स्थिति है, जहाँ वह सजग नागरिक है, पर वह एक व्यक्ति भी और यदि इन दोनों में सही संयोजन हो सके तो रचना की विश्वसनीयता में वृद्धि होती है, नहीं तो कथनी-करनी का अंतर बना रहता है। परसाई उन विरल रचनाकारों में जिन्होंने व्यक्ति और रचना के द्वैत को आरंभ से ही अस्वीकार कर दिया। इसीलिए लेखक परसाई को पढ़ते हुए बार-बार वे व्यक्ति के रूप में भी उभरते हैं और हम पाते हैं कि इन दोनों में अधिक फाँक नहीं है। यदि ऐसा होता तो रचना की प्रामाणिकता का क्षरण होता। उनका एक जनवादी रूप है, सबमें घुला-मिला, पर यह उच्चवर्गीय औपचारिकता का निषेध है जो ऐसे आयातित मुखौटों पर जीता है जिसका उसकी चेतना से अधिक नाता-रिश्ता नहीं होता। परसाई जनसामान्य के प्रवक्ता हैं, पूरे पक्षधर, पर वे उनके जीवन में सम्मिलित भी हैं; वह दूर से देखा गया, कल्पित यथार्थ नहीं है, बल्कि बतौर लेखक उन्होंने इसमें शिरकत की है। इस दृष्टि से परसाई मध्यवर्गीय सीमाओं का अतिक्रमण करते हैं, स्वयं को वर्गच्युत करते हुए ताकि उस जीवन का समीपी साक्षात्कार कर सकें। यह तथ्य इसलिए भी रेखांकित करना ज़रूरी क्योंकि हमारी रचना पर तरह-तरह के मध्यवर्गीय दबाव। नागार्जुन की पंक्तियाँ हैं : सदियों तक कुंद नहीं होंगे/गुरु परसाई के वचन-बाण।

ऐसे व्यक्ति से साक्षात्कार करना, उसका पाठक होना, जो अपने समय का निर्भय प्रतिनिधि स्वर हो और सामाजिक रूपांतरण में बतौर लेखक अपनी भूमिका भी निभाना चाहता हो, एक प्रकार से स्वयं को सार्थकता देना है। परसाई मेरे प्रिय लेखकों में हैं और साठ पार करने के बाद भी जब उन्हें पढ़ता हूँ तो लगता है कि मुझे स्वयं को

और आत्मालोचन से गुजरना चाहिए ताकि सोच-विचार, लिखने-पढ़ने को अधिक सही दिशा मिल सके। विनय भाव से स्वीकारता हूँ कि ऐसे सामाजिक चेतना सम्पन्न लेखकों से गुज़रा न होता तो शायद अकादमिक मुदर्रिस बनकर रह जाता। मुझे परसाई का 'आत्मकथ्य' प्रेरणा देता है, रचना और समाज के द्वैत को निरंतर कम करने की। परसाई का कथन है : ''साहित्य के मूल्य जीवन-मूल्यों से बनते हैं। वे रचनाकार के एकदम अंतर से पैदा नहीं होते। जो दावा करते हैं कि उनके अन्तर से ही सब मूल्य पैदा होते हैं, वे पता नहीं किस दुनिया में रहते हैं। तो जीवन जैसा है, उससे बेहतर होना चाहिए।'' और इसी की निष्कर्षात्मक टिप्पणी है : ''बुद्धिजीवी चाहे सक्रिय राजनीति में भाग न ले, पर वह अराजनैतिक नहीं हो सकता। जो अराजनैतिक होने का दावा करते हैं, उनकी राजनीति बड़ी खतरनाक और गंदी है।''

जहाँ तक स्मरण है, हरिशंकर परसाई से मिलाने के लिए पहले सेतु का कार्य पं. रामेश्वर गुरु ने किया। वे सागर आया-जाया करते थे और मुझ पर उनका स्नेह था, छोटे भाई की तरह मानते थे। एक बार उन्होंने ही जबलपुर में व्याख्यान देने के लिए बुलाया था, उन्हीं के साथ ठहरा था। वे बोले, चलो परसाई से मिलने चलते हैं। तब तक मैंने परसाई के कुछ 'स्तंभ' पढ़े थे। किसी लेखक को पढ़कर हम कई बार उसकी एक कल्पित तस्वीर अपने मन में बना लेते हैं, जो हमारा पूर्वाग्रह भी हो सकता है। पर उससे रूबरू होने का एक अपना सुख है जिसे वही जानता है जो एक संवेदनशील पाठक है। गुरुजी ने परिचय कराया : प्रेमशंकर, सागर विश्वविद्यालय के हिंदी विभाग में। परसाई जी बोले, आओ, भाई आओ। परसाई जी का जो पहला चित्र मेरे युवा मन में उभरा, वह नया छवि-विस्तार पाता गया, पर मूल रेखाएँ वही है : चौड़ा माथा, थोड़ा वर्तुल लिए केश, बोलते होंठ, लंबी नासिका। पर जो चीज़ मैं बराबर महसूस करता रहा, वह थी परसाई की तीक्ष्ण, भेदक आँखें जो स्थितियों के आर-पार देखने की अपूर्व क्षमता रखती हैं। पैनी आँखों से जैसे वे धारदार मेधा का बोध कराते हैं। तब से कई बार उन्हें पास से देखने-जानने का भाग्य पाया, पर हर बार यही महसूस किया कि इन भेदक आँखों से आँख मिला पाना आसान नहीं क्योंकि परसाई की सजग बुद्धि गहरे तक पहुँचने का माद्दा रखती है। उस समय मैं श्रोता था और गुरुजी तथा परसाई जी कई विषयों पर बातचीत करते रहे, जिनसे मैं इतना समझ सका कि इस लेखक की बड़ी चिंताएँ हैं। मैं उन दिनों हिंदी स्वच्छन्दतावादी काव्य पर लिखता या फिर 'कल्पना' में नई कविता पर। डा. देवराज, कुँवरनारायण आदि के साथ 'युगचेतना' में काम किया था, इसकी जानकारी भी परसाईजी को थी। मुझे याद है, उन्होंने मुझे उत्साहित करते हुए कहा कि 'वपुधा' में भी लिखो।

सागर में डा. गंगाधर झा मेरे संवादी साथी थे। काशी विश्वविद्यालय में मुझसे सीनियर थे और सागर में भी मुझसे पहले रिसर्च कर रहे थे। जब हम दोनों की नियुक्ति सागर में हुई उस समय वे जबलपुर में काम कर रहे थे और मैं लखनऊ में। लगभग तीन वर्ष हमें बाहर रहना पड़ा और संयोग कि हम साथ-साथ सागर

लौटे। उन्होंने परसाई के बारे में बताया कि उनमें भी एक ईमानदार अध्यापक है, जो लेखक रूप में समाया हुआ। जिंदादिल, नेकदिल इंसान आदि। साहस करके 'पंडित जी की बातें' निबंध 'वसुधा' में भेजा, जो छपा। पर किसी ने गुरुवर आचार्य वाजपेयी को उकसा दिया कि यह निबंध उन्हें लक्ष्य करके लिखा गया है। भाई गंगाधर झा ने स्थिति को सँभाला, गुरुजी और परसाई जी ने सहायता की। जब उनसे भेंट हुई तो उन्होंने कहा, ''देखो, लेखक को निडर होना चाहिए, जो सही समझे, कहना चाहिए।'' बाद में समझ सका कि कबीर परसाई के प्रिय लेखक क्यों हैं ? और मध्यकालीन समाज की उपज होकर भी, आज इतने प्रासंगिक क्यों ? परसाई ने अपने एक इंटरव्यू में कहा है कि ''कबीरदास विद्रोही थे। काव्य में उनका आंदोलन लोकतांत्रिक आंदोलन है। पर आंदोलन बहुत फैला।'' 'सुनो भई साधो' उनका कालम बहुत लोकप्रिय हुआ और ढेरों पाठक बने। आप देखें, जैसे परसाई अपने समय से सीधी मुठभेड़ कर रहे हैं, व्यंग्य का निशाना साधते हुए। ऐसा वही लेखक कर सकता है जिसकी सजग सामाजिक चेतना आर-पार देख सकती है। नई-पुरानी पीढ़ी पर अकादमिक बहसें होती हैं, 'जनरेशन गैप' अथवा 'पीढ़ियों के अंतराल' की बात की जाती है, पर परसाई का व्यंग्य तीखा है : ''साधो, नए खून को सोचना चाहिए कि उसके सामने तो पूरी ज़िंदगी पड़ी है, कभी भी पद पर बैठ सकेंगे। पर पुराने खून के दिन गिने-गिनाए हैं, उन्हें कुछ दिन और रह लेने दो। साधो, अगर केवल मानवतावादी दृष्टि से ही देखा जाए तो भी पुराने खून का जमे रहना उचित मालूम पड़ता है। अब विधान सभाओं और संसद में आधे से अधिक सदस्य एम्बुलेंस गाड़ी में सभा-भवन जाया करेंगे, और हर सदस्य के बगल में एक डाक्टर बैठा करेगा तब समझेंगे कि हमारा जनतंत्र सयाना (मेच्योर्ड) हो गया।''

हिंदी में हास्य-व्यंग्य की ऐसी गड्मगड्ड स्थिति रही है कि इस विधा के नाम पर अक्सर बीरबल के गढ़े हुए किस्से उभरते रहे हैं। भारतेंदु और उनके मंडल ने इस विधा को सामाजिक चेतना से जोड़ने का प्रयत्न किया, पर समय ने उसकी सीमाएँ बना दीं। पर भारतेंदु 'अंधेर नगरी' जैसा धारदार व्यंग्य लिख सके जो आज भी प्रासंगिक। परसाई ने व्यंग्य को नई सामाजिक अर्थवत्ता दी, उसे एक गंभीर माध्यम के रूप में विकसित किया। मैं सोचता था कि जो व्यक्ति इतनी तीखी मार मारता है, किसी को नहीं बख्शता, वह जैसे निष्करुण होगा। पर जब भी उनसे मिला, पाया कि यह व्यक्ति है जो बात शुरू करेगा आपके घर द्वार के कुशल-क्षेम से और थोड़ी देर में ही जैसे पंख लगाकर उड़ जाएगा— वियतनाम। वह ज्यादा देर तथाकथित दुनियादारी में रह ही नहीं सकता। बात कीजिए तो न जाने कितनी बातें अपने में समोए हुए है, पर सब कुछ को जोड़ता चलता है, सामाजिक चेतना से, अपने वृहत्तर जीवनानुभव में विलयित करता। परसाई ने अपने बारे में लिखा है : ''मैं बहुत भावुक, संवेदनशील और बेचैन तबियत का आदमी हूँ।'' बहुत कुछ गजानन माधव मुक्तिबोध की तरह। फिर अंतर कहाँ है ? मुक्तिबोध का संस्मरण लिखते हुए परसाई को राजनांदगाँव का

पुराना महल याद आता है, और वे लिखते हैं : "दूसरी मंज़िल के हाल के एक कोने में विकलांग मुक्तिबोध खाट पर लेटे थे। लगा, जैसे इस आदमी का व्यक्तित्व किसी मज़बूत किले-सा है—कई लड़ाइयों के निशान उस पर हैं। गोली के निशान हैं, पलस्तर उखड़ गया है, रंग समय ने धो दिया है—मगर जिसकी मज़बूत दीवारें गहरी नींव में जमी हैं और वह सिर ताने गरिमा के साथ खड़ा है, 'गोदान' के होरी की तरह। मुक्तिबोध अपनी संवेदनशीलता में सब कुछ ओढ़ लेना चाहते हैं, स्वयं पर बहुत बोझ डालते हैं, निराला की तरह, पर मुक्तिबोध कबीर हैं, भीतर से बहुत मज़बूत, सब कुछ झाड़ते-उतारते चलते हैं। उनका 'आत्मकथ्य' है : "परसाई, डरो किसी से मत। डरे कि मरे। सीने को ऊपर-ऊपर कड़ा कर लो। भीतर तुम जो भी। जिम्मेदारी को गैर-जुम्मेदारी के साथ निभाओ। जिम्मेदारी को अगर जिम्मेदारी के साथ निभाआगे तो नष्ट हो जाओगे। और अपने से बाहर निकलकर सबमें मिल जाने से व्यक्तित्व और विशिष्टता की हानि नहीं होती। लाभ ही होता है। अपने से बाहर निकलो। देखो, समझो और हँसो।"

अपने युवा शिष्य-मित्रों का कृतज्ञ हूँ जिन्होंने मुझे रोमांटिक धारा से अलगाकर, नई सामाजिक चेतना की ओर मोड़ा। परसाई के व्यंग्य को लेकर चर्चाएँ होतीं और कुछ लोग इसलिए प्रसन्न होते कि अध्यापकों की अच्छी धुनाई हो रही है। मैं सोचता कि जो व्यक्ति स्वयं कभी मुदर्रिस ही सही, अध्यापन कार्य से जुड़ा रहा है, आखिर वह इतने आक्रोश में क्यों हैं ? मुझे लगता कि परसाई की यातना का एक कारण है, वह वर्ग-भेद जो प्रायमरी स्कूल के गुरुजी या मास्साब से लेकर विश्वविद्यालयों के नए 'सर' तक फैला हुआ है। कवि सोमदत्त अपने गुरु परसाई को 'मास्साब' ही कहते थे (जाने-पहचाने लोग)। परसाई जी नई पीढ़ी के प्रिय लेखक हैं। सागर विश्वविद्यालय में कहानी-रचना की कार्यशाला में वे आए और उन्होंने युवा रचनाकारों को प्रोत्साहित किया। वे 'कल्पना' में 'और 'अंत में' कालम लिखते रहे हैं। विश्वविद्यालयों के परिवेश पर उनकी टिप्पणी है : "अध्यापकों की भी अपनी अलग दुनिया है। हिंदी-संस्कृत, दर्शन, इतिहास विभागों के अध्यापक तो अखबार भी नहीं पढ़ते, क्योंकि उनके विषय इस संसार से संबंधित ही नहीं हैं।" परसाई का व्यंग्य कि यदि सामाजिक रूपांतरण में शिक्षा की कारगर भूमिका नहीं है, तो उसका सामाजिक प्रयोजन ही क्या है ? आचार्यजी एक्सटेंशन और बागीचा में उच्चवर्गीय अध्यापकों का खाका है : "मैं आचार्यजी से डरने लगा। वे मुझे गले लगाते, तो मेरा दम घुटता। मैं हृदय से चाहता कि वे मुझसे नफ़रत करें, पर वे स्नेह छोड़ते ही नहीं थे और मुझे देखते ही भुजाओं में भर लेते। उस स्नेह के अनुपात से मैं उनके स्वार्थ का अनुपात समझने लगा।" परसाई जी की पीड़ा क्या है ? यही कि जो शिक्षक समाज का निर्माता है, जिसे नई पीढ़ी सजानी-सँवारनी है, वह दुनियादारी में फँस गया है, वैयक्तिक सफलताओं में उलझा है। उसे अपने सामाजिक-सांस्कृतिक दायित्व की चिंता नहीं है। सामाजिक हलचल से भी वह बेखबर है। बुद्धिजीवी वर्ग पर उनका व्यंग्य है, 'लय' को नई

भंगिमा देते हुए : ''बुद्धिवादी में लय है। सिर घुमाने में लय है, हथेली जमाने में लय है, उठने में लय है, कदम उठाने में लय है, अलमारी खोलने में लय है, किताब निकालने में लय है, किताब के पन्ने पलटने में लय है। हर हलचल धीमी है। हल्का व्यक्तित्व हड़बड़ाता है। इनका व्यक्तित्व बुद्धि के बोझ से इतना भारी हो गया है कि विशेष हरकत नहीं कर सकता। उनका बुद्धिवाद मुझे एक थुलथुल मोटे आदमी की तरह लगा जो भारी कदम से सीधे चलता है।'' बुद्धिजीवी समाज से अलग-थलग पड़ गया है।

परसाई से मिलना, एक प्रकार से स्वयं को विस्तार देना है; उनके लेखन से गुज़रना समय को पहचानना, उसमें सम्मिलित होना है। परसाई के लिए व्यक्ति का अर्थ वर्ग की इकाई है। निजी संबंधों का वे निर्वाह करेंगे, पर किसी सीमा तक ही, पर यदि वह उनकी सजग चेतना के आड़े आएगा, तो वे उसकी खबर लेना न भूलेंगे। इस दृष्टि से वे बेमुरौव्वत हैं। उनके लेखन का बड़प्पन यह कि यहाँ सब आक्रोश सामाजिक है, वैयक्तिकता का अतिक्रमण करता। ऐसे में वे अपनों को भी नहीं बख्शते। जबलपुर में एक अभिनंदन समारोह था। किसी काम से बाहर निकला तो देखा, परसाईजी गैलरी में टहल रहे हैं। कहा, अंदर आइए। बोले, 'भाई, विद्वान आचार्यों का जमावड़ा है, यहाँ कबीर के लिए क्या गुंजायश ?' देखता क्या हूँ, कुछ ही दिनों बाद व्यंग्य हाजिर की धोती वालों के लिए तो चरण-स्पर्श की सुविधा, पर जब पैंट वाले बहुत नीचे झुकते हैं तो हास्यास्पद लगता है। यहाँ टिप्पणी यह कि ज्ञानमार्ग, भक्तिमार्ग से बढ़कर और आधुनिकता तथा समर्पण में विचित्र अंतर्विरोध। मुलाकात हुई, मैंने उल्लेख किया तो बोले, 'आचार्य की प्रतिभा का आदर करता हूँ, पर 'सरेन्डर' ठीक नहीं है, तुम्हें भी बचना होगा।' परसाईजी जब लिखते हैं तो व्यक्ति, स्थितियाँ, दृश्य सब सामाजिक धारा का अंश बनते हैं और उनके लेखन की यह जानदार ऊँचाई है। अधिकतर व्यंग्य लेखक अपनी टिप्पणियों में पकड़ लिए जाते हैं, कई बार रागद्वेष से परिचालित भी होते हैं। पर परसाई प्रतिबद्ध होकर भी, इस दृष्टि से वस्तुपरक और निर्वैयक्तिक कि वे सब कुछ समाज-प्रवाह के रूप में देखना-समझना चाहते हैं। एक राजनेता के बारे में उनकी टिप्पणी कि वह कोई क्रांतिकारी नहीं है, वर्गीय-दलीय चरित्र में वह हो भी नहीं सकता, पर फिलहाल कुछ काम ठीक कर रहा है, बाद में देखेंगे। कई लोगों की भ्रांतियाँ तब टूटती हैं जब वे अपने को व्यंग्य में उपस्थित पाते हैं, पर सब कुछ होता है, गहरे सामाजिक आशय के साथ। एक सज्जन आए, कहने लगे कि मैंने आप पर बहुत लिखा है। जब वे चले गए तो बोले, बहुत चिढ़ाता है, सोचता हूँ इसे गिरफ़्त में लाऊँ। फिर हँसकर बोले, जाने दो, कहीं अमर न हो जाए। पर 'ठंडा शरीफ आदमी' में ऐसे कई लोग मौजूद, जहाँ व्यंग्य है दुनियादारों पर, जिनकी तुलना चूहामार बिल्ली से की गई है : ''अपने को भावनात्मक रूप से किसी भी व्यक्ति से बिना जोड़े सब निभाता जाता है जो उसके लिए उतना ही निर्जीव है जितना पत्थर, उससे रोज़ घर जाकर मिलेगा अगर वह उसे कोई फायदा पहुँचा सकता है। ठंडी औपचारिकता में जब

वह भावना की गर्मी भरने का नाट्य करता है, तब बहुत घृणास्पद हो जाता है।'' और इसका विलोम हैं मनीषीजी, जिनकी कुछ रेखाएँ, संभव है हरिशंकर परसाई ने वैयक्तिक अनुभव से पाई हों। पर महान लेखन की रचना-क्षमता यह कि वह उसे वृहत्तर सामाजिक-सांस्कृतिक संवेदन बनाकर प्रस्तुत कर सकता है। यह रचनात्मक रूपांतरण रचना की शक्ति है, जिसमें सब सम्मिलित होते हैं। मनीषीजी कोई भी सार्थक व्यक्ति हो सकता है— कबीर, निराला से लेकर मुक्तिबोध और स्वयं हरिशंकर परसाई तक : ''यह किस स्रोत से जीवन-रस खींचता है कि सदा हरा-भरा रहता है ? किस अमृत-घट से इतने घूँट पी लिया है कि संसार का ज़हर उस पर चढ़ता ही नहीं ?''

परसाई के कई अर्थ हो सकते हैं और अपने प्रिय लेखक पर काफ़ी कुछ लिखा है, बतौर पाठक। मूलतः कविता का आदमी, उनके रचना-कर्म के माध्यम से गद्य की ओर आया, वह भी व्यंग्य में रुचि ली, जिसे कभी अंगभीर लेखन कहकर टाल दिया गया था। कबीर तक कभी हाशिए पर थे, जबकि आज वे हमारे लिए बहुत प्रासंगिक। 'परमात्मा का लोटा' की शुरुआत परसाई यों करते हैं : 'एक छोटे-से आलोचक ने उस दिन मुझसे कहा— आप कुछ शाश्वत साहित्य लिख डालो' और परसाई का व्यंग्य कि 'मैंने फ़ौरन तय किया कि सूर्य पर लिखूँगा।' शायद कुछ लोग लेखक को मशीन समझते हैं जो दूसरों के इशारे पर चलती है या उत्पादन और खपत के व्यावसायिक सिद्धांत का पालन। पर सही लेखक की अपनी गहरी छटपटाहट कि जो कुछ सामने है, उससे उसे संतोष नहीं, निरंतर बेहतर की कामना। इसे कबीर ने कहा : ''दुखिया दास कबीर है, जागै औ रोवै।'' परसाई के व्यंग्यार्थ के मूल में निहित गहरी मानवीय करुणा को पहचान कर ही हम उस संवेदन को जान-समझ सकते हैं जो उनकी रचनाशीलता का प्रस्थान बिंदु है और गंतव्य भी इसी के अनुरूप कि एक श्रेष्ठतर मानव-समाज की परिकल्पना हो। उनके संस्मरण तक इसका साक्ष्य हैं। वे समाजवाद के विभिन्न निकायों की टकराहट पर दुःख प्रकट करते हैं, कहते हैं कि : ''लहूलुहान समाजवाद टीले पर खड़ा है।'' समाज के अन्तर्विरोध राजनीति, दल, व्यक्ति सब पर प्रभाव डालते हैं, पर इससे उबरना तो होगा ही। विवशता कहकर कोई भी सार्थक रचना अपने सांस्कृतिक दायित्व से बच नहीं सकती। इसी संदर्भ में परसाई ने 'युग के प्रति ईमानदारी' की बात की है। हममें से कई लोग विश्वविद्यालयों के कैरियरी दबावों में, तथाकथित अकादमिक कीमियागीरी में उलझ जाने के खतरे में, जिसका समय-समाज से नाता टूट जाता है, हाथी-दाँत की मीनारों में बैठकर सोचा जाता है, कई प्रकार के मिथ्या दंभ पाले जाते हैं, दूकानों की तरह स्वयं को चलाना होता है। परसाई जैसे रचनाकारों ने सिखाया कि कोई भी रचना, कोई भी व्यक्तित्व तभी सार्थक जब वह अपने समय से आँख मिलने का माद्दा रखता है। वे रचना के जीवंत समाजशास्त्र हैं।

एक बार परसाईजी को यहाँ पाना चाहा। उनकी टाँगें छल कर चुकी थीं, एक दुर्घटना में। हमारा भी लोभ जागा कि परसाईजी यहाँ रहेंगे, नई पीढ़ी कुछ सीख सकेगी, हम भी प्रेरणा पाएँगे। अशोक वाजपेयी, श्रीकांत वर्मा, मायाराम सुरजन आदि

से अनुरोध कि परसाईजी को मनाएँ। वे आए, नई पीढ़ी को बहुत अच्छा लगा। हमारा भी लोभ कि यहाँ वे अपने मन का काम कर सकेंगे, गोर्की-चेखव की उड़ान भर सकेंगे, जी-भर। पर शायद उनका मन जबलपुर में ही बसता है— ढेर सारे परिचित लोग। उनकी तबियत कुछ ढीली चल रही थी, गए तो फिर लौटे ही नहीं और हमारे सपने अधूरे ही रह गए। आज़ाद परिंदे को किन्हीं भी सीखचों में रख पाना संभव नहीं। परसाई स्वतंत्र तबियत के आदमी। जब किसी ने पूछा कि आप सेठिया पत्रिकाओं में लिखते हैं तो उनका उत्तर था, 'हाँ, मैं दुश्मन के मंच का इस्तेमाल करना जानता हूँ।' परसाई अपने मूल्यों की कीमत पर कोई समझौता नहीं कर सकते, इसलिए लोग उनसे बात करते हुए काफ़ी सावधान रहते थे। उन्होंने अनेक समाचार-पत्रों में कालम लिखे हैं, सही मायने में मसिजीवी रहे हैं, पर वे अपनी कलम की आज़ादी चाहते हैं। लिखेंगे वही जो उनकी प्रतिबद्ध चेतना कहेगी। कहना न होगा कि परसाई उन विरल लेखकों में जिन्होंने अपने जिम्मेदार लेखन से पत्रकारिता और साहित्य के तथाकथित द्वैत को पाटने का अथक प्रयास किया। पत्रकारिता को लोग हड़बड़ी में लिखा गया दोयम दर्जे का, बाएँ हाथ वाला काम मानते हैं, और साहित्य को गंभीर दायित्वपूर्ण सृजन। लेखन में इस प्रकार का वर्ग-भेद परसाई को स्वीकार नहीं। उन्होंने अपने समय के परिवेश का उपयोग करते हुए, दो-टूक बातें कहीं, खतरे उठाए। 'देशबंधु' के संपादक अपने घनिष्ठ मित्र मायाराम सुरजन को 1973 में लिखे गए अपने एक पत्र में उन्होंने कबीर की बलिपंथी पंक्तियाँ उद्धृत कीं— जो घर फूँकै आपनो चलै हमारे साथ और चुटकी ली : "मैं नहीं जानता, मुझे यश कैसे मिल गया। मैंने अपना कर्त्तव्य किया। पिटवाया पत्रकार मित्रों ने मुझे छापकर।" 29 जुलाई, 1973 के 'नवभारत' में मैंने लिखा था कि "निराला, मुक्तिबोध या परसाई की तरह भी लोग हैं जो अपनी क़लम बेचने से इंकार कर देते हैं।" परसाई ने व्यंग्य को नई सामाजिक अर्थवत्ता दी, उसे रचनात्मक साहित्य की गरिमा दी और हिंदी पत्रकारिता को अपने व्यंग्यों से नए धरातल प्रदान किए।

चीज़ों को जीवन से उठा लेना और उसी मुहावरे में पाठक तक पहुँचा सकने की कला एक कठिन साधना है। अपने को, समय के हर मोड़ पर खड़े पाना, अपनी प्रतिबद्धता के साथ परसाई जैसे जागरूक लेखक के लिए ही संभव है। वे हमारे सबसे उद्धरणीय लेखकों में हैं, जिन्होंने गहरे उतर कर जीवन का विश्लेषण किया और उनके अनुभव का संसार बहुत विस्तृत। जब वे लगभग कमरे में बंद थे, विवश परिस्थितियों में, तब भी समय की नब्ज पर उनका हाथ और नवीनतम जानकारी उनके पास थी। शैथिल्य का कोई चिह्न उनमें नहीं, वही पैनी आँखें, धारदार मेधा, जाग्रत संवेदन, बड़ी चिंताओं वाला मन। ज्ञानरंजन को दिए गए एक इंटरव्यू में परसाई ने विनम्र भाव से स्वीकारा : "क्लैसिक इरादा करके नहीं लिखा जाता बल्कि वह हो जाता है। क्लैसिक के लिए अन्य बातों के अलावा संपूर्ण जीवन का चित्रण होना चाहिए, मैं खंड-खंड चित्रण करता हूँ। शायद मुझमें 'इपिक टेलेंट' नहीं और मैं परंपरागत अर्थों में महाकाव्य

या उपन्यास नहीं लिख सकता। 'फ़ैंटैसी' (जो मुक्तिबोध का प्रिय विषय है) मुझसे सधती है। मेरा बहुत कुछ सोचना फ़ैंटैसी में होता है। मैं अब कोशिश कर रहा हूँ कोई लंबी 'फ़ैंटैसी' लिख डालूँ, जैसे 'डॉन किवकज़ोट'।" एक समय आता है जब बड़ा लेखक अपने जीवन के संचित अनुभव को कुछ बड़ी कृतियों के माध्यम से व्यक्त करना चाहता है, और अपने प्रिय लेखक को लेकर यह आकांक्षा पालना बहुत नाजायज भी नहीं। गहरे आत्मविश्वास से परिचालित रचनाकार तो किसी भी ऊँचाई पर जाने की क्षमता रखता है और परसाई के पास वह सब कुछ था जो किसी ऐसे लेखक में होता है जिसके लिए लेखन एक दायित्वपूर्ण धर्म था—मनुष्य को निरंतर बेहतर बनाने का अभिलाषी। वे हमारे ऐसे लेखक जो हमें प्रकाश भी देते हैं और ऊर्जा भी।

हरिशंकर परसाई का समाजशास्त्र

हरिशंकर परसाई को व्यंग्य तक सीमित कर देने से, काफ़ी समय तक हमारे समीक्षकों ने उन्हें गंभीरता से नहीं लिया, विशेषतया जबकि उनके पाठक वर्ग की संख्या काफ़ी है, ऐसे लोग जो मानते हैं कि उनका लेखन 'परिवर्तनकामी' है। यदि प्रतिगामी शक्तियाँ, भीतर से भय खाकर, परसाई को हल्का-पुलका लेखक मानने का बहाना कर, उन्हें बराने का यत्न करतीं, तो भी बात समझ में आती थी। पर क्या यह अजीब नहीं लगता कि प्रगतिवादी आलोचना ने भी उनकी ओर देर से ध्यान दिया, वह भी तब जब परसाई का अपना जिम्मेदार पाठक समाज तैयार हो चुका था और युवा लेखकों की नई पीढ़ी मुक्तिबोध के साथ उन्हें भी अपनी प्रेरणा के रूप में स्वीकारने लगी थी। बिना किसी लंबी बहस में जाए कहा जा सकता है कि पर्याप्त समय तक हास्य-व्यंग्य की गड्डमगड्ड स्थिति थी और दोनों में सही विभाजक रेखाएँ नहीं खींची जा सकी थीं। नाटकों में विदूषक आदि के रूप में इसकी पुरानी परंपरा है, पर सामंती समाज में हास्य मनोरंजन के साधन रूप में तेज़ी से विकसित हुआ और एक अजीब तरह की किस्सागोई का सहारा लिया गया। जाहिर है कि उसका कोई सामाजिक-सांस्कृतिक आशय नहीं है और एक प्रकार का मसखरापन वहाँ प्रधानता पाता है।

परसाई ने व्यंग्य को एक नई अर्थवत्ता दी, उसे सामाजिक प्रयोजनशीलता से सम्पन्न किया। उन्होंने उन सामंती आच्छदों को तोड़ा जो हास्य-व्यंग्य को 'बैठे ठाले का धंधा' अथवा मनोरंजन का साधन-भर बनाए हुए थे। इस दृष्टि से व्यंग्य आधुनिक युग में, प्रजातांत्रिक समाज में एक नया सामाजिक विस्तार पाता है। भारतेंदु और उनके सहयोगियों ने इस दिशा में आंशिक पहल की थी, पर रोमांटिक और फिर तथाकथित आधुनिकतावादी दौर में व्यंग्य की वह सामाजिक प्रयोजनशीलता शिथिल हो गई। परसाई प्रतिभावान हैं, वे चाहते तो लेखन के और भी माध्यम चुन सकते थे और उन्होंने ऐसा किया भी है। पर प्रश्न है कि व्यंग्य उनकी प्रमुख विधा क्यों है ? इसका स्वरूप क्या है ? 'तिरछी रेखाएँ' के आरंभ में 'व्यंग्य क्यों ? कैसे ? किसलिए ?' के अपने संक्षिप्त 'आत्मकथन' में परसाई व्यंग्य-लेखन को एक गंभीर कर्म मानते हैं और उसे विनोद, मखौल से अलगाते हैं। उनका कथन है : "अच्छा व्यंग्य जीवन की समीक्षा होता है। वह मनुष्य को सोचने के लिए बाध्य करता है। अपने से साक्षात्कार करता है। चेतना में हलचल पैदा करता है और जीवन में व्याप्त मिथ्याचार, पाखंड, असामंजस्य और अन्याय से

लड़ने के लिए उसे तैयार करता है।" इस प्रकार परसाई की व्यंग्य-संबंधी अवधारणा उसे एक दायित्वपूर्ण रचनाकर्म के रूप में देखती है, बतौर मनोरंजन-साधन के नहीं। यहाँ लेखक की प्रतिबद्धताएँ भी स्पष्ट हैं कि सामाजिक रूपांतरण में लेखन की भूमिका होनी चाहिए, उसकी चाहे जो भी सीमाएँ हों।

व्यंग्य को मनोरंजन मानने की सामंती भूल के साथ यह सोचना भी सही नहीं है कि वह केवल एक आक्रामक मुद्रा की विधा है। निषेध अथवा नकारात्मकता की अपनी सीमाएँ हैं और रचना को अधिकाधिक सर्जनात्मक बनाने के लिए उसकी सकारात्मक, विधायक भूमिका भी होनी चाहिए। इस दृष्टि से व्यंग्य एक ऐसा प्रतिपक्ष है जिसका प्रस्थान बिंदु 'गहरी मानवीय संलग्नता और चिंता' से आरंभ होता है, फिर वह जुझारू बनता है और जीवन की समग्र आलोचना में लगता है तथा अंत में एक सार्थक अनुगूँज छोड़ जाता है। यदि हम ऊपर-ऊपर तैरें तो सामाजिक आशय से सम्पन्न इस गहरे व्यंग्य की ध्वनि हमारी पकड़ में नहीं आती, इसके लिए गहरे धँसना पड़ता है। परसाई ने स्वयं व्यंग्य के मूल में निहित करुणा, सहानुभूति, मानवीय सरोकार का उल्लेख किया है। वे कहते हैं कि "व्यंग्य जीवन से साक्षात्कार करता है, जीवन की आलोचना करता है, विसंगतियों, मिथ्याचारों और पाखंडों का पर्दाफाश करता है" (सदाचार का ताबीज : कैफ़ियत)। परसाई व्यंग्यकार की जीवन-निष्ठा को किसी गंभीर रचनाकार से कम पुष्ट नहीं मान्ते और उनका मत है कि "व्यंग्य सहानुभूति का सबसे उत्कृष्ट रूप होता है।" ज़ाहिर है कि गहरी संवेदनशीलता, ईमानदार मानवीय सरोकार, प्रखर आलोचनात्मक दृष्टि, सजग बौद्धिकता और इन सबके ऊपर मनुष्य को सर्वोपरि मानकर चलने के संकल्प से ही व्यंग्य, रचना का वह सही धरातल प्राप्त करता है जिसे परसाई जैसे लेखकों ने अपनाया— हिंदी में कबीर की तरह।

परसाई के लिए लेखन का एक पक्ष यदि गहरा मानवीय सरोकार है, जिसे स्पष्ट और परिभाषित होना चाहिए तो दूसरा यह कि वे इसके लिए विचारधारा को अनिवार्य मानते हैं और खुद को मार्क्सवादी कहते हैं। पर यहाँ भी उन्हें सही संदर्भ में देखना-समझना होगा। 'गर्दिश के दिन' के 'आत्मकथ्य' में वे कहते हैं : "मैं निहायत बेचैन मन का संवेदनशील आदमी हूँ। मुझे चैन कभी मिल ही नहीं सकता। इसलिए गर्दिश नियति है।" इसे वे फिर दुहराते हैं, रेखांकित करते हुए : "मैं बहुत भावुक, संवेदनशील और बेचैन तबियत का आदमी हूँ।" यह 'बेचैनी' गहरी मानवीय चिंता से उपजी है जहाँ व्यक्ति के अपने सुख-दुख तिरोहित हो जाते हैं, लेखक बड़ी मानवीय चिंताओं से उलझता है— आँख मूँदकर ऐकांतिक चिंतन करते हुए नहीं, बल्कि जीवन से मुठभेड़ करते हुए, उसमें पूरी शिरकत के साथ। इसी आत्मकथन में परसाई ने जीवनदर्शन की कुछ रेखाएँ दी हैं, बिना किसी मसीहाई अंदाज़ के। वे फक्कड़पन के औघड़ दर्शन पर बल देते हैं— कबीर या हजारीप्रसाद द्विवेदी की तरह— 'कोई चिंता नहीं।' वे कहते हैं— डरो किसी से मत, डरे कि मरे। वे अपने से बाहर निकलने की बात करते हैं— देखो, समझो और हँसो। व्यक्तित्व और चेतना की रक्षा का महत्त्वपूर्ण प्रश्न

परसाई ने उठाया है, इस संक्रमणकालीन समाज में जब कि हर तरह का क्रय-विक्रय जारी है। अकारण नहीं कि दो भिन्न प्रवृत्तियों वाले लेखक— परसाई और हजारीप्रसाद द्विवेदी दोनों कबीर के पास जाते हैं, अपनी प्रेरणाओं के लिए। परसाई लेखन से सामाजिक जिम्मेदारी की माँग करते हैं, वह ज़िंदगी के छोटे गणित में उलझा कि मरा— उसके पन्नों को दीमक चाट जाती है— सांस्कृतिक रूपान्तरण में उसकी कोई भूमिका नहीं होगी। वह बार-बार पुरस्कृत हो सकता है, पर प्रामाणिक और विश्वसनीय नहीं। परसाई हर प्रकार के भाववाद का विरोध करते हैं क्योंकि उनका निश्चित मत है कि अनुभव बेकार है यदि उसका अर्थ न खोजा जाए और दर्शन को चिंतन-कर्म से जोड़कर ही उसे कारगर बनाया जा सकता है। परसाई ने लेखन को, अपने ढंग से एक बड़ी यातना भी कहा है जिसमें सब सम्मिलित हैं और कबीर को दुहराया है : सुखिया सब संसार है, खावै औ सोवै/दुखिया दास कबीर है, जागै औ रोवै।

कुछ लोग परसाई की रचनाशीलता को लेकर विचारधारा का प्रश्न सही ढंग से नहीं उठाते, समझने में तो और भी भूल करते हैं। परसाई ने स्वयं स्वीकार किया है कि आरंभ में वे समाजवादियों से प्रभावित हुए, पर मुक्तिबोध आदि के निकट संपर्क में आकर वे मार्क्सवाद की ओर मुड़े। रचना की एक विकासात्मक प्रक्रिया है जो समय, जीवन, विचारधारा के साथ अग्रसर होती है। यदि ऐसा न हो तो लेखक सही साक्षात्कार में चूक जाएगा, उसमें गुणात्मक विकास नहीं होगा और खतरा यह कि वह अपने को दुहराता रहे, उसकी जीवन-सम्पृक्ति बहुत दुर्बल हो। परसाई मार्क्सवाद को एक 'परिवर्तनकामी विचारधारा' मानते हैं और जीवन की आलोचना तथा इतिहास की समझ के लिए लेखन में उसका कारगर उपयोग करते हैं। उनकी प्रतिबद्धताएँ स्पष्ट हैं और वे श्रम संगठन तथा अन्य विभिन्न आंदोलनों में साझेदारी के भीतर से उपजी हैं। प्रगतिशील आंदोलन की तो वे प्रेरक शक्ति रहे ही हैं। पर यहाँ वे निभ्रांत हैं : ''प्रतिबद्ध लेखन को जो पार्टी लेखन मानते हैं, वे अनजाने या जानकर भूल करते हैं। प्रतिबद्धता एक गहरी चीज़ है।'' लेनिन ने इसी मुद्दे पर, अपनी कई असहमतियों के बावजूद गोर्की को स्वीकार किया था। (संस्कृति और सांस्कृतिक क्रांति, पृ. 25)। इसीलिए परसाई यशपाल के 'दिव्या' अथवा 'झूठा-सच' को नोबुल पुरस्कार तक के योग्य मानते हैं, यद्यपि साम्राज्यवादी/पूँजीवादी व्यवस्था में एशियाई लेखन की यह स्वीकृति संभव नहीं। पर नर-नारी पात्रों के संदर्भ में वे एक सहअस्तित्व वाले ढाँचे की निंदा करते हैं— याने मार्क्सवादी-फ्रायडवादी ढाँचा जिसमें यशपाल, मुल्कराज आनंद, अहमद अब्बास जैसे प्रगतिवादी लेखक हैं और उनकी टिप्पणी है : ''एक हाथ में 'कैपिटल' और दूसरे में 'कोकशास्त्र' लेकर इनके पात्र ऐसे झूमते हैं कि अचरज होता है, इन्हें आदमी कहें तो कैसे !'' (रचनावली, खंड 6, पृ. 22)। और इसी क्रम में वे कहते हैं कि : ''मानव-चरित्र रचने के लिए मानव को देखना पड़ता है, मानव को समझना पड़ता है, उसके सुख-दुख, आशा-आकांक्षा, द्वंद्व-कुंठा सबको देखना होता है। जनजीवन का बारीक अवलोकन करना होता है और इसके साथ ही

संवेदनात्मक दृष्टि रखनी पड़ती है।'' इसे वे 'तपस्या' कहते हैं—एकांत में धूनी रमाकर लगाई गई आँखमुदी वैयक्तिक मोक्ष-कामना नहीं, जीवन संग्राम में पाए गए वृहत्तर अनुभव और जीवंत चरित्र।

मार्क्सवाद, परसाई को इतिहास की समझ, सामाजिक विश्लेषण, मानवीय दर्शन और परिवर्तनकामी विचारधारा के रूप में स्वीकार्य है। उनका कहना है कि ''जो यह सोचते हैं कि कम्युनिस्ट कोई वनमानुष होता है, उनको समझ में आएगा कि वह मनुष्य ही होता है, सामान्य मनुष्य की तरह भावनाशील, पर उससे अधिक जाग्रत और सचेत।'' वे इस बात पर दुःख व्यक्त करते हैं कि ''कुछ लोग मार्क्सवाद जैसे क्रांतिकारी दर्शन को 'डॉगमेटिक' बना देते हैं।'' उनकी टिप्पणी है : ''दकियानूसी मार्क्सवादी उतना ही खतरनाक होता है, जितना बुजुर्आ।'' वे केरल में नंबूदरी सरकार को एक नए लोकतांत्रिक प्रयोग के रूप में देखते हैं तथा नेहरू को कांग्रेस में सबसे प्रगतिशील व्यक्ति और जनवादी कहते हैं। मार्क्सवाद के वर्गसंघर्ष में परसाई की पूरी आस्था है और वे कहते हैं कि 'मैं सुधार के लिए नहीं, परिवर्तन के लिए लिख़ता हूँ।' पर उनकी विचारधारा में एक खुलापन है जो उनकी रचना को केवल राजनीति-केंद्रित बनकर नहीं रह जाने देता। हालाँकि उनकी 'पोलेमिक्स' को लेकर कई तरह की टिप्पणियाँ की गई हैं, यहाँ तक कि प्रमोद वर्मा ने भी परसाई के 'गहरे आत्ममंथन के दौर से गुज़रकर अपने रचना-लोक में फिर लौटने' की बात कही है (आँखन देखी, पृ. 77)। पर परसाई रचना और राजनीति के रिश्तों को बखूबी समझते हैं और किसी भ्रांति में भी नहीं हैं। वे 'अतिक्रांतिकारिता के ऊबाई नारे' की बात करते हैं कि जैसे दुनिया आनन-फ़ानन बदली जिसे लेनिन ने 'वामपंथी बचकानापन और निम्न पूँजीवादी मनोवृत्ति' कहा है : ''लंबी-चौड़ी हाँकना वर्ग-च्युत निम्न पूँजीवादी बुद्धिजीवियों की चारित्रिकता है'' (लेनिन, संकलित रचनाएँ, 3, पृ. 142)। राजनीति परसाई के लिए सत्ता-पर्याय नहीं है, वह विचारधारा होने पर ही काम की है। कबीर उनके प्रिय कवि हैं, विद्रोही कवि। ज्ञानरंजन को दिए गए इंटरव्यू में उनका कथन है : ''कबीरदास कवि थे, आंदोलनकर्ता नहीं। मैं भी लेखक हूँ, आंदोलनकर्ता नहीं।'' बदले परिवेश में भी उनकी आस्था का दर्शन जीवित है, पराजय व्यवस्था की हुई है।

परसाई का खुला मन सर्वोदयी या समझौतावादी नहीं है कि सब कुछ स्वीकारता चले। पर रचना में जो एक उदार मानवीय दृष्टि चाहिए वह उनके पास भरपूर है। वे मानते हैं कि यदि राजनीति की सीमाएँ बन जाती हैं और उसमें समग्र जीवन नहीं आ पाता तो इससे रचना कमज़ोर होगी। इसीलिए वे राजनीति के साथ अन्य पक्षों पर भी बल देते हैं। 'अराजनैतिक' बनने के दावे को वे ख़तरनाक राजनीति मानते हैं, पर कठमुल्लापन भी उन्हें सह्य नहीं। इस मुद्दे पर वे अपने लोगों को भी नहीं बख़्शते— प्रगतिशील लेखक संघ को भी नहीं। वे तल्खी के साथ कहते हैं कि ''पुराने प्रगतिवादी आंदोलन ने भी मुक्तिबोध को प्राप्य नहीं दिया (बहुतों को दिया) कारण, जैसी स्थूल रचना की अपेक्षा उस समय की जाती थी, वैसी मुक्तिबोध नहीं

करते थे। वे गहरे अंतर्द्वंद्व और तीव्र सामाजिक अनुभूति के कवि थे" (तिरछी रेखाएँ)। प्रगतिशील लेखक संघ की इकाइयों को लिखा गया उनका 1983 का एक पत्र है जिसमें स्पष्ट कहा गया है कि "निष्ठा संगठन और विचारधारा के प्रति होनी चाहिए, व्यक्ति-नेताओं के प्रति नहीं।" यह है, व्यक्तिपूजा का विरोध और विचारधारा के प्रति निष्ठा का आवाहन। स्थिति यह कि भारत में बार-बार वामपंथी समाजवाद का विभाजन, यहाँ तक कि साम्यवाद में भी बिखराव। ऐसी स्थिति में परसाई ईमानदारी से लिखते हैं कि समाजवाद को समाजवादी ही रोके हुए हैं। उनकी टिप्पणी है : "मैं एक सपना देखता हूँ। समाजवाद आ गया है। और बस्ती के बाहर टीले पर खड़ा है। बस्ती के लोग आरती सजाकर उसका स्वागत करने को तैयार खड़े हैं। पर टीले को घेरे खड़े हैं कई तरह के समाजवादी। उनमें से हरेक लोगों से कहकर आया है कि समाज़वाद को हाथ पकड़कर मैं लाऊँगा। समाजवाद टीले से चिल्लाता है— मुझे बस्ती में ले चलो। मगर टीले को घेरे समाजवादी कहते हैं— पहले यह तय होगा कि कौन तेरा हाथ पकड़कर ले जाएगा। समाजवाद की घेराबंदी कर रखी है। संसोपा-प्रसोपा वाले जनतांत्रिक समाजवादी हैं, पीपुल्स डिमोक्रेसी वाले साम्यवादी हैं, दोनों तरह के कांग्रेसी हैं, सोशलिस्ट यूनिटी सेंटर वाले हैं। क्रांतिकारी समाजवादी हैं। हरेक समाजवाद का हाथ पकड़कर उसे बस्ती में ले जाकर लोगों से कहना चाहता है— लो मैं समाजवाद ले आया। समाजवाद परेशान है। उधर जनता भी परेशान है। समाजवाद आने को तैयार खड़ा है, मगर समाजवादियों में आपस में धौल-धप्पा हो रहा है। समाजवाद एक तरफ उतरना चाहता है, कि उस पर पत्थर पड़ने लगते हैं। खबरदार उधर से मत जाना। एक समाजवादी उसका एक हाथ पकड़ता है, तो दूसरा उसका हाथ पकड़कर उसे खींचता है। तब बाकी समाजवादी छीना-झपटी करके हाथ छुड़ा देते हैं। लहू-लुहान समाजवाद टीले पर खड़ा है" (ठिठुरता हुआ गणतंत्र)। कहा जा सकता है कि यहाँ कुछ दल छूट गए हैं।

ऐसी ही स्थितियाँ सत्ता-राजनीति की सीमाएँ बना देती हैं और सत्ता-परिवर्तन तो होता है, पर व्यवस्था-परिवर्तन नहीं। एक विचित्र यथास्थितिवाद बना रहता है— अजीबो-गरीब नारों के बीच। इसीलिए विचारधारा की संपूर्ण स्वीकृति के बावजूद परसाई की टिप्पणी है कि : "राजनीति अपने क्षेत्र में साहित्य को फटकने नहीं देती।" और इस संबंध में वे माखनलाल चतुर्वेदी का उल्लेख करते हैं (रचनावली-6, पृ. 196)। ऐसी ही टिप्पणी नागार्जुन ने निराला, राहुल के संदर्भ में की है : "साहित्य क्या राजनीति के आगे फटी जूती भी नहीं है ? साहित्य क्या अशोकचक्र वाली त्रिवर्ण पताका के समक्ष घूरे पर का चिथड़ा भी नहीं है ?" (एक व्यक्ति : एक युग तथा चुनी हुई रचनाएँ-3, पृ. 176)। एक बार कवि राजेश जोशी ने आपातकाल के दौरान परसाई से प्रश्न किया था कि जिस सत्ता को आप समर्थन दे रहे हैं, क्या उसका वर्गीय चरित्र आपने देखा है ? परसाई की निस्संकोच स्वीकृति थी कि : "हम इसे सुधार या आंशिक परिवर्तन मानते हैं, क्रांति नहीं। हम इस पर पुनर्विचार कर अपने रुख को बदल भी

सकते हैं।'' यह बात परसाई ने बतौर एक सजग, ईमानदार, प्रतिबद्ध लेखक के कही थी, क्योंकि अपनी मार्क्सवादी विचारधारा के बावजूद वे 'कठमुल्ला' नहीं बने। सत्ता की राजनीति में तो व्यूह-रचना और रणनीति का खतरनाक से खतरनाक उपयोग किया जा सकता है, यहाँ तक कि प्रगतिवादी भी आपस में सिरफुटौवल करने पर आमादा हो सकते हैं और धुर प्रतिगामी को अच्छा प्रमाणपत्र दिया जा सकता है, 'जेनुइन' को लतियाया जा सकता है। हिंदी में डा. रामविलास शर्मा की कुछ टिप्पणियाँ और फिर उन पर की गई फ़ब्तियाँ इसका सबूत।

परसाई का हमला बुद्धिजीवी पर सबसे ज्यादा है, क्यों ? मध्यवर्ग का यह बुद्धिजीवी तबका कुछ ज्यादा पढ़ा-लिखा होने के कारण समाज की अगुआई करना चाहता है, कई बार करता भी है। पर जैसा कि मार्क्स ने कहा है, निर्णायक क्षण में वह छल कर जाता है, सर्वहारा को धोखा देता है और बुर्जुआ से मिल जाता है। यह है उसकी क्रांति का छद्म। इसीलिए लेनिन ने श्रम संगठन के मामले में इस बात पर बल दिया कि सही ट्रेड यूनियनें तब होंगी जब नेतृत्व उसी वर्ग से आएगा। क्रांति की सफलता के लिए यहाँ तक प्रतिपादित किया गया कि सभी श्रम समान हैं, इसलिए, बुद्धिजीवी को सर्वहारा का साथ देना चाहिए। परसाई स्वयं को इस बुद्धिजीवी वर्ग में सम्मिलित करते हैं और दर्द के साथ कहते हैं : ''बुद्धिजीवियों ने इस देश के साथ धोखा किया। इस देश की जनता के साथ घृणित छल किया...। हमने नासमझी, गैर जिम्मेदारी और कायरता अख्तियार की। हमने कोई खतरा नहीं उठाया'' (कैफ़ियत)। नतीजा सामने है कि क्रांति के नारे लगते हैं, दूसरी-तीसरी क्रांति का भ्रम भी उत्पन्न किया जाता है, पर सब कुछ यथास्थितिवाद की जड़ें मजबूत करता हुआ। बदले परिवेश में तो जैसे बुद्धिजीवी किंकर्त्तव्यविमूढ़ है। श्रम संगठनों की अगुआई करते बुद्धिजीवी श्रमिकों को 'अर्थवाद' में झुठलाते हैं जिसे लेनिन ने 'इकनामिज़्म' कहा है और लिखा है कि इससे अधिकारों के मूलभूत प्रश्न से ध्यान हट जाता है, असली मुद्दा बना रहता है। बकौल परसाई 'वामपंथी यूनियनें दंगा (साम्प्रदायिक) नहीं रोक पातीं।' ध्यान देने की बात यह कि बुद्धिजीवी का पर्दाफाश करते हुए परसाई फ़तवा नहीं देते, अपने को पाकदामन न घोषित कर, एक सच्चे जनवादी की तरह वे स्वयं को सम्मिलित करते हैं, 'हम' शब्द का प्रयोग करते हैं। बुद्धिजीवियों का जैसे एक पूरा वर्ग-कुनबा है : राजनीतिज्ञ, अध्यापक, पूँजीपति, नौकरशाह आदि। लगभग उसी भाषा में परसाई फिर कहते हैं कि : ''आज विश्वविद्यालय साम्प्रदायिकता, अंधविश्वास, अवैज्ञानिकता, पुरोगामिता के सबसे बड़े अड्डे हैं।...सुविधाभोगी, कायर, अवसरवादी लेखक, पत्रकार, अध्यापक, बुद्धिजीवी वर्ग ने इस देश और उसकी जनता के साथ बड़ा धोखा किया और करते जाते हैं।'' तथाकथित उच्च शिक्षा के हमारे शिक्षा संस्थान स्वयं को बुद्धिजीवियों का प्रतिनिधि कहते हैं और यहीं से युवा पीढ़ी निकलती है जो किसी समाज का भावी नेतृत्व करती है। परिस्थिति दारुण और अकारण नहीं कि परसाई ने हमारे विश्वविद्यालयों पर तीखी टिप्पणियाँ की हैं और इस मामले में अपने

मित्रों को भी नहीं बख्शा है। अध्यापक इतिहास पढ़ाते हैं, बिना इतिहास-बोध के और समाजवादी होने का दंभ पालते हैं, सम्प्रदायवादी बनकर। शोध की दुर्गति पर उनकी टिप्पणी है कि इस डिगरी को भक्तिमार्ग से पाया जा सकता है, विषय कोई भी हो। कुलपति सबसे अधिक दया का पात्र क्योंकि उसे अपनी कुर्सी बचानी है। 'एक दीक्षांत भाषण' में वे कहते हैं कि विश्वविद्यालयों की भ्रष्ट व्यवस्था युवा-पीढ़ी को पथभ्रष्ट कर रही है। वह छोटी-छोटी चीज़ों के लिए लड़ती-झगड़ती है, पर 'बुनियादी परिवर्तन' के लिए आंदोलन नहीं करती (शिकायत मुझे भी है)।

परसाई अपने समय में रचे-पगे लेखक हैं, पर इसका यह अर्थ नहीं कि वे इतिहास और परंपरा का निषेध करते हैं। सचाई यह है कि सारी जानकारियों के बावजूद उनकी रचना का एक आत्मीय देशज चरित्र है, तथाकथित आधुनिकतावादियों को ललकारता हुआ। 'रानी नागफनी की कहानी' में वे कहते हैं : "मैं शाश्वत साहित्य का संकल्प करके लिखने नहीं बैठता। जो युग के प्रति ईमानदार नहीं होता, वह अनंत काल के प्रति कैसे हो लेता है, मेरी समझ से परे है।" इस दृष्टि से वे हिंदी के सबसे सजग, सचेत लेखकों में हैं जिनकी दृष्टि अपने समय के यथार्थ पर है। हर घटना, जिसे वे सामाजिक समझते हैं, उन्हें आंदोलित करती है, ऊपर-ऊपर सतह पर नहीं, किंचित भीतर जाकर। परसाई पत्रिकाओं के कालम में नियमित लेखक हैं, पर वे अपने समय की पत्रकारिता से पूरे संतुष्ट नहीं हैं। वे व्यक्ति, सरकार और पार्टी के स्वार्थ से बँधी गुलाम पत्रकारिता को कोसते हैं, कहते हैं : "हर अखबार का सत्य अपना स्वार्थ होता है। पर स्वतंत्र, जिम्मेदार पत्रकारिता के अभाव में प्रजातंत्र नहीं चल सकता।" परसाई पत्रकारिता को रचना/साहित्य का दर्जा देते हैं, उसे गहरे सामाजिक आशय देते हुए। कई बार परसाई की 'पोलेमिक्स' पर ज़्यादा बल दिया जाता है, खास तौर पर राजनीतिक टिप्पणियों को लेकर। पर किसी जीवंत लेखक को इस प्रकार खंड-खंड करके देखना उचित नहीं है, उसे समग्रता में समझना होगा। परसाई अपने समय से जुड़े हुए लेखक हैं, इतने सचेत कि कोई स्थिति उनकी आँख से ओझल नहीं हो पाती। उनका वैशिष्ट्य यह कि वे घटना, स्थिति, व्यक्ति के मूल में निहित सामाजिक कारकों की तलाश का काम ईमानदार समाजशास्त्री की तरह करते हैं। यथार्थ को उसकी द्वंद्वात्मकता में पहचानते हैं, संवेदन के स्तर पर उससे मिलते हैं, आलोचनात्मक दृष्टि से उसे देखते हैं, बौद्धिक विश्लेषण करते हैं और किन्हीं निष्कर्षों पर भी पहुँचना चाहते हैं। इस प्रकार उनकी रचना के कई चरण हैं जिनकी सही पहचान के बिना हम उसके मूल निहितार्थ तक नहीं पहुँच सकते। रायपुर में विद्यार्थियों पर गोली चलती है और परसाई की टिप्पणी है : "दुनिया में हमेशा निर्दोष की बलि होती है।" 'पगडंडियों का ज़माना' में परसाई ने स्वयं स्वीकार किया है कि : "मेरा एक मित्र सही कहता है कि परसाई, तुम पर भीड़ हावी है, तुम हमेशा भीड़ की बात भीड़ के लिए लिखते हो।" परसाई समाज को सीधे ही संबोधित करना चाहते हैं, बिना किसी मध्यस्थ के और वे मानते हैं कि उन्हें सबसे बड़ा पुरस्कार पाठकों से मिला है या आम जनता से। बिना गहरे

आत्मविश्वास के ऐसा कह पाना कठिन होगा।

समाजशास्त्रीय कारकों की तलाश करते हुए परसाई गहरे विश्लेषण में उतरते हैं, पर यहाँ भी वे संवेदनशून्य नहीं हैं इसीलिए सर्जनात्मक हैं। उनकी सहानुभूति नागार्जुन की तरह नई पीढ़ी के लिए है और वे पीड़ा के साथ इसे स्वीकार करते हैं कि : "जिस समाज में तरुण वर्ग में घुटन होती है, वह समाज पतित होता जाता है। घुटन विकृतियों की, मानसिक रुग्णता की निशानी है। इससे जाति का स्वास्थ्य बिगड़ता है" (रचनावली-6, पृ. 43)। परसाई अपनी पैनी दृष्टि से चीज़ों के आर-पार देख लेते हैं और उनकी निरीक्षण-क्षमता ऐसी कि वे पात्रों को बिम्ब-प्रतीक तक में बदलने की क्षमता रखते हैं। इसीलिए वे किस्सागोई से, वर्णनात्मक कथावाचन से बच निकले। परसाई की रचना का प्रस्थाबिंदु करुणा और संवेदन हैं, पूरे मानवीय सरोकार के साथ। इसीलिए वे तह में नीचे तक जाते हैं : ऐसा क्यों होता है आखिर ? स्थितियों में बदलाव क्यों नहीं आता ? बेहतर समाज कैसे बने ? आदि और इस दृष्टि से हम उन्हें हिंदी के अत्यंत प्रश्नाकुल लेखकों में मान सकते हैं– मुक्तिबोध की तरह। अंतर यह कि मुक्तिबोध के पास व्यंग्य का अस्त्र न था, वे खुद पर बहुत बोझ डालते थे, जबकि परसाई की जीवट चेतना, झेलते हुए भी बहुत कुछ फेंकती, उतारती चलती है, उसे आक्रोश में व्यक्त करती । पर उनकी आक्रामकता के मूल में निहित मानवचिंता को सबसे पहले देखना-समझना होगा। शिक्षकों में वर्गभेद को वे सही नहीं मानते और कहते हैं कि पहले 'गरीब शिक्षक' एक मुहावरा था, अब वह कुछ ही लोगों पर लागू होता है। ऐसे में बुर्जुआ अध्यापकों का तबका उठा। एक बार इन्हीं के सेमिनार में परसाई ने कहा : "हम बुद्धिजीवियों के सामने बड़ी-बड़ी चुनौतियाँ हैं। हमें उनका समाधान खोजना चाहिए। वरना इतिहास यह कहेगा कि संकट काल में, संक्रांति काल में इस देश के बुद्धिजीवी ने देश की करोड़ों जनता को धोखा दिया। मेरी बात पर ताली बजी। बात चिंता की थी। पर बज रहीं थी ताली" (एक लड़की पाँच दीवाने, रोजमर्रा का मामला)। कई बार परसाई इतनी सूक्ष्मता से चलते हैं कि पंक्तियों के भीतर निहितार्थ को तलाशना पड़ता है। पर यहीं परसाई, परसाई हैं– व्यंग्य को किसी भी बड़ी रचना की हैसियत देते हुए।

परसाई के लेखन का एक मिला-जुला ताना-बाना है— कहानी, रिपोतार्ज, रेखाचित्र, संस्मरण पर सब में प्राय: व्यंग्य किसी न किसी रूप में मौजूद है। स्वयं परसाई व्यंग्य को विधा न मानकर एक 'स्प्रिट' कहते हैं जो कहीं भी उपस्थित रह सकती है। अपनी रचना के संदर्भ में उन्होंने मुक्तिबोध की तरह फ़ैंटैसी, बिम्ब आदि का प्रयोग किया है और कहीं कहा है कि मुझमें 'इपिक टैलेंट' की कमी है। पर जो यह टुकड़ों-टुकड़ों में दिखाई देने वाला लेखन है, उसमें से कुछ तात्कालिक प्रतिक्रियाओं को हटा दें, और सबको जोड़-गूँथकर परसाई को समग्रता में पाने की कोशिश करें तो इस लेखक का स्वयं का एक जानदार बिम्ब उभरता है। स्थितियों के समाजशास्त्रीय कारकों की खोज में उनकी बौद्धिक क्षमताएँ देखी जा सकती हैं और विश्लेषण में उनका सूक्ष्म निरीक्षण।

वे जीवन से पाए गए अपने पात्रों को व्यक्ति-चरित्र बनकर नहीं रह जाने देते, उन्हें वर्ग-चरित्र में रूपांतरित करते हैं, उनके चारों ओर पूरा व्यूह खड़ा करते हैं और उनकी रेखाएँ बनाते हुए उन्हें समाज के किसी प्रतिनिधि रूप में गढ़ते हैं। ऐसा होकर भी ये पात्र 'टाइप' अथवा 'यांत्रिक' नहीं होते, परसाई उनमें रेखाओं के साथ रंग भरना भी जानते हैं। 'बोलती रेखाएँ' में कई रेखाचित्र हैं : मनीषीजी, रामदास, असहमत, एक तृप्त आदमी, गांधी भक्त, क्रोधित निराश, ठंडा शरीफ आदमी, संयोजक, साहब महत्त्वाकांक्षी से लेकर मुफ्तखोर तक। दो स्थितियाँ हैं— या तो लेखक पात्रों को जीवन से प्राप्त करे और फिर उन्हें जीवन-संदर्भ में प्रस्तुत करे अथवा कुछ तथाकथित विशिष्ट पात्र गढ़े और उनकी विशिष्टता को ही रेखांकित कर, उन्हें असामान्य, असाधारण बनाकर संतोष कर ले। परसाई अपने पात्र जीवन की प्रवहमान धार से पाते हैं और उन्हें जीवन से जोड़कर प्रतिनिधित्व देते हैं— यह है व्यक्ति चरित्र का, सामाजिक अथवा वर्ग चरित्र में रूपांतरण। मनीषीजी फक्कड़ हैं, अभावग्रस्त पर उदार। उन्हें भोजन नहीं मिलता तो बाँसुरी बजाते हैं और भूख को इस प्रकार संगीत बनाकर आस-पास बिखेरते हैं। परसाई का प्रश्न है कि सारे अभावों के बावजूद चिंता की रेखा, परेशानी की छाया, दु:ख की मलीनता नहीं। लेखक के जिज्ञासा-भरे प्रश्नों में ही उत्तर निहित है। जो भूखा है, फटा टाट शय्या, मिट्टी का घड़ा, टीन का गिलास, तवा, डेगची संपत्ति, शरीर पर के कपड़ों के अलावा अंगोछा फटा कंबल बस इतना ही। 'वह चिरयौवन से कैसे लदा है ? वार्धक्य इससे क्यों डरता है ? केश किस भय से श्वेत नहीं होते ? झुर्रियाँ चेहरे को क्यों नहीं छूतीं ? चिंताओं के दैत्य इससे क्यों दूर रहते हैं ? दुख इसके पास क्यों नहीं फटकता ? वह किस स्रोत से जीवन-रस खींचता है कि सदा हरा-भरा रहता है ? किस अमृत घट से इतने घूँट पी लिया है कि संसार का ज़हर उस पर चढ़ता ही नहीं ?' फक्कड़पन, बेफिक्री, निडरता का बड़ा दर्शन यहाँ प्रतिफलित है। चरित्र कोई भी हो सकता है— ढेरों विद्रोही संत, कबीर, निराला, मुक्तिबोध, नागार्जुन, त्रिलोचन, परसाई या ऐसा ही निर्द्वन्द्व कोई भी। 'जिनको कछू न चाहिए ते नर साहंसाह' या 'रहा खटका न चोरी का दुआ देता हूँ रहज़न को।' परसाई ने ज़ोर देकर कहा : "साहित्य हमारे यहाँ व्यापार कभी नहीं रहा, वह धर्म रहा है। अभी भी वह धर्म है, एक 'मिशन' है। इसमें मिटना पड़ता है। जो इसमें बनना चाहते हैं, वे बेहतर हैं कि आढ़त की दुकान खोलें। इसमें तो कबीर की तरह घर फूँककर बाहर निकलना पड़ता है, यह 'खाला का घर' नहीं है" (रचनावली-6, पृ. 197)।

परसाई की त्वरित टिप्पणियों, विशेषतया राजनीतिक कमेन्ट्स से बाहर निकलिए तो पाएँगे कि इस व्यक्ति की मूल चिंता मनुष्य को लेकर है। पर बतौर लेखक परसाई जानते हैं कि व्यवस्था इतनी क्रूर और निर्मम है कि यों ही नहीं बदलती, हृदय-परिवर्तन कभी नहीं होता, उसे बदलना पड़ता है। हजारीप्रसाद द्विवेदी की तरह वे ज़ोर देकर कहते हैं : "मौसम के इन्तज़ार से कुछ नहीं होता। वसंत अपने आप नहीं आता, उसे लाया जाता है। सहज आने वाला तो पतझड़ होता है, वसंत नहीं" (तिरछी रेखाएँ,

घायल वसंत)। 'होइहैं बहुरि बसंत ऋतु इन डारन के फूल' का विलोम है, यहाँ। पुरुषार्थ हो तो वसंत ले आओ, नहीं तो पतझड़ ही पतझड़ है। विसंगतियों पर परसाई की पैनी निगाह जाती है जो कई बार पात्रों के माध्यम से व्यक्त होती है। रामदास को 'ईमानदारी की बीमारी' है। बेईमानी की आवश्यक चतुरता उसके पास नहीं। वह नहीं जानता कि ''जोगिया से सिद्ध तक का रास्ता छल, कपट, प्रचंड पाखंड के बीहड़ वन से गुजरता है। रामदास गरीबी की गहरी नदी में डूबा है।'' 'एक तृप्त आदमी' औसत ज़िंदगी जीता है और संतुष्ट है। 'ठंडा शरीफ़ आदमी' हिसाबी-किताबी है, जीवन का गुणा-भाग लगाते हुए। एक अजीब चुप्पी है उसके पास, खतरनाक चुप्पी। बहुत लोग बिना आहट के ज़िंदगी गुज़ार देते हैं। परसाई लिखते हैं : ''आहट नहीं होती, पर सफलता उसे मिलती जाती है। एक के बाद एक प्राप्ति उसे होती जाती है। जैसे कमरे में बिल्ली घंटों बिना आहट के दबी बैठी रहती है। उसकी उपस्थिति का अहसास तभी होता है, जब वह झपट्टा मारकर चूहे को पकड़ लेती है।··· बिना आहट के वह चूहे पकड़ता जाता है और इसके बाद फिर उस तरह सिकुड़कर बैठ जाता है कि किसी को अहसास नहीं होता कि वह भी इस दुनिया में कहीं हैं।'' परसाई कहते हैं : ''अपने को भावनात्मक रूप से किसी भी व्यक्ति से बिना जोड़े सब निभाता जाता है।···सोचता हूँ किस साधना से आदमी ऐसा ठंडा हो जाता है ? ज़िंदगी में इतनी तरह की आगें हैं, कहीं कोई गर्मी इसे महसूस क्यों नहीं होती ? ज़िंदगी की जटिलता को सुलझाकर इसमें किस तरह सीधा और सपाट कर लिया है ?'' (बोलती रेखाएँ, ठंडा शरीफ़ आदमी)। यह है छोटी-छोटी सफलताओं के पीछे भागता, हमारा आज का जीवन। इसी कृति में 'असहमत' है, नकारात्मक और स्वार्थी। 'गांधी भक्त' हैं, पुरानी स्मृतियों के छद्म बनाते हुए। पेशेवर 'संयोजक' हैं, चंदा खाते हुए। नौकरशाही के प्रतीक 'साहब महत्त्वाकांक्षी' हैं। 'दलबदलू' हैं और 'आयलकिंग' हैं जो राम-रावण दोनों को प्रणाम करते हैं, काम बनना चाहिए, जैसे भी हो। मतलबी 'मुफ्तखोर' है, जो अपनी स्वार्थसिद्धि के लिए 'क्रांति' शब्द का उपयोग करता है। परसाई के ये चरित्र समाज के जटिल परिवेश को उजागर करते हैं, उसके वैविध्य में।

परसाई की रचना का एक ऐसा समाजशास्त्र है जो समय के यथार्थ से निर्मित हुआ है। उनका लेखक उन सामाजिक कारकों की पड़ताल करता है जिनमें स्थितियाँ पैदा होती हैं। समाज से ऐसे पात्र लिए जाते हैं जो वर्गीय चरित्र बनते हैं। उनका लेखन प्रतिबद्ध है, पर संकुचित नहीं, उसमें एक खुलापन है, एक विस्तार जहाँ जीवन के ढेरों पक्ष समायोजित होते हैं। गहरी मानवीय संवेदना रचना के इस समाजशास्त्र को एक ऐसा सौंदर्यशास्त्र देती है जिसकी पहचान तो और भी कठिन है। रेखाचित्र बनते हैं जैसे पात्र धीरे-धीरे ज़मीन से उठकर खड़ा हो रहा है, अपने रूप-रंग में, जैसा कि वह है। शब्द कहीं से भी पाए जा सकते हैं, पर उनका विन्यास जातीय परंपरा को निभाते हुए क्योंकि लेखक का उद्देश्य पाठक को साथ लेकर चलना है, उसे उत्तेजित अथवा आतंकित करना नहीं। उत्तेज़ना का साहित्य खतरनाक खेल, यदि उसकी सामाजिक

प्रतिबद्धताएँ न हों और आतंकित करने वाला लेखन कई बार घनघोर अहं से भी उपजता है जिसके बारे में परसाई ने सहा कहा है कि 'मूर्खता का आत्मविश्वास सर्वोपरि होता है' (शिकायत मुझे भी है)। परसाई मानते हैं कि वक्तव्य लंबी यात्रा नहीं करते, इसलिए उन्होंने पुरानी कथाओं तक के माध्यम अपनाए—जैसे रानी नागफनी की कहानी या निठल्ले की डायरी। परसाई ने अपनी बात पूरी शक्ति और क्षमता के साथ कह सकने के लिए जिस मुहावरे की तलाश की, वह जीवन में रचा-बसा है, इसलिए वह विश्वसनीय है और चेतना का विस्तार ऐसा कि देश की हलचलों से लेकर चिली, वियतनाम, कांगो, अफ्रीका, फ़िलस्तीन सब उसमें आ जाते हैं।

□□